작가의 전기적, 체험적 소설

# 다리가 없는 통닭

홍성암

제이앤씨
Publishing Corporation

다리가 없는 통닭

# 머리말

　소설집 〈다리가 없는 통닭〉은 작가의 체험이 여과없이 드러나는 글들이 많다. 짧은 형식이어서 대체로 꽁트적인 성격을 지니지만 더러는 수필 장르에 가깝고 더러는 전기적인 성격에 가깝다. 소설의 장르적 자유로움을 활용한 것이라고 볼 수도 있다.

　소설이 처음 출현하게 된 배경을 살피면, 소설 장르는 다른 여러 문학 장르의 수용 또는 결합의 형태였다. 소설 속에 시나 수필 또는 희곡, 일기의 삽입이 가능하고, 그런 것들의 부분적 수용 또는 형태의 변용도 가능하다. 그리하여 소설은 다른 문학 장르와 비교할 때 매우 포괄적이고 유동적이며, 자유로운 성격으로 이해되었다.

　이런 소설의 특성은 소설의 무한 가능성을 열어 둔 것이어서 큰 장점이 되기도 하지만, 동시에 다른 장르로부터 영역을 침범당하는 위협의 요인이 되기도 한다. 특히 근래에 이르러 각종 매체의 발달과 더불어 소설장르에서 포괄하고 있던 문학의 다른 장르들이 스스로 독립하거나 소설이 지니는 속성마저도 대거 차용하여 독자에게 접근함으로써 오히려 소설 장르의 해체를 염려하는 단계에까지 오게 되었다.

　그런 점을 감안한다면 오늘날의 소설가는 소설의 형식적 그릇에 고착할 것이 아니라 다른 장르와의 호환이 자유로울 수 있도록 장르적 성격을 재조정할 필요성을 느끼게 된다. 그것은 소설의 태생적 본질을 재확인하는 것으로서 소설의 새로움에 기여할 수 있을 것이기 때문이다.

본 소설집에서는 소설과 수필, 그리고 전기의 양식이 혼합되어 있는 것을 살필 수 있을 것이다. 때로는 한 작품이 어느 영역에 가까운지 모호한 경우도 있을 것이다. 그러나 그런 구분이 모호하다고 해서 문학적 속성에 큰 변화가 있는 것은 아니라고 본다. 문학이 삶의 성찰에 기여해야 한다는 그 목적성에 부합된다면 장르적 모호함은 그리 큰 문제가 아닐 수도 있다.

소설집 〈다리가 없는 통닭〉은 포괄성을 지향하는 오늘날의 문화적 현상과 궤도를 같이 한다. 그런 점에서 작품을 대하는 독자의 태도 또한 개방적일 필요가 있다. 작품의 장르적 성격에 구애 받을 것이 아니라 그 작품이 삶의 성찰에 기여하는 것이고, 감동을 주는 것이고, 그리고 재미로 대변되는 문학의 속성을 지닌 것이냐에 유의하면 될 것이기 때문이다.

본 창작집에 실린 작품의 대부분은 청탁을 받아 지면에 발표한 것들이다. 발표지를 분실한 경우는 기억을 더듬어 재생하기도 했다. 발표지의 성격에 맞추어 쓴 것도 있고 편집자가 요구하는 방향에 맞추어 쓴 것도 있다. 그리고 더러는 오래 전의 작품이어서 시대감각에 맞지 않는 느낌을 주기도 한다. 그러나 모두 나의 분신들이어서 애착이 간다. 독자들의 성원을 기대한다.

2008.

지은이 씀

# 차례

## 1. 도시의 창

## 2. 생활의 부피

## 3. 우리 선생님

## 4. 유년의 뜰

# 1

도시의 창

# 성년식 파티

시골에서만 살다가 내가 이곳 반월의 한 공장에 공장장이 된 것은 전적으로 숙부 때문이었다. 숙부는 초등학교선생으로 만족하고 있는 내가 불만족스런 모양이었다.

"임마. 사내자식이 세상 물정도 좀 알아야지. 우리 회사에 와 있어라."

"제가 뭐 아는 게 있어야지요."

"그러니 몰라도 되는 직책을 맡기겠단 말이다."

그렇게 맡겨진 것이 공장장이란 직책이었다. 숙부의 말로는 공장장이란 공장직공들의 마음을 편하게 하면 된다는 것이었다. 기술적인 문제는 사장인 숙부가 다 잘 알아서 할 것이니 다른 걱정은 하지 말라는 것이었다. 그런 숙부의 감언이설에 속아서 공장장이 되고 보니 그게 그렇게 만만한 자리가 아니었다. 이곳 공장이 주로 여성 양말을 만드는 곳이라 직공들도 거의 여자들이었다. 나는 그들의 일거수일투족을 늘 살펴서 사장님에게 보고도 하고 직공들의 애로사항을 들어도 주어야 했다.

한번은 직장 일이 끝나고 퇴근을 하려는데 미숙이란 아이가 치마폭에 무엇인가를 숨겨서 들여오는 것을 발견하게 되었다.

"그게 뭐냐?"

"술인데요."

미숙의 말이었다.

"아니, 사홉 소주병이 아니냐?"

"윤주와 둘이 마실 거예요."

"허 참, 무슨 좋은 일이라도 있냐?"

"오늘이 '성년의 날'이거든요. 그래서 둘이서 성년식파티를 열기로 했어요."

나는 빙긋이 웃지 않을 수 없었다. 집 떠나서 공장의 여직공으로 일하는 그들의 외로움을 누구보다 잘 이해할 수 있을 것 같아서였다.

"술을 마실 줄 알기나 하니?"

"처음 마셔 보려는 거예요. 성년이면 술 한 잔은 마실 줄 알아야 하잖아요? 그래서 방안에서 문을 꼭 잠그고 윤주와 둘이서만 마시기로 했거든요."

미숙은 그렇게 말하며 쪼르르 달아났다. 아주 착실한 아이였다. 이제 성년이 되었다고 평생 처음으로 술을 마셔 보겠다는 큰 결심을 했다니 저절로 미소가 떠오르지 않을 수 없었다. 그런데 문제는 한밤중에 일어났다. 갑자기 집으로 전화가 걸려왔다.

"공장장님 큰일 났습니다."

오늘 숙직을 맡은 최씨였다.

"두 애가 술을 마시고 기절했습니다."

"이봐요. 덤비지 말고 차근차근 말해 봐요. 술 취해서 자는 걸 갖고 뭘 그래요?"

"그게 아니라니까요."

최씨의 다급한 목소리로 미루어 상황이 그리 간단한 것만도 아닌 것 같아서 부랴부랴 공장으로 나갔다. 최씨가 말했다.

"마구 토하는 소리가 들리기에 밖으로 나와 보았더니 한 애는 문밖으로 나와서 쓰러져 있고 한 애는 방안에 쓰러져 있는데 둘 다 인사불성입니다. 아무리 깨워도 미동도 않습니다. 숨소리도 들리는 것 같지 않더라니까요."

나는 그제야 덜컥 겁이 났다. 방문을 열어 보니 두 아이가 쓰러져 있고 사 홉 소주병이 셋이나 방안에 뒹굴고 있었다.

"앰뷸런스를 불러요."

앰뷸런스가 도착해서 두 애를 급히 가까운 종합병원에 입원시켰다. 당직의사는 사건의 전말을 듣자 두 환자를 진찰했다. 청진기로 기초적인 진찰을 마치고 환자의 맥박을 조사하고 호흡을 세던 의사가 미숙을 가리키며 말했다.

"이 아이는 술 때문이 아닌 것 같습니다."

"술 때문이 아니라면요?"

나는 당직의사를 의아하게 바라보았다. 젊은 의사였다. 인턴과정을 막 끝낸 듯싶게 젊어서 아직 학생 티가 남아 있었다. 의사는 신중하면서도 단정적으로 말했다.

"우선 외형적으로 술 냄새가 전혀 나지 않지요. 말씀처럼 네 홉

소주 세 병을 나누어 마신 거라면 술이 만취 상태여야 하는데 이 아이
는 그런 증상이 전혀 없습니다. 토한 흔적도 없고요."

듣고 보니 그렇기도 했다.

"검진을 더 자세히 해 보아야 알 일입니다만…. 약을 복용한 것
같습니다."

이건 정말 청천의 벽력이었다. 그리고 이건 또한 보통 문제가 아니
었다. 여자 직공들 중에는 간혹 약을 복용하는 일이 있었다. 대부분
남자에게 실연당한 경우에 그랬다. 순진하고 착하기만 한 아이들이
어쩌다 실연이라도 하게 되면 절망적인 심정이 되어 약을 먹기도 하는
데 시간을 놓쳐 버리면 영영 목숨을 잃는 수도 있었다.

"보호자가 누구지요?"

내가 의사에게 이 아이들을 고용하고 있는 공장의 공장장이라고
했다.

"부모를 모셔 와야 합니다."

의사는 차갑게 말했다. 나는 최씨에게 보호자 주소 난을 뒤져서
전화연락을 취하라고 지시를 했다. 그러는 동안 의사는 두 애의 침대
를 처치실로 옮기게 했다. 위를 세척하기 위해서였다. 참으로 초조한
일이었다.

몇 시간이나 지났던지 바깥이 떠들썩했다. 이윽고 한 사내가 내게로
다가왔다.

"당신이 공장장이요?"

사내가 대뜸 그렇게 물었다.

"그렇습니다."

"내 딸 미숙이 어디 있소?"

내가 주춤거리자 그는 대뜸 내 멱살을 움켜잡았다.

"내 딸 살려내. 내 딸 살려내라고…. 그게 어떤 자식인지 알기나 해?"

나는 놀라서 그를 만류했다.

"잠깐 참으시오. 내 말이나 들어보시오."

그러나 미숙이 아버지는 이미 제정신이 아니었다.

"쌍놈의 것. 그 애가 죽기만 해 봐라. 온 세상을 확 불태우고 말 꺼라…. 쌍놈의 세상."

미숙이 아버지는 입에 거품을 물었다. 그렇게 어수선한 중에 중환자실의 문이 열렸다. 이번에는 늙은 의사였다. 그는 바깥에 모여 있는 사람들을 보며 힐난하듯 말했다.

"왜들 이리 소란이요?"

"우리 딸 어찌 되었소?"

미숙이 아버지가 의사에게 매달리며 물었다.

"어찌 되다니?"

"죽지는 않겠지유?"

"죽다니?"

"그럼 괜찮은 겁니까?"

의사는 한심하다는 듯이 말했다.

"조용히 하란 말이요. 잠을 푹 잘 수 있도록 말이요. 체질에 안

받는 술을 깡으로 마셔 놓았으니….”

“약물 복용은 아닙니까?”

내가 그제야 정신을 차리고 서둘러 물었다.

“멀쩡한 애를 두고 약물복용은 또 뭐요?”

의사는 한심하다는 듯이 덧붙였다.

“술이 받지 않는 이상체질이란 게 있어요. 그걸 약물복용으로 오진한 거요. 아무튼, 경험 없는 젊은 의사란 것들도 탈은 탈이지.”

늙은 의사가 자리를 뜨자 어안이 벙벙해진 우리는 서로의 얼굴을 쳐다보았다. 미숙이 아버지가 문득 정신이 돌아왔는지 말을 꺼냈다.

“공장장님, 이거 죄송하게 되었수다. 지가 해장술 한 잔 사지유.”

세상을 확 불태우고 말겠다던 미숙이 아버지의 얼굴은 어느 사이에 선량한 모습으로 돌아가 있었다. 나는 그 선량한 얼굴을 보자 해장술 한 잔 사겠다는 제의를 차마 거절할 수 없었다.

# 고향의 꿈

　우리 공장에서 단연 인기가 있는 사람은 수위 일을 보는 최씨다. 최씨는 인품이 너그러워서 마음씨 좋은 아저씨 같은데다가 회사의 시시콜콜한 일까지도 잘 알고 있어서 젊은 직공들의 궁금증을 잘 풀어주기 때문이다. 더구나 구수한 말재주 때문에 누구든지 최씨와 같이 있으면 시간가는 줄을 몰랐다.

　"최씨 아저씨 미숙이 술 실력은 좀 늘었습니까?"

　젊은 남자공원들은 여직공들의 사생활을 매우 듣고 싶어 했다.

　"그 애들이 몰래 술 마실 때면 좀 알려주세요. 제가 거들면 그런 불상사는 없을 테니까요."

　"이놈들아. 그게 맨입에 될 일이냐?"

　최씨가 맨입에 안 된다는 말은 술을 사야 한다는 뜻이기도 했다. 최씨는 술을 좋아한다. 그러다 보니 이런저런 핑계로 대포집에 몰려가 함께 술잔을 기울이기 일쑤다. 술자리가 벌어지면 으레 최씨가 판을 휘젓는다. 그만큼 입담이 좋았다. 최씨의 이야기란 게 허무맹랑한 야담조가 대부분이다. 그 중의 하나가 '물개사냥' 이야기다.

　"물개란 놈은 말일세. 겁이 많아서 혼자서는 못 다니고 백여 마리가 떼를 지어 다니는 놈들인데. 잠을 잘 때는 해안에서 한참 떨어진 바위에서 무리를 지어 잠을 자지. 놈들은 대장의 지시에 따라 수컷 한 놈을 보초로 세우고서야 잠이 드는데 이놈들을 잡는 멋있는 방법이 있단 말씀이야."

최씨가 그런 식으로 말을 꺼내면 그의 주위에서 술잔을 기울이던 젊은이들은 속는 줄을 뻔히 알면서도 열심히 듣기 시작한다.

"우선 깊은 밤에 작은 전마선을 타고 노를 저어서 물개들이 잠자는 바위로 바짝 다가가는 거지. 그러고는 라이터를 꺼내서 번쩍번쩍 몇 번 불빛을 낸단 말씀이야. 그리고 얼른 뱃전에 엎드려 죽은 척 숨을 죽이고 기다리면 보초를 서고 있던 물개가 난데없는 불빛에 놀라 소리를 질러 동료들을 모두 깨우게 되네. 그렇게 되면 모든 물개들은 잠을 깨서 대장의 지시에 따라 바위근처를 샅샅이 뒤져서 침입자를 색출해내기 시작하지. 그러나 끝내 아무 이상을 발견하지 못하게 되면 노한 물개들이 일제히 보초를 섰던 놈에게 달려들어서 피투성이가 되어 죽게 될 때까지 물어뜯고 발길질하고 야단법석을 떠네. 그러고는 다른 놈을 보초로 세우고 다시 잠이 들지."

최씨는 직접 눈으로 본 듯이 입에 침을 튀기며 말했다.

"놈들이 다시 잠들고 조용해지면 그때를 기다려서 다시 얼굴을 내밀고 라이터로 번쩍번쩍 불빛을 비추는 게야. 그렇게 되면 또 한 차례 야단법석이 일어나지. 그렇게 밤을 밝히고 새벽이 되어 물개들이 모두 떠난 후에 보면 대여섯 마리의 수놈 물개들이 죽어 있기 마련이거든. 물개란 수컷의 물건만 필요하지 암컷의 물건은 아무 쓸모가 없으니 아주 멋진 사냥이란 말씀이야."

최씨의 이야기란 게 대개 그런 식이었다. 내가 그런 술자리에 끼지 않으려고 핑계를 만들어도 소용없었다.

"이 사람아. 공장장쯤 되면 직공들의 마음이 어디로 쏠리는 것쯤은 알고 있어야 하는 게야. 술좌석에 함께 참석하기도 해야 정도 들고 서로의 흉금을 터놓게도 되는 게지. 공장장자리가 뭐 그리 큰 벼슬자리라고…. 유세하면 안 되는 기라."

최씨가 그런 식으로 나오니 차마 술자리를 거절할 수 없었다. 술이 얼큰해지자 최씨는 고향을 핑계 대고 이야기를 시작했다.

"자네들한테만 알려주는 것이지만 말이네, 내 고향 통천 지방엔 말일세."

최씨는 고향이 지금은 휴전선 이북이 된 통천지방 총석정 부근의 바닷가라고 했다.

"내 집은 바닷가 옆 늪지대란 말이네."

집 앞에는 갈대가 무성한 큰 늪지대가 있는데 어릴 땐 주로 그 늪지대에서 고기도 잡고 쪽배를 타기도 하면서 시간을 보냈다고 한다.

"내 집 바로 앞에 '풍호'라는 호수가 있는데, 말이 호수지 그냥 늪이라고 해야 알맞을 게야. 물은 더 없이 맑지만 그 바닥이 온통 뻘 진흙이거든. 그 늪엔 가물치란 놈이 지천인데 말씀이야."

최씨는 가물치란 물고기에 대해서 장황하게 늘어놓았다.

"이 가물치란 물고기는 참으로 희한한 놈인데, 모양으로 말하자면 미꾸라지의 증조벌이나 되는 놈이랄까? 미꾸라지처럼 진흙 뻘 속에 파묻혀 살지만 몸피는 열 갑절도 넘게 크고, 때로는 훌쩍 날아서 나뭇가지에서 잠을 자기도 한단 말이네. 살코기가 단단하고 꼬들꼬들해서 횟감으로도 일품이고 뽀얀 물이 나오도록 푹 고으면 산모의 몸조리 보약으로도 최고네. 우리 같은 가난한 시골에 갑작스레 손님이라도 오면 대접할 게 마땅치 않지. 그런데 다행히 '풍호'에 가물치가 많아서 이놈을 잡아서 회도 뜨고 찌개도 끓이고 해서 술대접을 하게 되는데, 이놈을 잡는 방법이 또한 재미있다 그 말씀이야."

최씨는 그렇게 말하며 소주잔을 단숨에 훌쩍 비우고는 술잔을 돌렸다.

"가물치란 놈을 잡을 땐 네 개의 막대기에다 그물을 둘둘 감아서 만든 통발로 갈대숲의 진흙 속을 쿡쿡 쑤시는 거라. 그때 푸드득 하고 놈이 꼬리를 치는 감촉을 느끼게 되는데 그건 바로 그놈이 그물 안에 갇혔다는 신호가 되는 거지. 그러면 그물 위쪽 터진 구멍으로 팔뚝을 집어넣고 휘저어서 놈을 움켜내는데 대개는 팔뚝만큼이나 큰놈들이고 더러는 다리통만큼이나 큰놈들도 있지. 워낙 힘이 좋아서 능숙하게 꽉 움켜야지 그렇지 못하면 미끈덩 빠져나가서 허공을 휙- 날아 물 속으로 도망을 치고 마네."

기능공 출신인 준석이가 불쑥 이의를 달았다.

"날개도 없는 물고기가 어떻게 허공을 날아요?"

"허. 자네들은 젊어서 탈이야. 뭘 듣고 본 게 없다 그 말이지. 가물치 콧구멍이란 말도 못 들어 보았나? 가물치란 놈은 콧구멍으로 숨을 쉬는 놈이야. 그놈들은 깊은 밤이면 진흙 뻘에서 기어 나와 지느러미를 날개처럼 퍼득여서 늪 가장자리에 서 있는 미루나무나 수양버들에 올라타고서 잠을 자는 놈들이야. 고요한 밤에 늪으로 나가면 가물치들이 곤하게 잠자며 코를 고는 소리까지 들을 수 있다 그 말이네."

최씨의 이야기가 이 지경까지 되면 모두가 어리둥절해지기 마련이다. 물고기란 놈이 나뭇가지에 새처럼 올라앉아서 코를 골며 잔다니 말이다. 젊은이들이 믿지 못하는 눈치니까 최씨는 더욱 열변을 토하기 시작했다.

"이 사람들아. 그 정도를 갖고 믿지 못하니 문어가 무를 뽑아 먹는 얘기를 들으면 기절초풍을 하겠구먼?"

"문어가 무를 뽑아 먹는다고요?"

"허, 요즈음 것들은 아무 것도 모른다니까. 그러면 들어보겠나?"

최씨는 다시 술잔을 들어 입 속에 쏟아 부었다.

"우리 마을에서 조금 북쪽으로 가면 궁바다란 곳이 있는데 그곳은 다른 지역보다 파도가 센 곳이여. 파도가 세게 치는 날이면 배가 고파진 늙은 문어란 놈이 해변의 밭 두덩까지 올라와서 곧잘 무를 훔쳐먹는단 말이네. 제 힘으로 먹이를 잡아먹긴 어렵고 하니까 그런 짓을 하는 게여. 그래서 그곳 사람들은 해변 바짝 붙어 있는 밭에단 무를 심지 않는 관습이 있단 말이여."

고향이 시골인 철용이란 젊은이가 나섰다.

"우리 집도 해변이지만 그런 말은 듣지 못했는데요."

"허허, 해변도 해변 나름이지. 금강산이 바라보이는 우리 고향은 특별한 곳이라 그 말이네. 그럼 자네 같은 친구는 문어가 참새를 잡아먹는 일은 더구나 못 믿겠군."

"갈수록 태산입니다. 문어가 참새를 잡아먹다니요?"

"그럼 들어보게."

최씨는 기세 좋게 술잔을 비우고는 다시 말을 이었다.

"문어란 놈들이 무를 뽑아먹는 일만으로는 성이 차지 않으니까 기막힌 꾀를 생각해 낸단 말이여. 어떻게 하는고 하면 나이가 들어 노회해진 문어란 놈이 참새를 쫓으려고 세워둔 허수아비 옆으로 기어가서는 자신의 다리로 허수아비를 감고 기어올라서 허수아비처럼 팔을 쫙 벌리고 버티어 선다 그 말이네. 참새 눈에는 막대기에다 울긋불긋한 옷을 걸친 허수아비나 거기에 기대어 선 붉은 색깔의 문어나 그게 그거로 보이거든. 그래놓으니 참새들 중의 더러는 문어의 대머리에도 날아와 앉고 더러는 쫙 벌린 두 팔에도 날아와 앉는단 말일세. 그러면 문어란 놈은 재빨리 벌리고 있던 다리로 참새를 후려쳐서 기절시키고는 천천히 그놈들을 입 속으로 틀어넣는단 말이여."

최씨의 말이 그렇게 이어지니 모두들 어안이 벙벙해서 입을 떡 벌리고 다음 말을 기다렸다. 그러자 최씨는 아주 흡족하다는 듯이 술잔을 비우고는 덧붙여 말했다.

"문어가 참새를 잡아먹는 일은 약과고 우리 고향에선 누에알에서 갓 태어난 누에새끼가 물고기로 변하는 일도 비일비잰 기라. 그 새까만 누에새끼들이 어떨 때는 말이지, 날씨가 너무 무덥던가, 습기가 너무 지나쳐서 답답하던가, 구질구질 장마가 지리하게 계속되던가…. 그럴 땐 말이지 돌연히 작은 물고기로 변하네. 그놈들이 가물가물 허물벗듯 물고기로 변하는 모양은 참으로 신기하네. 자네들 눈발떼기란 물고기를 아는가? 봇도랑에 가면 눈발떼기란 작은 물고기들이 떼를 지어 다니는데 그놈들은 대게 누에새끼들이 변한거여."

"씨앗의 종류가 다른데 어찌 그런 일이 일어날 수 있어요?"

"허. 어서 통일이 되어야 하는 건데. 그러면 자네들을 우리 고향으로 데려가서 가물치가 날아가는 모습이라든지, 문어가 참새를 잡는 모습하며, 누에알에서 눈발떼기가 만들어지는 모습들을 보여줄 수 있을 건데…."

"이상하네요. 하필 아저씨네 고향에서만 그런 일이 일어난다니 말입니다."

"몰라서들 그런 거여. 그런 일이란 그렇게 흔하게 드러내놓고 일어나는 일이 아니거든. 중요한 일일수록 은밀하게 일어나는 법이거든. 내 고향 통천 지방은 그러니 금강산이 바라보이고 총석정이 코밑에 있는 그런 영험한 땅이라 다른 곳에서는 일어나지 않는 일도 종종 일어난단 말이여. 사람이 죽으면 그 영혼이 새가 되어 발자국을 남긴다는 말도 그저 헛말이 아닌 기라. 남의 말을 우습게 듣는 게 아니여."

그렇게 말하는 최씨의 망막 저 쪽에는 고향의 하늘과 늪과 바다와 집들이 가물가물 다가오는 것이었다. 그 말을 듣고 있는 젊은이들의 시야에도 먼 시골마을의 아지랑이며 무지개가 선히 피어오르기 시작했다. 고향 떠난 지 얼마 되지 않는 내 자신의 머릿속에서도 고향의 실개천이며 과수원과 오솔길들이 뿌옇게 떠올랐다. 옛날 옛적 호랑이가 담배 먹고 별똥별이 무시로 떨어져 내리는 그런 고향의 전설도 함께 떠올랐다. 그래서인지 아무도 더 이상 최씨의 말에 이의를 다는 사람은 없있다.

# 아파트

　남자들의 세계에서 술을 빼놓으면 남는 것이 무엇일까? 나는 때때로 그런 생각을 한다. 기분이 좋아도 술이고 기분이 나빠도 술이다. 심심해도 술이고 바쁘고 피곤해도 술이다. 술이란 놈이 없으면 아예 살맛이 없다고 하는 사람도 많다. 수위 일을 보는 최씨야말로 그런 사람의 대표격이다. 그래서 그는 늘 취해서 산다. 아침에 반주로 소주 한잔을 걸치고 점심에는 석 잔을 걸치고 저녁에는 마음 내키는 대로 마신다.

　"이 사람아. 내게 낙이라곤 술 마시는 것밖에 없네."

　최씨는 그런 식으로 말하곤 했다. 술꾼들이 으레 하는 말이다.

　그 날도 최씨는 아주 만취 상태였다. 나는 그날따라 야근이 있어서 늦게 퇴근하다가 골목길에서 최씨를 만난 것이다. 최씨는 순찰 도는 순경이 지켜보는 것도 모르고 담벼락에 오줌을 깔기고 있었다. 내가 조마조마한 마음으로 바라보고 있자니 아니나 다를까 순경이 그에게로 다가가서는 거칠게 물었다.

　"이봐요. 당신 여기서 뭘 하는 거요?"

　최씨는 뒤돌아보지도 않은 채 퉁명스럽게 말을 받았다.

"보면 몰라."

"허, 이 양반아. 여긴 변소가 아니란 말이요."

"그래서…? 바지에다 오줌을 깔기란 말인가?"

"그건 당신 사정이고…. 아무튼 파출소로 좀 갑시다."

그제야 최씨는 힐끗 뒤를 돌아보고는 상대가 순경이라는 사실을 발견했다.

"젠장. 누던 오줌은 마저 누어야지."

최씨가 그렇게 나오니 순경은 어이가 없는 모양이었다. 최씨는 오줌을 다 누고는 느릿느릿 바지의 지퍼를 올렸다. 그리고는 비틀거리는 걸음으로 순경의 뒤를 따랐다. 나는 아무래도 못 본 척 하기가 어려워서 순경의 뒤를 좇았다. 그리고 사정을 했다.

"이분은 제가 근무하는 공장의 직원입니다. 나이가 연만하신 분이라 술김에 그런 것이니 사정을 좀 보아 주시요."

"글쎄 말이요. 나도 연만하신 분이라 사정을 보아주려고 했는데 말이요. 미안하다는 말은 한 마디도 않고 저렇게 당당하니 어쩝니까? 이런 분은 경범죄로 며칠 구류를 살아보아야 다시는 이런 짓을 하지 않을 겁니다."

"술 취한 개라지 않소. 평소에는 아주 좋은 분이요."

내가 극구 사정해서야 최씨는 겨우 놓여날 수가 있었다.

"젠장. 길거리에 공중변소 하나 안 지어 놓고 어쩌란 말이야. 오줌보가 터져 나가는데 옷에다 오줌을 눌까?"

최씨는 여전히 당당했다.

"아무튼, 공장장 덕택에 파출소 신세를 면했으니 내가 술 한 잔 내지."

"아닙니다. 오늘은 늦었고 약주도 과하신 것 같고."

"허, 이 사람. 저기 저 아파트가 우리 집이야."

최씨는 막무가내로 나를 이끌었다. 힘이 워낙 좋은 최씨라 한번 팔을 잡혀 놓으니 뿌리칠 재간도 없었다. 최씨의 집이 있는 아파트단지로 들어서자 최씨가 투덜거렸다.

"젠장. 아파트란 놈은 언제나 생소하단 말이네. 새집처럼 다닥다닥 구멍을 뚫어 놓고 사는 게 아니고 뭔가? 집이란 모름지기 뜰이 있고 채소 몇 포기는 심을 수 있어야지. 요즈음 여자들이란 게 편한 것만을 바래서 말이네, 아파트만 찾지만 그게 어디 사람 살 덴가?"

최씨는 불만이 많았다. 최씨는 주택에서 살다가 근래에야 아파트로 이사를 했다. 평소의 고집 같으면 누구의 말도 들을 위인이 아니지만 재취로 젊은 여자를 얻고 부터는 조금 달라져 있었다. 최씨는 상처한 지가 오래였다. 주위에서 재취를 권해도 듣지 않았는데 아들과 딸을 결혼시키고 나서 혼자만 살게 되니 외로웠던지 뒤늦게 젊은 과부와 재혼을 한 것이다. 그런데 그 후처가 굳이 아파트를 고집해서 결국 이리로 이사를 한 것이다. 그래서인지 불만도 많았다.

"이봐. 공장장. 요즈음 계집년들은 말야. 제 사내 알기를 말이네. 개똥만큼도 안 여긴다 그 말이네. 예전 같으면 사내가 하늘이지. 그래서 하늘을 봐야 별을 딴다는 말도 나온 거지. 암탉이 울면 집안이 망한다는 속담도 그래서 나온 거라. 그런데 말이네. 요즈음은 망조가

들었는지 온통 계집년들만 설치고 다니는 판이여. 백화점이다 음식점
이다 길거리를 누비며 돈을 펑펑 쓰는 것만도 모자라서 심지어는 서방
질까지 한다 그 말이네.”

최씨는 이리 비틀 저리 비틀 걸으며 말을 계속했다.

“그런데 요즈음 사내놈들은 또 어떤가? 직장에 나와서는 상사의
눈치나 슬슬 보면서 숨도 제대로 쉬지 못하다가, 제집에 가서는 마누
라의 눈치나 슬슬 보면서 봉급 적은 것을 미안해하고, 심지어는 자식
새끼들 과외 보내지 못하는 것도 자기 죄라 여기어서 애들한테마저도
큰소리 하나 치지 못한다 이거여. 이래 갖고 어떻게 사내노릇을 제대
로 할 것이냔 말이여.”

최씨는 입에 거품을 물었다.

“예전 우리 아버진 말이여. 농삿군이란 말이네. 아주 가난뱅이 소작
농이지만 술 한잔 걸치면 동구 밖에서부터 고래고래 소리를 지르네.
연놈들아. 집안에 가장이 오시는데 마중 나오는 연놈들도 없냐? 죽도
록 일해서 먹여 놓아도 고마운 줄 모르는 이 식충들아! 그렇게 호통을
치면 온 집안이 벌벌 떨지. 아들딸들이 동구 밖까지 마중을 나가고
어머니는 술국 뎁혀서 저녁상 대령하고 말이네.”

최씨가 내 팔을 잡고 비틀거리고 흔들릴 때마다 내 몸도 따라서
비틀거렸다. 그러다 보니 나도 어쩔 수 없이 술 취한 동료처럼 여겨졌
다. 최씨가 아파트의 층계를 오르며 물었다.

“여기가 분명 삼 층이지?”

“삼층입니다.”

"젠장. 이렇게 분명히 따져 놓지 않으면 낭패를 본단 말이여. 그놈도 그놈 같고 저놈도 그놈 같고…. 자 여기가 분명 305호지?"

"305홉니다."

"허허. 그럼 됐어. 이게 내 집이란 말일세. 이 새장 같은 구멍 한 칸에서 이 최복만이가 산다 그 말이여."

최씨는 그렇게 말하더니 문 앞에 설치해 놓은 벨을 눌러대었다.

"누구세요."

곧 여자의 목소리가 문틈으로 새어 나왔다.

"누군 누구여. 제 남편이지. 어서 문이나 열어."

최씨가 그렇게 호통을 쳤다. 그러나 얼른 출입문이 따지지 않았다.

"이런 젠장. 뭘 꾸물대는 거야. 어서 문을 열라는데."

그러나 여전히 안에서는 아무런 기척이 없었다.

"허. 이년 봐라. 이년이 사람을 언제까지 세워두겠다는 게야."

최씨는 불호령을 내렸다. 그러나 여전히 안에서는 기척이 없었다. 기척이 없을 정도가 아니었다. 아까는 분명히 거실에서 새어나오는 불빛이 있었는데 그놈의 불빛마저 사라졌다. 여자가 거실의 불마저 꺼버린 모양이었다.

"하. 이런 죽일 년이. 사람을 우습게 알아도 유분수지. 야, 이년아 문 못 열겠어. 못 열겠느냐구?"

최씨는 소리를 지르다 못해 철문을 향하여 발길질까지 하기 시작했다. 아파트의 옆집에서 불이 켜지며, 사람들의 머리가 하나 둘, 문 밖으로 나왔다.

"쯧쯧, 저런 변이 있나? 여보슈, 안에 사람이 없는 것 아니유?"

"없긴 왜 없어."

최씨가 버럭 고함을 질렀다. '누구세요?'하고 묻던 여자의 목소리를 분명히 들었던 것이다.

"이봐요. 부부싸움은 내일 하소. 시끄러워서 잠을 잘 수 있어야지."

굵직한 사내의 목소리였다.

"연놈을 잡아내려는 거요."

최씨가 거칠게 소리쳤다.

"허허, 살다보니 별일도 많군. 그럼 순경을 부르지 그러오?"

"어디 가서 부른단 말이요?"

"흠, 그러니 문 앞에서 꼭 지켜야 한다 그 말씀이로군. 그럼 내가 대신 전화해 주리다."

그렇게 소란을 부리는 중에 사이렌을 울리며 순찰차가 달려 왔다. 순경 두 명이 서둘러 층계를 올라 왔다.

"어떻게 된 겁니까?"

"저 남자의 여자가 문을 열어 주지 않는답니다. 저 사람은 집안에 어떤 놈팡이가 숨어 있다고 생각하는 모양이요."

순경이 출입문 앞에 다가가서 벨을 눌렀다.

"아주머니. 순찰 나온 순경입니다. 문을 여시오."

순경이 그렇게 몇 번 소리쳐서야 문이 삐걱 열렸다.

"순경이 왔나요?"

잠옷차림의 여자가 입술을 떨며 얼굴을 내밀었다. 그녀는 최씨의 아내가 아니었다. 아직 서른도 안 되는 새댁이었다.

"이 사람이 댁의 남편이요?"

여자가 얼른 머리를 흔들었다.

"제 남편은 오늘 부산으로 출장 가셨는데요."

"그럼, 이 여자가 당신 아내요?"

이번에는 순경이 최씨에게 물었다. 최씨는 무엇에 홀리기라도 한 듯이 얼빠진 사람이 되어 머리를 흔들었다.

"분명 305호가 맞는데. 그럼 우리 집은 어딘가?"

"어디긴 어디야?"

그때 최씨의 아내가 헐레벌떡 달려 왔다.

"어딘가 목소리가 낯 익는다 싶더니…. 이 양반아 저기 저 앞 동이 우리 집이야. 술 좀 작작하란밖에."

나는 그제야 사태를 짐작할 수 있었다. 최씨와 나는 이야기에 팔려서 아파트의 건물 하나를 더 지나쳐 온 것이다.

"쯧쯧. 술 취한 개라 더니."

구경하던 이웃 사람들이 혀를 찼다. 그 기세 좋던 최씨는 머리를 푹 내리 꺾고 말이 없었다.

# 고장난 자동차

아침 출근 무렵이 되면 공장 안은 으레 시장바닥처럼 시끌벅적했다. 직공들 중의 더러는 출근시간에 임박해서야 허둥지둥 나타나기도 하고, 더러는 출근도장을 찍느라 출근부 앞에 늘어서고, 더러는 평상 때의 옷을 벗고 작업복으로 갈아입는 중이고…. 그렇게 부산하게 움직이다가 막상 기계가 돌아가기 시작해서야 공장 안은 서서히 안정을 찾기 시작했다.

나는 직공들이 모두 제 자리를 잡을 때쯤에야 공장 안을 한 바퀴 돌아보곤 했다. 공장의 여러 부서를 돌아 선반부에 들렀을 때였다. 뒤늦게 누군가가 헐레벌떡 달려 왔다. 이번에 계장으로 승급된 김준석이었다. 책임감이 강해서 남보다 늘 한 시간쯤 일찍 출근하던 그의 지각이라 나는 의아해서 물었다.

"자네, 어쩐 일인가? 자가용까지 구입하고서 말이네."

"허, 그게 말입니다. 그 자가용이란 게 말입니다."

준석은 호흡을 가쁘게 몰아쉬며 말을 더듬었다. 꽤나 급히 달려 온 모양이었다.

"말썽을 부린 겁니다."

"어디 사고라도 났다는 건가?"

"사고는 아니고요. 고장이 났는데 말입니다."

"어디가 잘못 되었는데?"

"그게 그러니 말입니다. 어디가 고장인지 알 수가 없거든요. 출근길은 바쁜데 차는 멈추어 섰지요. 뒤에서는 어서 차를 빼라고 빵빵거리지요. 차를 빼고 싶어도 시동이 걸리지 않는 걸 낸들 어쩝니까? 그러니 죽을 맛이지요."

준석의 말을 들으니 그 심정이 충분히 이해되고도 남을 만했다. 준석의 집은 공장에서 제법 떨어진 도시의 외곽이었다. 그래서 출, 퇴근 러쉬아워 때가 되면 길이 막혀서 전쟁을 치르듯 해야 했다. 공장 가까이로 이사를 오는 것이 그의 소망이지만 부모를 모시고 있는 터라 그것이 쉽지 않았다. 그래서 계장으로 승급된 기념으로 중고차를 하나 구입했던 것이다. 차를 처음 구입한 날 그는 싱글벙글하며 말했다.

"이 차로 전국 명승지를 일주할 생각입니다."

"운전 경력도 없으면서?"

"그야 초보답게 운전하면 되지요. 이정표의 지시대로 천천히 차를 몰 것입니다. 남들이 비켜달라면 비켜주고 추월하겠다면 추월하게 두고 그러면 되는 것 아닙니까?"

"그러면 되겠지."

나는 그렇게 수긍하며 웃었다. 그런데 단 며칠이 되지 않아서 준석은 당장 시련에 봉착한 것이다.

"차가 말입니다. 하필 큰길 복판에서 딱 멈춘 겁니다. 한참 출근길에 바쁜 사람들이 아우성이지요. 저는 꺼져버린 시동을 다시 걸어 보려고 애꿎은 키만 자꾸 돌려보지만 매번 허탕입니다. 참다 못했던지 뒤차의 운전수가 제게로 다가와 호통을 치는 겁니다. '이 사람아. 차가 고장났으면 비상등이라도 켜야지.' 하고 말입니다. 그런데 비상등이 어느 건지, 어떻게 작동해야 하는 건지, 알 길이 있어야지요. 답답해진 그자가 다가와서 비상등의 보턴을 눌러줍디다. 그제야 노란 비상등이 번쩍번쩍 작동하는 겁니다."

그렇게 되니 뒤따르던 운전자들이 모두 한 마디씩 욕지거리를 내뱉았다.

"별 거지같은 자식들이 다 차를 몰겠다고 하니…."

비상등을 켜고 남의 출근길을 가로막고 안절부절하고 있는데 다른 운전자가 다가오더니 짜증을 내며 말했다.

"언제까지 그렇게 서 있을 거요? 차를 길 가장자리로 빼요."

"시동이 걸리지 않아서 그런 겁니다."

"그러니 길 가장자리로 차를 빼라는 거요."

"시동이 걸리지 않는 대두요."

준석이 앵무새처럼 같은 말만 되풀이하고 있으니까 잔뜩 볼이 부은 운전자가 그의 차로 다가왔다. 그리고는 핸드 브레이크를 내리고 핸들을 조정하면서 차를 길옆으로 몰고 갔다. 그는 차를 길옆에 밀어 넣은 후에 자신의 차로 돌아가며 말했다.

"길 가장 자리로 차를 밀며 카센터까지 가서 고쳐 달라고 하시오."

그러면서 한 마디 투덜거리기를 잊지 않았다.

"이런 작자들이 어떻게 면허를 따는지 모르겠어."

준석은 그런 수모를 당해도 어쩔 수 없었다. 잘못은 자신에게 있었기 때문이다. 그는 길 가장자리로 차를 밀었다. 땀을 뻘뻘 흘리며 한참이나 차를 밀자 구멍가게만큼이나 작은 카센터 하나가 눈에 띄었다. 옷에 온통 기름투성이인 기술자 하나가 얼굴을 내밀었다..

"너무 이른 시간이어서 아직 주인이 나오지 않았는데요."

그는 그렇게 말했다. 아마도 진짜 기술자는 카센터의 주인이고 자신은 견습공에 불과하다는 의미 같았다. 그는 차의 이곳저곳을 기웃거려 보았다. 계기판을 손으로 두들겨도 보고 바퀴를 발로 쾅쾅 밟아도 보았다. 그러더니 "기름 엥꼬 같은데요." 하고 말했다.

"엥꼬라니?"

"차에 기름이 모두 떨어졌다 그 말입니다."

"어떻게 하면 좋지요?"

"기름을 사와야 합니다. 저 모퉁이에 주유소가 있거든요."

준석은 그가 가리키는 모퉁이 길을 향하여 부랴부랴 달려갔다. 제법 먼 거리였다. 그렇게 달려가서 주유소 직원에게 휘발유 한 초롱만 사겠다고 했다. 그러자 주유소 주인이 머리를 흔들었다.

"차를 가져오면 기름을 넣어드릴 것입니다. 준비된 초롱이 없어서요."

"기름이 떨어져서 차가 움직이지 못하는데 어떻게 차를 몰고 온단 말이요."

"그건 댁의 사정이지요."

주유소 직원은 냉담하게 말했다. 준석은 불끈 화가 치밀었지만 어째 볼 수 없었다. 그의 말이 냉담한 것은 사실이지만 그렇다고 그것을 탓할 만한 입장도 못 되었다.

"기름통을 파는 곳은 어딥니까?"

"글쎄요. 철물점 같은 곳이라면 있겠지요?"

"철물점은 어디에 있는데요?"

"그걸 내가 어떻게 알아요."

주유소 직원은 퉁명하게 내뱉으며 자기 할 일로 돌아갔다. 준석은 하는 수 없이 무작정 상가들이 늘어선 길거리를 헤매었다. 어디에도 철물점 같은 곳은 눈에 들어오지 않았다. 어쩌다 그런 곳을 발견했다 하더라도 이른 아침이라 아직 문을 열지 않았다. 출근시간은 빡빡히 다가오는데 마음만 급할 뿐 뾰족한 수가 없었다. 공연히 차를 샀다가 이런 고생을 하게된다는 마음이었다. 편하려고 차를 산 건데 이게 오히려 애물단지였다. 반시간도 넘게 헤매다가 겨우 플라스틱 초롱 하나를 구할 수 있었다. 거기에다 기름을 채워서 카센타로 가져갔다. 휘발유를 차의 기름통에 붓고 나서 카센타의 직공은 다시 시동을 걸어 보았다. 그러나 차는 여전히 꿈쩍도 않았다. 그러자 직공은 머리를 갸우뚱거리며 말했다.

"엥꼬가 아닌 모양인데요. 휴즈를 조사해 보아야 하겠습니다."

직공은 차안으로 들어가서 휴즈박스를 열었다. 그리고 이곳저곳의 휴즈를 뺐다 꽂았다 하면서 한참을 승강이질을 했다. 그래도 차의 시동은 걸리지 않았다. 그러자 그는 늘어놓았던 공구들을 챙기며 선언

하듯 말했다.

"아무래도 안 되겠습니다. 큰 곳으로 가 보시지요."

"큰 곳이라니?"

"이 차의 생산라인과 연결된 공업사 같은 곳 말이요."

"그곳엘 가려면 어떻게 가지?"

"견인차를 부르면 됩니다."

"견인차는 어떻게 부르는데?"

준석이 그렇게 묻자 카센터 직공은 화가 나서 쏘아붙였다.

"그렇게 아무 것도 모르면서 어떻게 차를 몰겠다는 생각을 했습니까?"

직공의 질책을 듣게 되자 준석은 참담해지는 심정이었다. 그의 말이 조금도 틀린 말이 아니었기 때문이었다. 준석이 머쓱해서 그냥 서 있으니 카센터 직공은 미안했던지 한 가지 방법을 알려주었다.

"하긴 견인차를 불러도 제때에 오지는 않을 겁니다. 차라리 차를 길옆의 무단주차 금지구역에 밀어두고 기다려 보시요. 그러면 불법주차 단속반이 와서 불법주차 위반 딱지를 뗄 것입니다. 그러면 견인차가 쏜살같이 달려오지요. 그때 부탁해 보시요. 큰 공업사로 실어달라고 말이요."

"그럼, 무단주차 위반 벌금을 물어야 하지 않소?"

"이렇게 마냥 기다리는 것보다는 그게 더 낫지요."

카센터 직공은 그렇게 말하고는 더 이상 도움 줄 것이 없다는 듯이 자기 일에 몰두했다. 준석은 더 이상 어째 볼 수가 없어서 그 직공의 말대로 차를 다시 밀어서 무단주차 금지구역으로 밀고 가야했다. 단속반이 나와서 불법주차 딱지를 떼기를 기대하면서 말이다.

"불법주차 딱지를 떼어줄 주차단속반을 기다리고 있자니 별별 생각이 다 들데요. 이런 곤욕을 당하면서까지 차를 몰아야 하나 하는 생각도 들고요."

나는 준석의 그때 심정을 충분히 이해할 수 있을 것 같았다.

"그래서 차를 큰 공업사에 맡기고 왔나?"

나의 물음에 준석은 머리를 흔들었다.

"아닙니다. 아예 중고시장에 내놓고 왔습니다. 차라면 아주 신물이 납니다."

"허허, 이 사람. 그렇다고 차를 팔아버리다니. 극복을 해야지."

"IMF 시대라고 새 차도 팔아 버리는 판인데, 새삼 차 때문에 고생할 필요가 없겠다 싶었지요."

"허 참. 초보운전 시절에 그런 고생 안 해 본 사람 몇이나 될까? 공연한 고집 말게"

"다른 사람들도 이런 고생을 겪었습니까?"

"물론이지."

내가 단언하는 말에 준석은 한참 생각하는 표정이더니 이윽고 전화통 쪽으로 천천히 다가갔다. 아마도 중고시장에 내놓은 차의 판매를 취소할 모양이었다.

# 다리가 없는 통닭

5월은 계절의 여왕이라고 한다. 대자연의 생명이 약동하는 계절이기 때문이다.

교외로 나가면 들판엔 파릇한 풀들이 자라고 산비탈의 나무들은 다투어 꽃을 피운다. 흙 내음 실은 훈훈한 바람도 정겹게 불어온다. 여자들의 옷차림은 한결 가벼워지고 그래서 그녀들의 발길은 튀어 오르는 고무공처럼 탄력이 있다.

그런 계절이어서인지 5월엔 행사도 많다. 근로자의 날, 어린이날, 어버이날, 스승의 날 등이 그것이다. 공장 근로자들에게는 '근로자의 날'이 가장 중요한 날이겠지만 그렇다고 다른 날이 덜 소중한 것은 아니다. 그들에게는 제작기 소중한 자식들이 있고 부모가 계시고 스승이 있기 때문이다. 나 또한 그들과 다르지 않다. 그래서 '근로자의 날'엔 공장 근로자들과 어울리고 '어린이 날'엔 아내와 아이들을 데리고 유원지에서 하루를 보냈다. '어버이 날'엔 고향집 부모님께 작은 선물을 보낸다. 그러다 보니 어느덧 '스승의 날'도 다가왔다.

'스승의 날'은 나로서는 각별한 날이다. 이곳 공장장으로 부임하기 이전까지는 내 자신 초등학교 교사였고 그래서 이런저런 인연의 제자들을 두고 있었기 때문이다. 그러나 고향과 멀리 떨어진 이곳으로 직장을 옮기고 부터는 제자들과의 연락도 딱 두절되고 말았다. 그래서인지 달력에 표시된 '스승의 날'이란 글자를 대하자 공연히 쓸쓸한 생각마저 들었다.

내가 퇴근을 미루고 달력의 글자를 헤아리고 있는데 전화의 벨이 울렸다. 수화기를 들고 전화를 받던 미스 박이 내게 수화기를 내밀었다.

"공장장님을 찾는데요."

수화기를 바꾸자 쩽쩽한 목소리가 들려 왔다.

"혹시 말입니다. 예전 초등학교에 계시던."

"그래요. 내가 바로 그요."

"아, 선생님. 혹시 홍인철이란 이름을 기억하십니까?"

나의 머리에 순간 작은 얼굴 하나가 떠올랐다. 어머니를 일찍 여의고 아버지와 함께 살던 아이였다. 그는 머리통이 유난히 커서 아이들로부터 '가분수'라고 놀림을 받았다. 학교를 졸업하고 지금까지 한 번도 소식이 없었다.

"그래, 기억이 난다. 네 별명이 가분수지? 기억하고말고."

"제 별명까지 기억하시네요. 오늘 고향친구들과 전화 통화를 하다가 우연히 선생님께서 제가 살고 있는 이곳 도시의 공장에 계시다는 소식을 들었습니다. 그래서 긴가민가하면서 전화를 드린 겁니다. 오늘 뵐 수 있을까요?"

"물론이지. 지금 막 퇴근하려던 참이네."

나는 가까운 다방을 약속 장소로 정하고 서둘러 공장을 나섰다.

그가 졸업한 햇수를 헤아려 보니 이미 20여 년이 넘었다. 그는 머리가 크면 두뇌가 좋다는 속설대로 공부를 잘했다. 그러나 워낙 가난해서 중학교에 진학할 형편이 못되었다. 그가 진학할 수 있는 유일의 방법은 입학금 면제 특전을 받을 수 있도록 입학시험에서 전체 수석을 하는 일이었다. 그러나 애석하게도 그는 전체 수석을 놓치고 말았다. 그래서 우수한 성적임에도 중학교 진학을 포기해야 했다.

그를 졸업시킨 다음 해에 나는 다른 학교로 전근을 갔고 그 이후로 그와는 전혀 연락이 닿지 않았다. 그래서 세월과 더불어 서서히 잊혀졌던 것인데 오늘 새삼스럽게 연락이 된 것이다. 다방 안으로 들어서니 키가 훌쩍 큰 청년이 서둘러 다가왔다.

"선생님. 제가 홍인철입니다. 선생님은 예전 모습 그대롭니다. 조금도 변하지 않으셨습니다."

"너도 그렇다. 대번에 넌 줄 알아보겠다."

사람들 중에는 놀랍게 변해서 좀처럼 옛 기억을 떠올리기 어려운 경우도 많은데 인철의 경우는 전혀 그렇지 않았다. 키가 예전의 두 배쯤으로 껑충 자란 것 밖에는 예전 모습 그대로였다. 툭 붉어져 나온 앞이마도 그렇고 가분수라고 불릴 만큼 큰 머리통도 그랬다. 다만 대머리 징조를 느낄 만큼 앞이마가 조금 번들거리는 점만이 예전과 차이가 있었다. 다방에서 차를 홀짝이며 그는 자신의 근황을 소개했다.

"졸업 후에 온갖 잡일을 다했습니다. 구두닦이도 하고 신문배달도 하고요. 그러다 양복 만드는 기술을 익히게 되었습니다. 기능올림픽에 참가해서 두 번 씩이나 금상을 받기도 했습니다. 그래서 삼 년 전부터

자립해서 양복점을 차렸는데요. 손님이 많이 찾아 주어서 그런 대로
먹고삽니다."

"어느 양복점인데?"

"저기 로타리를 돌다보면 '올림픽양복점'이라고 있습니다."

"그거라면 이 도시에서 제일 큰 양복점 아니냐?"

나는 놀라서 물었다. 그 양복점이라면 이 도시에서 모르는 사람이
없었다. 결혼 맞춤옷 같은 고가의 양복만을 만들었다. 주문이 밀려서
몇 달 전에 미리 주문을 해야 했다. 개업한지 단 삼 년 만에 세 들었던
빌딩을 사들였다는 소문도 있었다. 그래서 일반근로자들로부터 선망
의 대상이었다.

"그러고 보니 넌 재벌이로구나. 네가 그 빌딩의 주인이라면 말이다."

그 빌딩은 이 도시에서는 가장 번화가에 위치하고 있어서 그 빌딩만
으로도 재벌 소리를 들을 만했다.

"그런 정도로 재벌은 무슨 재벌입니까? 그저 밥술이나 먹을 만하지
요."

그렇게 겸양하던 그가 말머리를 돌리듯 불쑥 물었다.

"선생님. 여전히 약주를 즐기십니까?"

"물론이지."

나는 어색하게 웃었다. 그가 대뜸 아직도 약주를 즐기시냐고 묻는
데는 그만한 이유가 있었다. 졸업반이던 그들과 소풍을 갔다가 과음을
하고 돌아오는 길에 비틀거리는 걸음으로 그만 쇠똥을 밟고 미끄러져
넘어진 적이 있었다. 그 일로 나는 한 동안 아이들의 웃음거리가 되었

던 것이다.

"선생님을 뵈면 약주대접을 해야겠다고 생각했습니다."

그의 말에 나는 사양하지 않았다. 녀석이 '올림픽양복점'의 주인이고 그 로타리 빌딩의 소유주라면 술 한 잔 대접받는다고 경제적 손실을 입히는 것은 아니라고 생각했다. 그런데 다방을 나와서 그가 나를 이끈 곳은 통닭집이었다. 통닭집이 다방과 가까운 거리에 있긴 했지만 모처럼 만나서 술 마시기에는 어딘가 엉뚱했다. 그러나 그는 개의치 않고 불쑥 물었다.

"선생님, 맥주로 하시겠습니까? 소주로 하시겠습니까?"

"소주가 좋네."

그래서 통닭구이를 안주로 소주잔을 나누기 시작했다.

"선생님, 졸업식 날 제게 하신 말씀을 기억하십니까?"

"무슨 말을 했었는데?"

"제가 중학교 진학을 포기하게 되어 의기소침해 있는 것을 보시고 선생님께서는 제 등을 두들기며 위로해 주셨습니다. 세상을 살아가는 방법은 여러 가지가 있다. 중학교 진학만이 전부가 아니다. 그러니 어디서 무엇을 하든 열심히 살아야 한다. 알겠냐? 열심히 살란 말이다. 저는 그 말씀을 늘 기억했습니다. 열심히 살겠다고. 구두닦이를 할 때나 신문팔이를 할 때나 양복쟁이 기술을 배울 때도 말입니다. 제가 지금에 이르러 밥술이나 먹을 수 있게 된 것은 오로지 선생님께서 해주신 그 때 그 말씀 때문입니다."

나는 워낙 오래된 일이라 전혀 기억나는 게 없었다. 그러나 우연히 던진 위로의 말 한 마디로 해서 그가 이만큼 잘 살게 되었다니 여간 대견스럽지 않았다. 선생이란 직업에 대한 보람이기도 했다. 기분이 좋다 보니 술잔도 빨리 돌았다. 그래서 제법 취기가 오르기 시작했다. 술잔을 돌리던 그가 문득 말을 이었다.

"한번은 소풍 갔다 돌아오는 길에 선생님께서 심부름을 시키셨습니다. 통닭 한 마리하고 김밥 도시락 두어 개를 집으로 갖다 주라고요."

그에게 그런 말을 듣는 순간 술이 확- 깨는 것을 느꼈다. 취기가 가시면서 얼굴이 벌겋게 달아올랐다. 지난날들의 일들이 새삼 떠올랐다. 소풍 때면 학생들이 담임선생께 드린다며 통닭과 김밥을 싸왔다. 점심이 끝나고 보면 통닭 한두 마리가 남는 수가 있었다. 아마 그때도 그랬던 모양이다.

보통 때 같으면 그렇게 남은 음식들은 아이들에게 나누어주었다. 그러나 나이 든 여선생들 중에는 더러 집으로 보내는 수도 있었다. 그럴 때 왠지 남의 음식을 도둑질하는 것 같아 민망해 보였다. 그래서 나의 경우엔 집으로 음식을 보낸 기억이 별로 없었는데 그 해는 그렇지 못했던 모양이다. 어려운 살림에 연년생으로 태어난 아이들을 키우느라 고생한 아내에게 통닭 한 마리쯤 보내고 싶었던 모양이다. 가난과 피곤에 지쳐서 얼굴에 까맣게 기미가 낀 아내가 그걸 받고 퍽도 좋아할 것이라고 생각했었는지도 모른다.

"저는 통닭이 무척 먹고 싶었습니다. 그래서 가져가는 동안 저도 몰래 다리 한쪽을 뜯어먹었습니다. 다리 한쪽 몰래 먹은 걸 알 턱이 없다고 생각한 것이지요. 그리고 한참 가다 생각하니 다리가 하나뿐인 통닭이 있을 턱이 없다는 생각이 들었습니다. 절름발이 통닭이란 게 아무래도 이상했습니다. 오히려 의심을 살 것 같았습니다. 생각다 못해 한 쪽을 마저 떼먹기로 했습니다. 그렇게 먹고 나니 이번에는 다리가 없는 통닭이란 게 또 이상했습니다. 통닭 하면 으레 다리가 아닙니까?"

그의 말을 듣고 나는 웃어야 할지 울어야 할지 몰랐다. 그 행위로 보면 너무나 우스운 일이지만 그때 그의 배고픔과 닭다리 하나를 먹고 싶은 절박한 심정을 생각하면 참으로 눈물 날 일이었기 때문이었다.

"그렇다고 전달하지 않을 수도 없고요. 사모님께 그걸 전달하고 저는 그냥 줄행랑을 쳤습니다. 그때부터 선생님 얼굴만 마주치면 겁이 났습니다. 다리 두 쪽 떼먹은 것을 모두 알고 있는 것 같아서였습니다. 며칠 동안은 '인철아'하고 부르기만 해도 가슴이 철렁 내려앉았습니다."

"그런 일도 있었구나."

나는 탄식했다. 그 음식은 나의 몫이 아니라 바로 그들의 몫이었던 것을…. 그것을 가로채는 것도 일종의 도둑질인 것을…. 그가 굳이 나를 통닭집으로 이끈 이유를 알 것 같았다.

"선생님. 통닭 많이 드십시오. 옛날 빚진 것을 좀 갚아야 제 마음도 한결 가벼워질 것 같습니다."

그는 큼직한 통닭 다리 하나를 골라 내게 내미는 것이었다. 나는 오랜만에 옛 제자를 만나 하늘로 오르는 기분이었다가 이번에는 벼랑의 저 밑까지 추락하여 굴러 떨어지는 기분이었다. 스승의 길이란 얼마나 어려운 고행의 길인가? 새삼 그런 생각마저 들었다.

# 바보식당

직장이란 게 어디나 그렇지만 근무시간이 끝나면 마음 맞는 동료들끼리 삼삼오오 짝을 지어 대폿집으로 향하게 된다. 그리하여 한잔 소주로 피로를 풀고 실없는 농담으로 우정을 가꾼다. 그러다 보니 단골집도 생기기 마련이다. 우리가 자주 들락거리는 단골집은 속칭 〈바보식당〉이다. 본래의 옥호는 '대추나무집'이지만 우리들 사이에선 그저 〈바보식당〉으로 통했다.

그 집의 옥호를 그렇게 부르는 것은 종업원 중에 순녀라는 바보가 있기 때문이다. 그것은 순녀가 특별히 바보짓을 해서라기보다 그녀의 푸짐한 마음씨 때문이다. 고향이 충청도 서산 어디라는 순녀는 마음씨가 퍽도 순해서 좀처럼 손님들의 청을 거절하지 못한다. 돼지갈비나 삼겹살 등의 구이가 전문인데 손님들은 장난삼아 말한다.

"아가씨. 고기 일인분이 너무 적은 것 같애."

"고기 한 근이란 게 이렇게 적어서야 원."

그런 불평이 떨어지기 무섭게 순녀는 고기 몇 점을 얼른 더 가져온다.

"더 드리면 되잖아요."

그것이 순녀의 한결 같은 대답이다. 그렇게 되면 카운터에서 셈을 하던 주인여자가 큰소리로 핀잔을 주었다.

"이년아. 그렇게 펑펑 덤을 주고 나면 뭐가 남겠냐?"

그러면 순녀는 입을 삐죽 내밀며 손님들에게 속삭인다.

"안 남긴 뭐가 안 남아."

그런 식이니 순녀의 인기가 높을 수밖에 없었다.

"순녀 씨. 내 술 한 잔 받아요."

손님들 중에 더러는 장난삼아 그녀에게 술잔을 권하기도 했다. 그러면 순녀는 마다 않고 술잔을 받아서는 단숨에 홀짝 마셨다. 깐깐한 성격의 주인여자가 그 꼴을 참아내지 못했다.

"이년아 주제파악을 해라. 술심부름은 젖혀놓고 술타령이냐?"

"괜히 신경질이야."

순녀는 주인여자가 모르게 혓바닥을 쏙 내밀기도 했다. 손님들은 그게 재미있어서 순녀에게 또 술잔을 돌렸다. 그렇게 몇 잔 얻어 마신 술로 순녀는 신바람을 내며 음식을 날랐다. 말하자면 좀 푼수인 셈인데 그게 손님들에게는 싫지 않았다. 약고 되바라진 사람들만 득실거리는 세상에 이런 얼치기 같은 여자가 시중을 드니 왠지 마음이 편해지는 것이다.

그러나 그건 손님들 생각이고 주인여자의 입장에서는 매양 고깃근이나 도둑맞는 기분인 모양이었다. 그래서 걸핏하면 푸념을 늘어놓았다.

"오갈 데 없는 년 거두어 주었더니 고마운 줄도 모르고. 당장 내쫓아야 하는 건데…."

주인여자와 순녀는 개와 고양이 사이처럼 항상 으르렁거렸다. 그러니 누구의 눈에도 순녀가 오래 붙어 있을 것 같지 않았다.

철용이나 준석이 같은 젊은이들은 나이가 젊은 만큼 먹새가 좋아서 다른 집은 다 마다하고 〈바보식당〉만 찾았다. 그리고 다른 종업원은 젖혀두고 순녀만을 찾는다. 술집에서 같은 돈으로 고기 한 점 더 먹는다는 게 대단하기 때문이다. 다른 손님들도 순녀만 찾기는 마찬가지다. 세 명의 종업원이 있어도 모두들 순녀만 찾으니 그녀는 잠시도 쉴 틈이 없었다. 바쁜 순녀 대신 다른 종업원이 올라치면 젊은이들은 일부러 짓궂게 엉뚱한 주문을 한다.

"이봐요. 아가씨. 여기 족발 있어요?"

"여긴 족발집이 아닌데요."

"그럼 세발낙지는요?"

"그런 것도 없고요."

"흠. 이 집엔 없는 것 천지로군."

그렇게 투덜거리며 주문을 미루고 있노라면 마침내 순녀가 쪼르르 달려왔다.

"여기 순녀가 왔어요."

그러면 젊은이들의 얼굴이 활짝 펴졌다.

"여기 돼지 목살 이인 분하고 소주 두 병 줘요."

순녀는 때로는 청하지 않아도 주인 몰래 고기를 몇 점 더 담아 오기도 했다.

"이렇게 인심 쓰다가 쫓겨나는 것 아냐?"

"어차피 쫓겨날 건데요 뭘."

순녀는 천연스럽게 말했다. 주인여자는 이년을 당장 쫓아낼 거라고 입버릇처럼 말했다. 그러니 순녀로서는 쫓겨나기 전에 인심이나 쓰자는 식으로 더욱 손이 푸짐했다. 손님들은 그런 순녀가 쫓겨나기 전에 한 번 더 가야겠다는 식으로 더욱 자주 〈바보식당〉을 찾았다.

"순녀가 쫓겨나기 전에 한 잔 더 해야지."

"암. 순녀가 있을 때 실컷 먹어두세."

그래서인지 〈바보식당〉은 늘 손님들로 만원이었다. 순녀는 심지어 어떨 때는 손님이 일인분을 청하면 이인 분을 날라주고 한 근을 청하면 두 근을 날라주었다. 그러니 집주인으로서는 언제까지 참고 그냥 넘길 문제가 아니었다. 주인여자가 그러지 말라고 잔소리를 하면 순녀는 기분이 나쁘다며 더 많이 덤을 주었다. 주방장이 순녀가 나르는 음식을 특별히 관리하기도 하지만 어느 사이 슬쩍 더 집어주는 데는 당할 재주가 없었다.

"순녀가 아직 붙어 있을까요?"

철용이 〈바보식당〉으로 향하면서 내게 물었다.

"글쎄. 지난번엔 대판 싸우기까지 하던데."

그들이 지난 번 들렀을 때 깐깐한 성격의 주인여자가 더 이상 참지 못하고 손님들이 방안 가득한데도 고래고래 고함을 지르던 것이다.

"이년. 남의 장사라고 끝내 그럴 거냐? 아예 손목아지를 분질러 놓을라."

"먹자고 하는 장산데 좀더 드릴 수도 있지요."

순녀도 고집을 꺾지 않았다.

"돈벌려고 하는 장사지 어째 먹자고 하는 장사냐?"

"먹는 장산데 그렇게 야박해서 되나요?"

"되든 안 되든. 이건 내 집 장사니까 내가 시키는 대로나 해."

"고기 몇 점 더 준다고 거덜이 날까?"

순녀가 계속 종알거리니 주인여자가 달려와서 순녀의 머리채를 와락 움켜잡았다.

"이년. 누구 망하는 꼴 보려느냐? 당장 그만둬. 그만 두고 나가란 말야."

사태가 그 지경 되니 손님들이 그들을 뜯어 말려야 했다.

"아주머니. 그만해두소. 손님들에게 친절한 것도 죄요?"

"친절도 정도껏 해야지요."

머리채를 끄들린 순녀는 찔끔찔끔 눈물을 짜면서 말했다.

"나가라면 못 나갈까? 나중에 다시 오란 말이나 말지."

"네깐 년 없다고 장사 못할까? 걱정 말고 당장 나가란 말야."

그렇게 되어서 우리는 순녀가 더 이상 그 집에 붙어 있지 못하게 될 것이라고 확신했다. 순녀가 마침내 그만두었다는 소문도 돌았다. 그런 소문이 돌았어도 그 동안 공장 일이 바빠서 며칠간 야근을 하는 등으로 볶아치는 바람에 그것을 확인할 기회가 없었다. 그러던 중 모처럼 여유시간이 생기자 젊은 친구들이 아무래도 궁금하다며 〈바보 식당〉으로 가보자고 했다.

우리가 바보식당으로 들어서니 손님이 발 디딜 틈도 없이 가득한데 순녀는 여전히 음식을 나르고 있었다. 나는 반가운 김에 카운터에 앉아 있는 주인여자를 보고 물었다.

"순녀가 아직 있네요."

카운터의 주인여자가 환한 얼굴로 우리를 맞았다.

"웬걸요. 며칠 동안 못나오게 했지요. 그랬더니 손님들의 발길이 뚝 끊어지데요."

주인여자는 말을 이었다.

"세상 인심이란 게 그렇게 무서운 줄 처음 알았지요. 어쩌다 찾아 온 손님도 순녀가 없으니 그저 고기 일인분에 밥 한 공기 볶아먹고 그냥 가는 겁니다. 그러니 매상이 뚝 떨어져서 종업원들 월급 감당하 기도 어렵더라구요. 그러니 어쩝니까? 다시 나오라고 할 밖에요."

"순녀가 또 선심을 펑펑 쓰고 나면 남는 게 별로 없겠네요?"

"저도 처음엔 그렇게 생각했지요. 하지만 다다익선이란 말이 하나 도 그르지 않아서 덤을 더 주는 만큼 많이 팔아주니 손해도 없더라고 요."

주인여자의 말도 일리가 있다 싶었다. 그래서 지나는 말로 한 마디 더 물었다.

"순녀가 고분고분 다시 옵디까?"

"고분고분이 뭡니까? 주인의 잔소리 들으며 일하고 싶지 않다며 아무리 달래도 듣지 않아요. 아주 옹고집이더라고요. 그래 하는 수 없이 임금도 더 올려주기로 약속하고 심지어는 집의 옥호마저도 아예 〈바보식당〉으로 고치기로 하겠다니 그때서야 수긋해집디다. 바보라 고 여겼던 순녀가 보배란 것을 깨달았으니 어쩝니까? 그 애의 비위를 맞추어야지요."

"아니 그렇다고 옥호까지 바꾸었다는 말입니까?"

"밖으로 나가 보세요. 간판이 뭐로 되었나?"

나는 믿기지 않아서 밖으로 나가 옥호를 확인했다. 들어올 때 무심코 지나쳤던 옥호를 다시 살피니 정말로 '대추나무집'이란 간판이 〈바보 식당〉이란 이름으로 바뀌어져 있었다. 그러니 순녀는 이 집의 보배로 공인된 셈이었다. 방으로 들어가니 여기저기서 순녀를 찾는 소리가 빗발쳤다.

"어이, 아가씨. 삼겹살 이인 분."

"돼지갈비 삼인 분."

나는 저절로 입가에 미소가 떠돌았다. 각박한 도시의 복판에서 모처럼 훈훈한 인심을 대하는 듯해서였다.

# 검은 나비

창밖에는 가느다란 빗줄기가 흩날리고 있었다. 장마철이어서 며칠째 빗줄기가 그치지 않았다. IMF다 뭐다 해서 온 사회가 저기압인데 지리한 장마비까지 내리고 보니 기분이 울적했다. 그래선지 경리를 보는 미스 윤도 퇴근할 생각을 않고 창밖에 내리는 빗줄기만을 바라보고 있었다.

"미스 윤은 퇴근하지 않을 건가? 요즈음 혼수 장만에 정신이 없을 텐데."

"괜찮아요. 비도 내리는데요. 공장장님 커피나 한 잔 타드리고 퇴근할래요."

미스 윤은 그렇게 말하며 웃었다. 그 웃음이 어딘가 쓸쓸해 보였다. 평소 그녀가 웃을 때는 볼우물이 깊게 파이며 얼굴 둘레가 달무리지듯 환해진다. 오뚝한 콧날과 얇은 듯싶은 입술, 쌍거풀 진 큰 눈과 발그레 윤기 도는 피부가 발광체처럼 빛났다. 얼굴만이 아니었다. 훤칠한 키에 날씬한 허리, 쪽 곧은 다리를 지닌 몸매여서 타고난 미인이란 생각을 하게 했다. 거기에다 성격까지 싹싹하니 금상첨화였다. 그런 미스 윤이 시집을 간다는 혼사 말이 돌고 부터 왠지 말라 가는 배춧잎처럼 생기를 잃어갔다.

"결혼 준비가 쉽지 않지?"

"그러네요."

그녀는 건성으로 대답했다. 조금 얼이 빠진 듯한 표정이기도 했다. 그녀의 혼사는 공장 안의 화제 거리였다. 그녀가 타고난 미인인데다가 상대편 남자도 대학병원에서 수습의 과정을 밟고 있는 예비 의사이고 집안도 재벌급에 속한다는 소문이었다.

"아무튼 예쁘고 볼일이야. 대학출신이 아니어도 그런 남자를 만나니 말이야."

여자 직공들은 모두 부러워했다.

"윤 언니만한 여자도 흔치 않지. 예쁘고 얌전하고 성실하고 명랑하고."

"거기에다 방송통신대학에 적을 두고 주경야독하는 재원임에랴."

여자들의 입방아 덕택으로 나도 미스 윤의 근황을 어느 정도 듣고 있었다. 그러나 그런 입방아는 근래에 점점 부정적인 소문으로 번져갔다.

"신랑집에서 열쇠 세 개를 요구한다며?"

"신랑네가 재벌급 부자라면서 재물은 왜?"

"시부모 될 사람들이 윤 언니를 탐탁지 않게 여기는 모양이지."

그래서인지 미스 윤의 얼굴은 근래에 들어 사뭇 초췌했다. 미스 윤이 커피포트에서 끓고 있는 물로 커피를 타고 있는데 전화벨이 울렸다. 냉큼 달려가 전화를 받던 미스 윤의 얼굴이 사뭇 어두웠다.

"글쎄요. 요즈음 회사 일이 매우 바쁘거든요."

긴 망설임 끝에 미스 윤이 다시 말했다.

"아무튼요. 두어 시간쯤 후에나 다시 전화 주세요."

미스 윤은 커피 두 잔을 만들어서 하나는 나의 탁자에 올려놓고 다른 잔은 자신의 손에 들고 좀 전 모습 그대로 창밖의 빗줄기를 바라보았다. 커피를 조금씩 홀짝이던 미스 윤이 문득 물었다.

"공장장님. 여자는 나이가 차면 으레 결혼해야 하나요?"

"글쎄. 남자나 여자나 적령기가 되면 결혼하는 게 옳지."

"왜요?"

"그게 자연의 섭리이니까."

미스 윤은 잠시 생각하는 표정이다가 다시 말했다.

"저는 지금 현재가 좋거든요. 이렇게 빗줄기를 바라보며 커피를 홀짝일 수도 있고요. 공장장님과 사소한 세상 얘기로 시간을 보낼 수도 있고요. 저는 이런 생활이 좋아요."

나는 그늘진 미스 윤의 얼굴 표정을 보면서 그녀가 퍽도 어려운 처지에 놓여 있는 모양이라는 생각이 들었다.

"딸 시집보내려면 기둥뿌리가 빠진다는 소문도 있는데?"

"글쎄 말예요. 왜 우리 사회가 이렇게 되었는지 모르겠어요. 밥 세끼 쌀밥 먹고 살면 되잖아요? 돈이 많다고 밥 네끼 먹는 것도 아니고요. 그렇다고 금밥을 먹는 것도 아닐 텐데요. 왜들 돈돈 하는지 모르겠어요. 이렇게까지 해서 결혼을 해야 하는가 하고 회의가 들 정도예요."

"그야 모두들 겪는 통과의례라고 보아야지."

나는 미스 윤을 위로하려고 애를 썼다. 그러자 미스 윤은 더욱 열기가 오르는 모양이었다.

"저는요. 가난한 친정집 기둥뿌리를 뽑아서까지 결혼할 생각은 추호도 없었어요. 그래서 파혼도 각오했지요. 그러자 이번에는 친정 부모님들이 난리예요. 그런 남자 만나기가 쉽지 않다. 우리야 집을 좀 줄이면 어떠냐? 이런 식이라고요. 혼수 장만하려고 시장을 보는데요. 엄마는 하나라도 더 좋은 것을 사주시려고 애를 쓰시고, 저는 조금이라도 값싼 것을 고르려고 하고, 그래서 다툼이 끊일 사이가 없어요. 엄마는 말씀하시지요. 얘야. 너를 대학에 못 보낸 것이 늘 마음에 걸리는데 혼수마저 싸구려로 꾸릴 수는 없단 말이다. 더구나 시집이 소문난 부자라지 않니? 웬만한 물건으로 성이 차겠니? 그러면 제가 발끈 화를 내지요. 그야 그쪽 사정이지요. 시집이 부자면 우릴 도와줄 건가요. 딸 시집보내느라 집안이 거덜나면 그게 더 얕보이는 일이지요. 그러면 엄마는 징징 우시는 거예요. 너는 어쩌면, 이 에미가 의붓어미로 보이냐? 그렇게 섭섭하게 굴지 말아라. 없어도 해줄건 해 주어야지…. 이런 식이니 한 번 시장을 다녀올 때마다 저는 녹초가 되고 말거든요."

나는 미스 윤의 말을 들으며 두 모녀가 다투는 모습을 떠올리지 않을 수 없었다. 하나라도 더 좋은 것을 해주고 싶은 딸 가진 어머니의 애틋한 마음이 어떤 것인지 새삼 깨달아지는 듯했다.

"그래 이제 준비는 다 되었나?"

"다른 것은 대충 되었고요. 시집 식구들에게 보낼 선물이 아직 남았

는데요. 부자집의 외아들이 모처럼 가는 장가라고 시집 쪽에선 모두들
기대가 크다네요. 하지만 저는 더 이상 친정에 누를 끼칠 수는 없는
입장이거든요. 신랑 될 사람도 우리 형편을 잘 아는 터라 자신이 저축
한 돈을 돌려 줄 터이니 그걸로 예물을 준비하라는 겁니다. 하지만
그건 너무 자존심 상하는 일이지요. 성의껏 해주는 걸 받든지 아니면
말든지 이지요. 그렇지 않아요? 공장장님."

미스 윤의 갑작스런 질문에 나는 잠시 난감했다.

"글쎄. 두 사람의 의견이 모두 일리가 있는데…. 신부는 떳떳하고
싶고 신랑은 혼수 문제로 신부가 집안 사람들의 입담에 오르기를 바라
지 않고…. 그래서 심적 부담을 덜어주고 싶고."

"남들은 신랑이 그렇게 해 준다면 고마운 일인데 뭘 그러냐고, 별
걱정 다 한다고 말하기도 하는데요. 정말 그럴까요? 저는 돈 때문에
그이와 결혼하는 것은 아니거든요. 결혼 날짜는 임박하고 결혼 예물을
준비해야 하는데 마음의 결정을 내리지 못해 오늘까지 차일피일 미루
고 있는 중이거든요. 그래서 그이가 만나자는 것도 선뜻 응하지 못하
고 있어요. 방금도 전화가 왔잖아요. 하지만 어쨌으면 좋을지 도무지
알 수 없어요."

미스 윤은 조언을 구하듯 나를 빤히 바라보았다. 하지만 이런 일은
누구도 선뜻 판단할 수 있는 문제가 아니었다. 나는 커피잔의 커피가
싸느랗게 식고 있는 것을 보면서 한참을 생각하다가 비켜가듯 조심스
럽게 말했다.

"삼풍상가가 붕괴되었을 때의 얘긴데…. 어떤 남자가 약혼녀와 함

께 상가의 다방에서 차 한 잔을 나누고 나오던 길이었다는군. 결혼을
하루 앞둔 상태였는데, 남자가 상가 밖으로 나오는 순간 그만 건물이
폭삭 무너졌다네. 한 발 뒤처진 약혼녀는 무너진 건물더미에 깔리고
말았지. 기막힌 노릇이지…. 두 집안 모두 독실한 기독교인이어서
여자의 시체가 발굴되는 대로 목사님의 주관 아래 장례식을 치렀다는
군. 그런데 그 영결식장에 웬 검은 나비 한 마리가 날아와서 신랑의
곁을 떠나지 않더라는 거야. 비가 오는 날이라 나비가 날아들 형편이
못되었는데도 말이지. 남자는 여자가 죽던 날 입었던 옷이 검은 정장
이었음을 생각해 내고는 더욱 비참해 했다지. 남들도 그 나비가 여자
의 혼령일 거라고들 말했다네. 사랑은 죽어서도 남는 거라고…. 사랑
은 국경도, 빈부의 격차도 뛰어 넘는 종류라는데.”

나는 미스 윤의 긴장한 얼굴을 보면서 말을 이었다.

“두 사람이 진정 사랑하는 사이라면, 어떤 결정을 내려도 괜찮다는
생각이 드는군. 서로 만나서 흉금을 터놓고 의논한 다음 그래도 결정
이 어려우면 가위 바위 보로 운명을 점쳐 보는 것도 나쁘지 않을 거야.
결혼 절차 같은 것이야 사랑하는 사람을 선택하는 일에 비하면 너무나
사소한 일이니깐 말이야.”

나의 말에 미스 윤은 머리를 끄덕였다. 그때 다시 전화의 벨이 울렸
다. 미스 윤이 서둘러 전화를 받았다.

“아. 그래요? 좋아요. 그럼 거기서 만나요. 만나서 의논하지요.”

미스 윤의 목소리에 한결 탄력이 붙었다. 미스 윤은 노란색 원피스
위에다 까만 레인 코트를 걸치더니 가볍게 인사를 했다.

"다녀오겠어요. 공장장님 조언이 큰 도움이 될 것 같네요."

나는 서둘러 나가는 그녀의 뒷모습을 바라보면서 검은 나비 한 마리를 떠올렸다. 죽어서도 소멸하지 않는 사랑의 화신을 말이다. 나는 그녀의 일이 상처받지 않는 방향에서 매듭지어지기를 간절히 소망했다.

# 휴전선을 넘어가는 소 떼들

현대재벌의 정주영 회장이 오 백 마리의 소들을 데리고 휴전선을 넘는 광경은 그야 말로 장관이었다. 소들을 태운 트럭들이 판문점 남쪽 자유로에 길게 늘어서고 수만 시민들이 손에 태극기와 적십자기를 들고 몰려들었는가 하면 행사장에는 꽃다발을 든 실향민들로 북새통이었다. 취재기자들이 방북단 일행에게 카메라를 들이대고 취재에 열을 올리는가 하면 하늘에서도 취재 헬리콥터가 바짝 내려와서 이들 모습을 카메라에 담았다.

원래의 계획에는 정주영 회장이 소 한 마리를 끌고 자유의 다리까지 걷는 것으로 되어 있었다지만 취재기자들의 북새통 때문에 그런 모든 것들을 생략하고 소 한 마리의 목에다 화환을 걸어주는 것으로 대신하고 말았다. 정 회장의 방북 인사말도 생략되었다.

텔레비전으로 생중계 되는 이들 광경을 지켜보면서 가장 흥분한 것은 단연 최씨였다. 고향이 통천 어디라는 최씨는 정 회장의 고향과도 그리 멀지 않다고 했다.

"아무튼 말이네, 인간들이 하는 짓거리 가지고는 안 된다니까. 정 회장님이 소의 고삐를 잡고 농부의 아들답게 휴전선을 넘는 광경을

보여주면 얼마나 좋으냐 말야. 그런 것을 기자들이 온통 북새통을
이루어서 망쳐 놓으니 말이네."

최씨는 그 특유의 큰 목소리로 불평을 계속했다.

"할 수만 있다면 인간들은 빠져야 하는 기라. 자동차도 필요 없지.
일 천 마리의 소들이 대장 소를 앞세우고 스스로 휴전선을 넘는 모습을
보여 주어야 하는 기라. 일 천 마리의 소들이 그 순한 눈을 쏨벅이며
휴전선을 넘어가는 그 당당한 모습을 말이네. 인간들이 제멋대로 그어
놓은 금(線)을 싹 무시하고 말이네. 자연 그대로의 풀밭을 따라 하늘이
내려준 천성 그대로의 가르침대로 천천히 걸어가는 기라. 하늘도 땅도
한 할아버지 같은 조상의 것인데 어디에 금이 있다는 건고? 내 발
가지고 내가 걸어가는데 누가 막는단 말이고. 그러니 이런 일은 못된
인간들이 할 수 있는 일이 아니고 저렇게 순박한 소들이 먼저 시범을
보여야 한다 그 말이네."

최씨의 말은 간절히 고향을 그리는 심정의 표백이어서 논리로 따질
문제는 아니었다. 아마도 일 천만 이산가족이라면 누구나 같은 심정일
것이다. 여북하면 휴전선을 넘어가는 소가 부럽다는 말까지 나오게
되었을까? 여생이 얼마 남지 않은 노인들일수록 그런 감회가 더욱
컸다. 인간의 육신으로 넘지 못할 휴전선이라면 소가 되어서라도 넘어
보고 싶은 간절한 소망이었다.

정주영 회장의 방북과 더불어 금강산 개발 소식이 흘러나왔다.
속초항이나 동해항에서 출발한 여객선이 원산항이나 장전항에 정박
하면서 3박 4일 코스로 금강산의 절경을 유람할 수 있을 것이라는

소식이었다.

"그렇게 되면 말이네. 우리 집은 장전항에서 그리 멀지 않으니 말이네. 고향집에 잠시 들를 수도 있지 않을까?"

최씨의 질문에 대해서 공장 안에서는 두 가지 의견으로 나뉘었다. 하나는 북한이 자신의 체제가 붕괴될 것을 꺼려서 내부 단속을 철저히 할 것이며 관광객들도 일정하게 정해진 코스 외에는 개인 행동이 절대로 허용되지 않을 것이란 견해였다. 다른 하나는 군대식 행군이 아닌 바에야 어느 코스에서 슬쩍 빠졌다가 제 시간에 돌아오면 누가 알겠느냐는 견해였다. 두 견해가 팽팽히 맞서다가 제 삼의 견해가 대두되었다. 즉 처음에는 통제가 철저하겠지만 유람객의 수가 늘고 횟수가 늘어갈수록 차츰 통제도 느슨해져서 돈 몇 푼 쥐어주면 고향집쯤은 쉽게 다녀 올 수 있을 것이란 견해였다.

아무튼 최씨로서는 지금까지 체념해 왔던 고향 길을 밟을 수 있을 것이라는 가능성이 제기되자 퍽도 들뜬 표정이었다. 더구나 중소상공인들이 방북 길에 오 천 마리의 돼지를 데리고 갈 계획이라는 소식이 전해지자 최씨는 고향 가는 길을 기정사실로 여기는 듯했다.

"생각해 보라고. 일천 마리의 소떼들이 휴전선을 넘고 다시 오 천 마리의 돼지 떼들이 휴전선을 넘네. 이렇게 짐승들이 먼저 휴전선을 넘게 되면 제 아무리 간악한 인간의 마음인들 어쩌겠나? 하늘의 뜻이 그렇게 된 것임을 깨달아야지. 아무리 짐승보다 못한 인간이라 해도 말이네. 누구도 하늘의 뜻을 거스를 수는 없지. 하늘의 운수가 통일로 가고 있음에랴."

최씨가 그렇게 신바람이 나서 술을 사고 술잔을 돌리고 하는 바람에 우리 공장 안은 갑자기 활기가 도는 듯했다. IMF 시대를 맞아 근로자들이 온통 기가 죽고 움츠린 시기에 최씨가 불러일으킨 활기는 그나마 우리들의 마음을 훈훈하게 했다.

이제 정주영 회장이 돌아올 날만을 손꼽아 기다리게 되었다. 과연 소문처럼 금강산 유람이 가능한 것인지를 확인 받고 싶었던 것이다. 남북문제란 너무나 미묘해서 기껏 잘되던 회담도 말꼬리 하나 때문에 일그러져 버린 일이 너무나도 많았던 것이다. 이번만은 그렇게 되지 않기를 바라는 마음이 간절했다. 하늘이 더 이상 이 민족을 괴롭혀서는 안 되기 때문이었다. 그것은 하늘이 죄를 짓는 일이기 때문이다.

그런데 이게 무슨 일인가? 동해안에 잠수정이 나포되었다는 소식은 그야말로 충격이었다. 꽁치그물에 잠수정이 걸렸다는 것이다. 최씨는 얼굴이 사색이 되어 말했다.

"공장장. 이럴 수가 있을까? 진짜로 잠수정이 꽁치그물에 잡혔네? 꽁치그물로 잠수정 같은 배도 잡을 수가 있단 말인가?"

그러나 그런 의문은 금방 해소되었다. 군함에 인양되고 있는 잠수정의 모습이 뉴스 시간마다 되풀이 방영되었기 때문이었다.

"아무튼 인간들이 하는 일이란…. 마가 끼어서 안 되기 마련이야."

최씨는 땅이 꺼져라 한숨을 쉬었다. 금강산 유람도 다 물 건너갔다 싶었다. 그들은 이년 전인가에 동해안에 침투한 잠수함 사건을 알고 있었다. 승무원들은 자살하고 도망가던 공작원들을 하나하나 수색하여 사살하고…. 그러는 과정에서 많은 군인들과 민간인들이 죽고 다치고…. 남북관계는 일촉즉발의 상태로 악화되고.

"너무 실망하지 마십시오. 이번 정권은 햇볕 논리로 풀어갈 생각이라지 않습니까?"

"햇볕이든 달빛이든. 죄 많은 인간들 힘으론 안 되는 거야."

최씨의 얼굴에 웃음기가 가시고 말았다. 그러자 공장 안의 분위기도 무겁게 가라앉았다. 최씨의 너털웃음을 듣기가 어렵고 보니 그가 어느 구석에 있는지도 알지 못하는 경우가 많았다.

한번은 점심시간이 되어 식사를 하러 가는 중인데 초등학교 교문 앞에서 언뜻 최씨의 모습이 보였다. 의아해서 살펴보니 최씨는 병아리 장수에게서 병아리를 사서 이제 막 집으로 돌아가는 어린 학생들에게 나누어주고 있었다. 그렇게 파는 병아리는 며칠 살지 못하고 죽는 경우가 대부분이었다. 그렇지 않더라도 아파트가 대부분인 이런 도시에서는 병아리를 키울 곳도 없었다. 어린 학생들이 병아리가 귀여워서 얼결에 사게 되는 것을 이용하는 병아리장수의 얄팍한 장삿속 때문에 얼마나 어린 병아리들이 쉽게 죽고 마는가? 그런데 최씨는 그 병아리를 사서 어린아이들에게 나누어주고 있는 것이었다.

"최씨요. 여기서 뭘하는 겁니까?"

나의 질책성 질문에 최씨는 눈을 끔벅이며 대답하는 것이었다.

"병아리를 나누어주는 걸세."

"그걸 아이들이 어떻게 키웁니까?"

"정성을 다 하면 키울 수가 있지. 문제는 정성이야."

나는 어이가 없어 더 말이 나오지 않았다. 그러자 최씨는 나를 설득

시키려는 듯 말했다.

"이봐요. 공장장. 이제 말이네. 일 천 마리의 소들과 오 천 마리의 돼지들의 뒤를 이어서 수만 마리의 닭들이 휴전선을 넘어 갈 것이야. 암, 그렇고 말고. 저 어리고 착한 아이들이 하나씩 사서 기른 병아리들이 닭이 되고 그놈들이 날개를 퍼덕이며 휴전선을 넘는 모습을 한 번 생각해 보란 말이네. 얼마나 장관인가? 그때가 되면 그놈의 휴전선인지 뭔지가 어떻게 유지되겠나? 안 그런가?"

최씨의 말을 듣고 있는 순간 내 망막에도 수만 마리의 닭들이 일제히 날개짓 치며 휴전선을 넘고 있었다. 닭들은 휴전선이라는 눈금을 인정하지 않았고 그래서 그들을 막고 있는 어떤 장애물도 없었다. 그 닭들의 뒤를 줄줄이 따라가는 초등학생 아이들의 모습이 보이는 듯도 싶었다. 그래서 차마 더 이상 최씨의 행동을 말릴 수가 없었다.

# 사랑의 통과의례

공장장인 나의 가장 큰 임무는 공장 근로자의 인적 관리다. 공장의 기계는 그리 큰 문제가 없다. 평소에 잘 관리하고 제 때에 수리하면 된다. 그러나 사람은 마음먹은 대로 되지 않는다. 특히 젊은이들의 경우는 더욱 그렇다. 갑작스런 돌출행동으로 사람을 놀래키는 일이 많기 때문이다. 그리고 그게 남녀간의 애정 문제가 되면 어떤 충고도 효력이 없었다.

성년식을 치룬 미숙이가 드디어 연애를 시작했다. 얌전한 개가 부뚜막에 먼저 오른다는 속담처럼 얌전하기만 해서 쉽게 남자를 사귈 것 같지 않던 미숙이가 같은 또래의 공원들보다 먼저 연애를 시작한 것이다. 상대편 남자는 일류대학의 공과 대학생인데 집안도 좋다고 했다. 그래서인지 미숙에게 여러 가지 값진 선물을 보내기도 한다는 것이다. 미숙이의 용모가 그만하니 남자가 반할 만도 했다. 휴게실 매점에서 미숙이를 만나자 나는 지나치는 말로 물었다.

"너, 연애한다고 소문이 자자하더라. 그래, 남자는 어디서 만났는데?"

"교회에서요."

"결혼할 생각인가?"

"아직은 모르겠어요. 친절하게 대해주니까 그냥 사귀는 거지요."

그러자 옆에 있던 철용이 끼어들었다.

"조심해라. 전번 영미꼴 날라. 몸 주고 마음 주고 돈까지 주고, 그리고 죽네 어쩌네 하며 약까지 먹고 죽을 뻔하던 일을 말이다."

사실 공장 안에서는 그런 일이 자주 있었다. 집 떠나서 정이 그리운 여공들은 남자들이 조금만 잘해주어도 푹 빠져드는 경향이 있었다. 그래서 못된 남자들의 이용물이 되는 경우도 종종 있었다. 철용의 표현처럼 몸 주고 마음 주고 돈까지 뜯기고 약을 먹고 죽네 어쩌네 하며 소동을 부리는 일도 많았다. 철용의 말에 미숙이 뾰로통하게 토라졌다.

"공연한 걱정하지 마. 그 사람 오빠 같진 않으니깐."

"내가 어때서?"

"남 못되라고 심술이나 부리고."

"내가 그 녀석을 못 보았다면 모를까? 기생오라비처럼 말쑥하게 차려 입고 건들거리는 폼이 진짜 대학생 같지도 않더라. 일류대학교 공과 대학생이란 작자가 그렇게 치장하고 계집년 꽁무니나 쫓아다닐 시간이 어디 있냐?"

"피, 웃기네. 공부한다고 교회에도 못 다닐까?"

"그게 다 핑계라고. 그 녀석이 전에는 장로님 딸과 열렬히 연애한다는 소문도 있었다고?"

"그만둬. 남의 뒷조사나 하고 다니면서…. 치사하게 굴지 말라니깐?

오빠가 뭐야? 내 보호자나 되는 거야?"

미숙이 앙칼지게 쏘아댔다. 평소 남한테는 아주 잘하는 아이인데 이상하게 철용과는 앙숙이었다. 그건 철용의 경우도 그랬다. 미숙이 하는 행동이 도무지 마음에 들지 않는다는 투였다. 정도 이상 아웅다웅 다투는 것도 사랑의 다른 표현이지 싶어서 나는 늘 그들의 다툼을 보고 웃어넘기곤 했다. 그런데 근래에 들어서 다툼의 정도가 심한 것 같아서 은근히 걱정도 되었다.

나는 근로수칙을 정하면서 첫째도 인화人和, 둘째, 셋째도 인화人和를 강조해 온 터였다. 서로 화목하면 못해낼 일이 없다. 그러니 서로 화목하는 것부터 배워라. 옛부터 천운天運이나 지리地利보다 인화人和가 첫째라고 했다. 하늘의 운세는 땅의 이로움만 못하고 땅의 이로움은 사람의 화합만 못하다. 그러니 서로 조금씩 양보하고 개인의 이해보다 함께 지내는 집단의 이익을 염두에 두면서 생활하라.

이런 나의 주장에 대해서 훈장 출신다운 고리타분한 잔소리라고 흉보는 젊은이들도 없지 않았다. 오랜 교직생활을 통해서 몸에 밴 것이라 낸들 어쩌랴. 나는 그런 식으로 위안하곤 했다. 그렇게 그들의 불화를 걱정하던 어느 날이었다. 미숙이가 찾아와 울먹이면서 말했다.

"공장장님. 그럴 수 있어요. 철용 오빠가요. 그럴 수가 없다고요."

"무슨 일인데?"

"제가 남자를 사귀는 건 제 사생활이잖아요. 저도 이젠 성인이잖아요?"

나는 미숙을 진정시키며 차근차근 말해 보게 했다. 미숙의 얘긴

즉은 그랬다. 지난밤에 예배를 보고 나오는 길목에서 철용이 나타났다고 했다. 철용은 술이 제법 취한 상태인데 미숙이 사귀는 대학생에게 다짜고짜 시비를 걸더라는 것이다. 미숙은 착한 아이다. 너 같은 가짜 대학생에게 농락당하게 할 수는 없다. 그러니 다음부터는 절대로 만나지 말라. 이 경고를 무시했다가는 호된 변을 당할 테니 그리 알라. 하는 식의 명령 반, 협박 반이었다.

"공장장님. 그렇지 않아요? 철용 오빠가 뭐냐고요? 제 부모도 형제도 아닌 주제에 말이지요."

내가 듣기에도 좀 지나쳤다 싶었다. 그래서 사람을 시켜 철용을 불러오게 했다. 철용은 숙취에서 아직 덜 깬 듯 부석부석한 얼굴이었다.

"자네가 미숙을 위하는 마음은 이해하지만 어제 밤의 경우엔 너무 지나친 게 아니던가?"

나의 질책에 철용은 펄쩍 뛰었다.

"아닙니다. 암만해도 녀석의 신분이 수상해서 그가 말하는 대학의 학적과에 조회를 해 보았더니 그런 학생은 아예 없다는 것입니다. 그놈은 착한 여자 공원을 호리는 제비족이 틀림없습니다. 미숙이가 현장에 있었길 망정이지. 두 번 다시는 사기 치지 못하게 흠씬 두들겨 줄려고 했는데, 미숙이가 길길이 뛰는 바람에 그러지도 못했습니다."

"하지만 남의 사생활에 너무 깊이 뛰어드는 게 아닐세."

"이게 왜 남의 일입니까?"

철용의 눈에 핏발이 섰다. 이건 확실히 난감한 문제였다. 철용이

미숙을 생각하는 것이 동료 관계라고 보기에는 아무래도 도를 넘고 있었다. 그렇다고 미숙을 위하는 철용의 마음을 나무라기도 어려웠다. 세상에는 사람의 약점을 이용해서 사기를 치는 사람들이 너무나도 많기 때문이다. 그러던 어떤 날 파출소에서 순경이 나왔다.

"여기에 이철용이란 공원이 있습니까?"

"있습니다. 그런데요?"

"폭행치상 죄로 고발이 들어와 있습니다. 그러니 일단 연행해서 조서를 받아야 하겠습니다."

나는 철용이 기어코 일을 저질렀구나 싶었다. 미숙이 상대하던 대학생이 삼 주일 상해 진단서를 첨부해서 철용을 고발한 것이다. 철용의 주먹에 코뼈가 으스러졌다는 것이다. 순경은 작업장에서 철용을 연행했다. 풀이 죽어서 끌려가는 모습이 퍽이나 안됐다 싶었다.

"젊은 사람들끼리 사랑싸움인 모양인데…."

나는 무마할 방법이 없을까 싶어서 그렇게 변명했다.

"우리로서야 고발이 들어 온 것이니 취급하지 않을 수도 없지요."

순경은 나를 안심시키듯 덧붙였다.

"고발한 작자가 대학생을 사칭한 건달이거든요. 결혼빙자 간음죄로 두 번이나 감옥엘 다녀 온 전과도 있어서 막상 법정에 서게 되면 그 작자에게 그리 유리하지도 않을 것입니다. 그러니 너무 걱정 마십시오. 요즈음 의사란 작자들도 한심합니다. 사소한 찰과상을 갖고도 걸핏하면 몇 주씩의 진단서를 예사로 발부하니깐요."

나는 철용의 예측이 하나도 그르지 않다 싶었다. 그래서 사람을 시켜 미숙을 불렀다.

"너 사귀는 대학생이란 자가 생판 가짜란 것은 아니?"

"아니요. 하지만 그런 낌새는 채고 있었어요."

미숙의 대답에 나는 어이가 없었다. 그래서 나도 몰래 언성을
높였다.

"그런데도 그런 남자를 사귀어서 어쩌겠다는 거냐?"

"사귀긴요. 그 자가 꽁무니에 따라다닌 거지요."

"이런!? 그런 작자 때문에 철용이 경찰서에 끌려간 것은 아니?"

"거긴 왜요?"

"어제 그 작자의 코뼈를 분질러 놓았단다."

나의 말에 미숙은 아주 당황한 표정을 지었다.

"공장장님. 철용 오빠를 구할 수 있는 방법은 없을까요?"

"그건 왜? 잡혀가서 속이 시원할 텐데."

내가 그렇게 빈정거리자 미숙은 아예 울상이었다.

"그게 아닌데요."

"그게 아니라니?"

"매번 나이 든 아저씨처럼 행세해서 좀 골려준 건데요."

"뭐야? 그럼 너도 철용이가 너를 좋아하는걸 알고 있었단 말인가?"

"공장 사람들이 다 아는걸요."

들고 보니 맹랑했다. 그러니 미숙은 철용의 마음을 휘저어서 확실한
사랑의 고백을 받아내려고 트릭을 쓴 모양이었다. 그 덫에 걸려서
철용이 엉뚱한 젊은이의 코뼈를 분질러 놓게 된 것이다.

"철용은 너 때문에 감옥가게 됐다. 요즈음 폭력배 특별 단속령이 내려서 한 번 걸리면 몇 년이나 감옥살이를 해야 한다고 그러더라."

"그럼 어떻게 해요? 저 때문에 감옥살이하면요?"

미숙은 발을 동동거리며 눈물까지 글썽이기 시작했다.

"글쎄다. 네가 찾아가서 사랑을 고백하면 그나마 위안이 될 것인지?"

"오빠를 위해서라면 뭐든지 하겠어요."

미숙의 그런 모습을 보면서 나는 미소를 짓지 않을 수 없었다. 사랑의 신비한 힘 때문이다. 아무튼 이번 일을 계기로 해서 두 사람의 관계가 허물 벗는 누에처럼 달라질 것이 틀림없었다. 누에가 나방이 되기 위해서 겪는 고통처럼 이번 일도 두 사람의 변신을 위해서 겪어야만 하는 사랑의 통과의례인지 모른다.

# 파리들의 웃음소리

점심시간에 외출해서 돌아오니 회사의 사장인 숙부로부터 전화가 왔었다는 메모가 남겨져 있었다. 평소 무뚝뚝한 성격인 데다가 내가 불편할 것이라 여겨서인지 좀처럼 전화를 하는 일이 없던 숙부였다. 나는 곧장 본사의 사장실로 전화를 걸었다. 비서로부터 전화를 건네받은 숙부의 목소리가 들려 왔다.

"네 숙모가 병원에 입원했다. 한 번 들려라."

숙부의 목소리가 너무나 침울하게 가라앉아 있어서 숙모가 무슨 병인지, 어느 정도의 상태인지도 묻지 못하고 그저 그러겠다는 대답만으로 전화를 끊고 말았다. 막상 전화를 끊고 보니 어느 병원인지? 입원실이 몇 호실인지도 모르는 상태였다. 다시 비서실로 전화를 걸어서야 겨우 숙모가 입원했다는 대학병원과 입원실 홋수를 알 수 있었다.

숙모가 병원에 입원했다는 것은 확실히 큰 사건이었다. 숙모는 자신의 건강관리에 남다른 신경을 썼다. 다이어트로 체중을 줄이기도 하고 아침 수영은 물론 에어로빅 체조로 체력을 단련하기도 했다. 집안을 청결하게 하기 위해서 빗자루와 방 걸레를 노상 들고 있었다. 성장한 자식들을 모두 출가시키고 남편과 두 식구만 남게 되니 건강 이외에 신경 쓸 일이 없었는지도 모른다.

어쩌다 숙부네 집에 유숙하게 되면 결벽증이다 싶을 정도의 숙모의 행동을 엿볼 수 있게 된다. 숙모의 하루 일과는 창문들을 와장창 열어서 방안 공기의 환기로부터 시작된다. 기관지가 약한 숙부로서는 갑자기 새벽 공기를 쐰다는 것이 여간 고역이 아니었다. 그러나 새벽녘 방안 공기의 환기는 건강에 필수적이라는 신념을 지니고 있는 숙모의 고집을 꺾을 수는 없었다. 숙모는 사람의 날숨 속에 무수한 양의 세균이 있다고 믿고 있었다. 그러니 아침이 되기 무섭게 창문을 열고 방안의 공기를 바꾸어야 한다고 생각하는 것이다.

숙모는 방안 공기의 환기만으로 만족하지 않았다. 병균이란 것들은 미세한 단세포 생물이어서 잠시 동안에 하나가 둘이 되고 둘이 넷으로 불어나는 종류라고 믿고 있었다. 그런 세균들이 밤새도록 불어난 방안의 공기를 정화시키기 위해서는 소독이 필수적이라고 생각했다. 그래서 분무기로 되어 있는 파리약 종류의 소독약을 살포하기 시작했다. 냄새가 지독했다.

"내가 출근이라도 한 뒤에 부지런을 떨지 그래?"

숙부가 참다못해 그렇게 핀잔을 주는 수도 있었다.

"그 동안에 세균은 두 배 세 배 늘어나요."

그렇게 말하며 소독약을 뿜어대는 숙모의 눈에는 약의 포말 속에 무수히 떨어져 죽는 세균의 시체들이 보이는 듯했다. 그것은 마치 날파리들이 우수수 떨어지는 모습과도 흡사했다. 약을 뿌려대고 걸레질을 하고 그렇게 한바탕 수선을 떨고 나서야 숙모는 청소를 끝냈다.

숙모는 청소가 끝나고 방안 공기의 환기가 끝나면 다시 창문을 꼭꼭 닫아두었다. 그리고 하루 종일 창문을 여는 일이 없었다. 사람들이 들끓는 한낮의 바깥 공기는 온갖 세균으로 오염되었을 것으로 믿기 때문이다. 거기에다 오염된 먼지마저 방안으로 날아들기 마련이니 참을 수 없는 일이었다. 그래서 숙모는 밀폐된 방안에서 주로 TV나 보면서 혼자 지냈다.

이런 숙모의 결벽증을 겪어 본 사람들은 아무래도 그 집을 방문하기를 꺼리게 된다. 공연히 몸속에 묻혀 간 세균이라도 있어서 결벽증의 숙모를 오염시킬 수도 있을 것이기 때문이다. 지나치게 맑은 물에는 물고가 없다는 식으로 숙모에게는 별로 찾아오는 손님도 없었고 숙모 자신도 그것을 다행으로 여기는 듯했다. 그래서 나의 경우도 숙부의 집으로 찾아가는 일은 대개 명절 때문이었다.

내가 대학병원 입원실로 들어가니 숙모는 침대에 몸을 뉘인 채 멀뚱히 천장만을 바라보고 있었다. 집안의 형제들은 물론 조카들까지 모두 모여 있었다. 여자들 중에는 더러 돌아서서 눈물을 훔치는 사람도 있었다. 사태가 심각함을 대번에 느낄 수 있었다.

"어떻게 된 겁니까?"

내가 그렇게 묻자 맏며느리인 형수가 말했다.

"허리 척추를 다쳤대요?"

"왜요?"

"파리를 잡으려다가요."

형수의 대답은 황당하기조차 했다. 형수는 그런 나의 표정을 읽고는 차근차근 사건의 경위를 말하기 시작했다. 형수가 들려주는 그 날의 사건은 그랬다.

아침 청소를 끝내고 문을 꼭꼭 처닫던 숙모가 숙부를 향해서 말했다.

"여보. 무슨 소리 안 들려요?"

"무슨 소리?"

"파리 날개짓 치는 소리요?"

숙부는 어이가 없어서 말했다.

"뜬금없이 파리는 무슨 파리요?"

"저 소리 들어보라니깐 요!"

숙모가 신경질적으로 말했다. 그러나 숙부의 귀에는 아무 소리도 들려오지 않았다. 하긴 지금까지 파리가 날개짓 치는 소리를 들어본 기억도 없었다. 그런 하찮은 곤충들이 날개짓을 치는지, 밥을 먹는지 그런 것들에는 관심을 가져 본 적도 없었다. 살아가면서 해야 할 일들이 산더미 같은데 파리들이 무슨 짓을 하든 무슨 상관이란 말인가? 숙부는 내심으로 그렇게 생각하면서도 히스테리 발작이 심한 숙모를 달랠 양으로 부드러운 목소리로 말했다.

"제발 좀 더불어 삽시다."

"더불어 살게 없어서 파리와 더불어 살아요?"

"당신이 아무리 그렇게 방정을 떨어도 파리를 멸종시킬 수는 없을 꺼요."

"그렇다고 두 손 묶고 구경만 하란 말예요?"

숙모가 싸움이라도 걸듯 목청을 높이자 숙부는 슬그머니 물러설밖에 없었다.

"낸들 파리가 좋아서 그러는 게 아니라. 아무튼 세상엔 그런 저런 것들과 더불어 살게 되어 있다 그 말이요."

"당신이나 잘 더불어 살아요. 나는 그 더러운 파리와는 절대로 더불어 살지 않을 테니까."

숙모는 그렇게 그를 타박하고는 주위를 샅샅이 살피기 시작했다. 그러더니 마침내 천장 한 곳에 붙어 있는 파리를 찾아내고야 말았다.

"아니, 저놈이 저기 있네?"

숙모는 어느 사이에 방바닥에 놓여 있던 신문지를 말아 쥐더니 천장의 한 점을 향해 팔을 휘저었다. 숙모는 키가 작은 편이어서 천장의 파리를 때려잡기에는 아무래도 키가 모자랐다. 파리란 놈은 키작은 여자의 공격을 피해서 방안을 한 바퀴 맴돌더니 곧장 열려진 옆 방쪽으로 옮겨갔다.

"저놈이 서재로 날아가네."

숙모는 안방과 이어진 서재로 들어가면서 문을 쾅- 닫았다. 파리가 도망치지 못하게 하기 위해서였다. 숙부는 저것도 병이거니 싶어서 더 이상 잔소리하는 일을 포기하고 말았다. 닫힌 방문 저쪽에서 파리를 쫓으며 말아 쥔 신문지를 휘두르는 소리가 들려 왔다. 책꽂이의 책들이 떨어지는 소리, 창문을 두들기는 소리, 그러다가 의자가 넘어지는 소리가 꽈당- 하고 들려왔다.

"웬만큼 해 둬!"

숙부는 갑자기 화가 치밀어 그렇게 소리쳤다. 그러나 웬 일인지 서재 쪽에선 아무런 기척이 없었다. 잠시 기다려도 여전히 잠잠했다. 이상한 생각에 문을 벌컥 열었다. 그러자 뒤집혀진 회전의자가 보였고 그 옆의 방바닥에 길게 누워 있는 숙모의 모습이 보였다.

"이봐. 이 사람. 어찌 된 건가?"

그렇게 물었어도 숙모는 대답이 없었다. 회전의자에 올라서서 파리를 잡으려다 심하게 넘어진 모양이었다. 급히 다가가서 숙모를 일으켜 앉히려는데 그게 쉽지 않았다. 그제야 자세히 살피니 숙모는 팔과 다리를 움직이지 못했다. 아니 입술도 움직이지 못했다.

숙부는 매우 당황했지만 그러나 숙모의 그런 모습이 다만 넘어질 때의 충격으로 생긴 일시적인 현상으로 생각했다. 심하게 넘어지면 더러 의식을 잃거나 하는 수도 있기 때문이었다. 겉으로 보아서는 아무런 상처가 없었다. 숙모는 그저 편안한 자세 그대로 길게 눕고 싶어 하는 듯했다.

그러나 막상 병원에서 진찰을 끝내고 보니 그게 아니었다. 숙모는 넘어지면서 척추를 다친 모양이었다. 척추에는 중추신경이 거미줄처럼 얽혀 있는데 그 신경조직이 손상을 입은 모양이라고 의사가 말했다. 그래서 숙모는 병원 침대에 눕혀진 채 꼼짝도 하지 못했다. 의사들은 탈골된 척추 치료에 열을 올렸지만 별로 차도가 없었다. 숙모는 말도 하지 못했고 음식도 들지 못했다. 더구나 심각한 것은 자율신경이 제 기능을 발휘하지 못해서 내장의 모든 기능이 정지되고 있는 점이었다. 위장이며 간장이며 비장이며 신장까지도 모두 멈추어 버린 것이다.

"세상에 이런 일도 있단 말인가?"

병실로 들어 온 숙부가 절망 속에서 탄식했다.

"겨우 파리 한 마리 때문에…."

나는 숙모의 생명이 그리 오래 못 갈 것이라는 예감을 느꼈다. 그것은 너무나도 어처구니없는 일이어서 차마 믿을 수 없었다. 파리 목숨이나 다름이 없는 사람의 목숨. 나는 갑자기 어떤 환청을 듣기 시작했다. 파리들이 일제히 날개짓 치는 소리였다. 파리들은 날개짓 치면서 조소 했다. 사람의 목숨인들 별건 줄 아느냐? 파리의 목숨보다 특별히 다른 줄 아느냐? 파리들은 그렇게 조소하며 날개짓 쳤다.

# 아내의 초대

아내가 고등학교 동기동창 계모임에 남편들을 초대하기로 했다는 말을 듣자 나는 조금 쑥스러워지는 느낌이었다. 나이가 들어서 뒤늦게 낯선 사람들을 만나야 한다는 것이 아무래도 불편했다.

"기왕이면 기억에 오래 남도록 멋진 호텔 디너쇼에 초대하기로 했어요."

아내는 그렇게 생색을 냈다. 그 멋진 호텔 디너쇼는 외국에서 활약하는 인기 여가수가 초청되어 열연을 한다는 소문이 크게 나 있었다.

아내의 초청을 받게 된 날, 약속된 시간이 되어 호텔 안으로 들어서니 그곳에는 많은 사람들로 붐볐다. 유명가수의 디너쇼에 참석하려는 사람들이 밀려들기 시작했기 때문이었다.

"여보, 여기요."

저만치에서 아내가 손짓했다. 내가 다가가자 아내가 소개했다.

"인사해요. 이 분은요…"

아내가 주춤거렸다. 초면이라 상대방의 이름을 모르는 듯했다.

"모두 같은 처지인데 서로 인사합시다."

남편들 중에서 보다 활달한 사람이 먼저 손을 내밀고 악수를 청했다. 남편들은 조금은 어색하고 서먹서먹한 모양이 되어 악수를 주고받았다.

"갑작스런 초청이어서…."

회사를 경영한다는 사장님이 멋쩍은 웃음을 웃으며 말했다.

"글쎄 말입니다."

다른 사람이 그 말을 받았다.

그러니, 오늘 그들은 모두 초면인 셈이었다. 학교 동기동창 계모임이어서 여자들끼리는 더 없이 다정한 사이겠지만, 남자들은 나이나 출신지나 직업이 천차만별이었다. 작은 회사의 사장님도 있고 큰 회사의 중역님도 있고 대학의 학장님도 있었다. 그러니 서로 어색할밖에 없었다.

나로서도 같은 심정이었다. 거기에다 썩 내키지도 않았다. 사실 저녁 한 끼 식사에 1인당 10여만 원이라니 정말로 상상도 못할 정도의 거금이었다.

"평생 처음이잖아요."

아내는 그렇게 말했다.

"우리만 기죽을 수 있어요?"

그렇게 말하기도 했다.

"얼마나 산다고요."

평소 단돈 천 원에도 발발 떨던 아내가 이런 비장한 결심으로 설득하니 나로서는 더 이상 반대할 수가 없었다.

시간이 되자 모두 홀로 들어갔다. 홀은 예약한 손님들로 초만원이었다. 계모임의 회장이 좌석을 지정해 주었다. 제 각기 아내 옆에 남편을 앉게 하는 그런 서양식이었다. 식사가 시작되었다. 내프킨을 무릎에 걸치고 빵 조각을 씹었다.

"남자 분들이 계시니 술을 시킬까요?"

회장이 물었다. 그러자 모두들 그게 좋겠다고 동의했다. 회장이 웨이터를 불러 술을 주문했다.

"포도주 두 병만 주세요."

웨이터가 포도주 두 병을 가져 왔다. 웨이터가 건네준 계산서 쪽지를 보던 회장이 혀를 찼다. "7만 4천 원이라."

아내가 눈이 둥그레져서 나의 귀에다 속삭였다.

"한 병에 7만 4천 원이래요."

나는 속이 뜨끔했다. 10여만 원짜리 식사니까 술 한 잔쯤은 나오는 줄로 알았는데 별도의 돈이 또 들어 갈 것이기 때문이었다. 당장 추렴을 한다면 주머니에 겨우 조금 남겨 놓은 택시비까지 날아갈 판이었다.

나는 주머니 속의 돈을 계산하며 조심스럽게 포도주를 홀짝였다. 그리고 작은 빵 한 덩어리, 고기 스프 한 접시, 로스구이 한 토막, 야채 샐러드 한 줌, 빵에 적셔진 아이스크림 한 개, 마지막으로 커피 한 잔을 들었다. 식사는 그것이 전부였다. 드디어 쇼의 주인공이 등장했다. 남자처럼 우람한 체격의 여자 가수였다.

"저의 초대에 참석하여 주신 손님 여러분, 대단히 감사합니다."

가수는 이어서 인사말을 영어로 되풀이했다.

"레디스 앤드 잰틀맨, 댕큐 베리 마치."

그녀의 발음은 정확해서 그녀가 현재 미국에 살고 있다는 것을 증명하기에 충분했다.

"저 여자요."

아내가 나의 귀에다 속삭였다.

"미국 남편과 미국에서 살다가요, 일 년에 한두 차례 한국에 와서는요, 몇 차례 공연을 하고는 돈을 휩쓸어 간대요. 굉장한 여자지요."

아내가 말하는 그 굉장하다는 말은 일리가 있다는 생각이 들었다. 그녀의 인기가 얼마나 대단하면 가난한 우리나라 사람이 주머니를 털어서 그녀로 하여금 잘 사는 미국에서 마음껏 쓸 수 있도록 돕겠는가? 하긴 내 자신만 해도 그렇다. 노래만 들으면 으레 졸아야 제대로 감상하는 것으로 여길 정도로 음악에 문외한인 내가 거금을 투자하여 이렇게 참석하고 있지 않은가?

여자 가수는 태평양 바다에 떠 있는 거함처럼 육중한 몸을 움직이며 관중을 압도하며 노래를 부르기 시작했다.

"박수를 치세요."

가수가 박수를 요구했다.

"우리나라 사람들은 왜 이렇게 박수에 인색한지 모르겠어요." 가수는 그런 식으로 말머리를 풀어 나갔다.

"외국에서는요, 노래가 나오면요, 관중들이 모두 일어나서 기립 박수를 보내는 일도 있거든요. 너무너무 멋있어 보이고요, 부러울 때가 많거든요."

가수가 그런 식으로 요구했음으로 청중들의 박수 소리가 커지고, 또 노래가 끝날 때만 치던 박수를 노래를 시작할 때도 치게 되었다.

"외국에선 말예요, 노래가 마음에 들면요, 관중 속에서 꽃이 날아오거든요"

가수는 연신 외국을 들먹였다. 외국에선요, 외국에선 말이지요, 외국엔요.

한국에 살았기 때문에 외국에 서툰 한국 청중들은 외국의 관습에 대해서 잘 알지 못한다는 사실을 매우 죄송히 여겨서 가수가 요구하는 외국 스타일을 따르려고 무진 애를 쓰고 있었다.

나는 왠지 자꾸만 뱃속이 불편했다. 우유만 먹어도 배탈이 나는 나의 위가 아무래도 그 비싼 소량의 음식을 소화해 내지 못하는 것 같았다. 나는 왈칵 토할 것만 같아서 안절부절 못했다. 그런 나의 뱃속을 들여다 볼 길 없는 아내는 연신 귓속말로 속삭였다.

"저 노래 좋죠? 고상하죠? 사실은요, 저 언니가 우리 학교 선배거든요."

어둑어둑한 조명 속에서 가수는 한물 간 엉덩이를 흔들며 한물 간 노래를 열심히 불렀다. 그녀는 때때로 양념처럼 외국 유행가를 흉내냈는데 그것이 그녀로 하여금 외국물을 먹은 여자라는 성가를 높이는 듯했다.

단과 대학의 학장님이시란 분은 아예 코를 골고 있었다. 대기업의 중역님께서는 근엄한 모습으로 앉아는 있었지만 노래를 듣고 있는 것 같지는 않았다. 회계사로 일한다는 회계사께서는 연신 하품을 죽이

며 주위를 두리번거렸다. 회사를 경영하는 사장님께서는 그의 아내와
무엇인가를 열심히 이야기하고 있었다. 나는 불편한 뱃속을 참을 길
없어 이맛살을 잔뜩 찌푸린 채 화장실로 달려갈 것인지 아니면 좀더
참아 볼 것인지를 계속 궁리하고 있었다.

가수는 마침내 관중들로 하여금 자신의 대단한 인기를 과시하기
위하여 자신의 노래를 따라 부르기를 강요했다. 관중들은 길들여진
개처럼 가수의 요구에 따랐다. 따라 부르라는 노래는 따라 부르고,
두들겨 달라는 손바닥은 열심히 두들기고, 거기다가 요구해 달라는
앙콜송마저도 열심히 청해 주었다.

지리하게 계속되던(나만의 느낌인지는 모르지만) 디너쇼가 마침내
끝나고 밖으로 나오니 질척질척한 가을비가 내리고 있었다. 여자들이
호텔 로비에서 길게 인사를 나누는 동안 남편들은 뭔가 속임수를 당한
것 같은 표정으로 멀뚱히 서로의 얼굴을 쳐다보았다. 그러다 회사의
중역이라는 사람이 불쑥 말했다.

"소주 한 잔 생각이 나는데요."

"글쎄 말이요. 포장집 탁자에 앉아 우동 한 그릇 말아먹었으면 좋겠
는데."

남편들은 모두들 머리를 끄덕였다. 나는 가뜩이나 불편했던 뱃속
이 마침내 뒤틀리기 시작했다. 그래서 서둘러 화장실로 달려가 울컥
울컥 토해내기 시작했다. 10여만 원짜리 빵 조각, 고기 토막, 야채가
그냥 쏟아져 나왔다. 그 아까운 토사물을 보면서 나는 공연히 눈물이
솟았다.

그 눈물 너머로 한물 간 가수의 한물 간 엉덩이가 달덩이처럼 떠올랐다. 가짜 외국제 상표가 붙은 그 큰 엉덩이가 왜 그처럼 위력을 발휘하는지 나는 도무지 이해할 수 없었다.

# 평범한 작은 생활

이정우군이 이번 실시한 보궐선거에서 국회의원으로 당선되었다는 소식을 들었을 때 그것은 지극히 당연한 일 같았다. 그만큼 그는 억세게 재수가 좋은 사내였다. 말하자면 행운의 여신이 지겹도록 붙어 다닌다고 할까? 그에게는 안 되는 일이 없었다. 그 자신도 자랑삼아 말하곤 했다.

"벽도 문이라고 밀면 밀리는 판이란 말이다."

그는 매사에 자신만만했다. 그래서 친구들은 그가 국회의원쯤은 하고도 남을 인물로 여기었다. 그의 그런 패기는 친구들의 기를 죽이기에 충분했다. 대학에 함께 다닐 때만 해도 그런 패기는 엿볼 수 없었다. 오히려 조금 답답한 편에 속했다. 남들과 잘 어울리지도 못했고 그래서인지 매우 소심한 듯한 인상을 주었다. 다만 두드러진 점이 있었다면 고집이 세고 한 번 어떤 편견에 사로잡히면 절대로 그 생각을 고치려 들지 않는다는 점이었다. 그의 편견은 공부하는 데에서도 잘 드러났다. 그는 다른 공부는 다 뒷전으로 미루고 영어공부에만 매달렸다.

"지금 현재 세계를 움직이는 것은 누구인가? 미국이지. 그러니 미국

말을 잘하는 자가 끝발이 세기 마련이네."

그의 생각은 단순하고 명쾌했다. 그의 그런 주장은 시세에 밝은 자들이 항용 하는 말로 크게 새로울 것도 없었다. 아무튼 정우군은 시종일관 자신의 지론대로 영어공부에만 매달렸다. 그러더니 대학졸업과 더불어 주한 미국대사관에 취직했다. 그가 맡은 일은 주로 통역과 번역이었다. 그래서 미국 대사관을 출입하는 사람들과 접촉할 기회가 많았고 그것이 출세의 발판이 되었던지 제법 이름도 알려지기 시작했다.

그가 대학을 졸업하고 나를 첫 번째로 놀라게 한 것은 그의 결혼식에 초대받아 가서였다. 결혼식장으로 이르는 모든 도로는 자가용으로 메워져 있고 식장 안은 장사진을 친 하객들로 발 딛을 틈도 없었다.

"저 새끼. 굉장한 미인을 나꾸었군."

신부를 보더니 동창생 중의 하나가 귓속말로 속삭였다. 성장을 한 신부는 굉장한 미인이었다.

"여자대학에서 메이퀸으로 뽑힌 여자라는 소문이 있더군."

다른 친구가 귀띔했다.

"집안은 어떻고. 장인 되는 사람이 전직 장관이라던데."

그만한 집안이니 하객들이 그처럼 몰려들었던 모양이었다.

이정우군은 결혼과 더불어 대사관 근무를 그만두고 처가에서 경영하는 무역회사의 전무로 자리를 옮겼다. 친구들의 상당수가 아직도 취직을 못해서 빌빌거릴 때라 그의 그런 출세는 모두의 부러움을 사기에 충분했다. 그러나 이정우군의 출세는 거기에서 멈춘 것이 아니었다.

"대장부 남자가 처가의 신세나 져서야 되겠냐?"

그는 그렇게 큰 소리를 치더니 곧 스스로 회사 하나를 차려서 사장이 되었다. 역시 무역회사였는데 그의 뛰어난 영어실력이 큰 밑천이되었음은 물론이었다. 그의 무역회사는 매우 번창해서 신문기자들이탐방 기사를 쓸 정도였다. 세칭 '무서운 젊은이들' 또는 '미래의 재벌'이란 식의 타이틀이 붙은 기사였다.

그 즈음 그는 교회의 장로가 되었고 사회사업을 한다며 전국적인봉사단체인 '꿀벌회'를 만들기도 했다. '꿀벌회'의 일로 그는 3·1 문화상 봉사부문의 대상을 받기도 했다. 내가 두 번째로 그에게 놀랐던것은 바로 이때의 시상식에서였다.

"봉사는 숨어서 해야 하는 건데. 원 창피해서."

그는 축하한다고 손을 내민 나에게 상을 받아서 오히려 창피하다며능청을 떨었다. 심사를 맡았던 유명인사께서 그의 말을 뒷받침했다. 심사위원장은 심사경위를 설명하는 자리에서 장황한 말로 그의 공로를 치켜세웠다.

"이번 봉사부문에 대상을 받은 이정우씨는 상 받기를 끝까지 거부한갸륵한 젊은이 입니다. 숨어서 봉사하겠다는 그의 높은 뜻을 생각하면이 상은 너무나 하찮은 것이기도 합니다."

심사위원장님의 말씀으로 미루어 보건대 그의 겸손이 또한 대상감이어서 상을 주지 않을 수 없었던 모양이었다.

이만한 경력의 소유자인 그가 집권 여당의 공천을 받았다는 소식을 듣자 모두들 그의 당선을 의심하지 않았다. 아무튼 그는 국회의원으로 당선되었고 친구들은 그를 위한 당선축하 파티에 초대되었다.

"임마, 대통령 자리만 남았구나."

친구들은 그렇게 그를 치켜세웠다.

"뭐 나라고 대통령 못하란 법이야 없겠지."

정우군은 아주 천연스럽게 말했다. 하긴, 그는 기십 억 재산가였고, 전국 규모의 지부 조직을 갖춘 봉사단체인 '꿀벌회'의 사조직을 운영하고 있었다. 거기에다 처가의 도움도 막강했다. 장인이 전직 장관출신의 재벌로서 정치판에 상당한 영향력을 지니고 있었다. 메이퀸 출신인 미모의 부인이 그의 옆에서 미소를 띠고 있었는데 그것도 하나의 꽃 장식처럼 그를 더욱 돋보이게 했다.

조금 한가한 틈을 타서 나는 그에게 슬쩍 물었다.

"이 의원. 친구 좋다는 게 뭔가? 출세 비결이나 좀 가르쳐 주게."

나의 엉뚱한 질문에 그는 파안대소하며 말했다.

"자네같이 소심한 친구가 특별한 비결을 들었다고 해서 실천할 수 있을까?"

"노력이라도 해 보자는 게지."

"그럼 몇 가지만 들려주지. 우선 뱃가죽을 키우게. 뱃가죽이 두둑해야 배짱이 생기고 배짱이 생겨야 큰일을 해내는 거야. 내 뱃가죽을 한 번 만져보란 말일세. 식칼로 콱- 찔러 보라고. 칼끝이 들어 갈 것 같은가?"

그의 당당하고 자신 있는 목소리는 상대편의 기를 죽이기에 충분했다.

"다음엔 원대한 계획이 있어야지. 먼 장래를 내다보는 계획 말일세. 내가 봉사 단체인 '꿀벌회'를 만들었을 때 자네는 비웃었지. 정력과 금전의 낭비라고…. 하지만 어떤가? 이번 선거에서 그들의 역할이 얼마나 컸던가 말이야?"

하긴 그 '꿀벌회'로 인하여 그는 3·1문화상 봉사부문 대상까지 받았고 그것이 그가 정계로 진출하는데 큰 발판이 되었다.

"그럼 미인 아내를 얻은 것도 그런 계획의 일환인가?"

내가 농담삼아 빈정대자

"물론이지. 이 친구야."

하고 그는 즉석에서 받아 넘겼다.

"콧대 높은 미인이 우리의 잠자리에 무슨 필요가 있나. 안 그래? 그건 다만 장식용일 뿐이지."

그러다가 그는 문득 목청을 낮추어 속삭이듯 말했다.

"저기 저쪽 벽 모퉁이에 서 있는 저 여자 보이나? 저 작고 까무잡잡한 계집애 말이네?"

"저 대학생 말인가?"

"대학생 같아 보이지. 그게 진짜 내 잠자리 깔치란 말일세. 여자란 섬세하고 고분고분해야 제 맛이지."

"작다고 고분고분하나?"

"허, 아직도 못 알아듣는군. 저 깔치는 내가 주는 돈이 필요한 것일세. 집안이 어렵거든. 모이를 주듯 조금씩 돈을 주면서 길들여 놓은 거란 말일세."

벽 모퉁이의 여자는 우리의 시선을 의식하고는 애써 미소를 지었다.

"저처럼 계집애는 웃고 싶지 않을 때도 웃도록 길들여 놓아야 하는 거야. 자네 할 수 있겠나?"

나는 정우군의 말에 더욱 기가 죽었다. 월급봉투에서 쥐꼬리만한 월급액수를 몇 번씩이나 다시 헤아리는 아내의 모습이 떠올랐다. 아내가 돈을 헤아리고 또 헤아릴 때마다 돈의 액수는 자꾸만 줄어드는 것 같았고, 그래서 아내의 이마에는 짙은 고랑이 패였다. 그리하여 죄스러워진 남편의 몸은 자꾸만 졸아붙어서 콩알처럼, 팥알처럼 작게 오그라들던 것을.

사람은 태어날 때부터 어떤 계층의 신분으로 살아가도록 예정되었다는 누군가의 말이 새삼 실감되었다. 정우군이야 말로 거인으로 살아가도록 태어난 것이 틀림없어 보였다.

나는 이정우군이 초대한 국회의원 당선축하 파티에 다녀온 뒤로 일주일이나 심하게 배를 앓았다. 다른 친구녀석들도 비슷한 쇼크를 받았던지 그 화려한 파티에 대해서 말을 꺼내는 사람은 아무도 없었다.

그러던 얼마 후였다.

이정우군이 병원에 입원했다는 소식이 들려왔다. 그것은 매우 갑작스럽고 의외의 소식이어서 얼른 믿어지지 않았다. 그는 늘 헬스클럽에 다니며 육체미를 다듬어 왔으며 지금껏 한 번도 앓아 본 적이 없는 친구였다. 그런데 입원까지 했다니 말이다. 나는 긴가민가 의심하면서 정우군이 입원했다는 병실을 찾아갔다. 마침 정우군 혼자서 입원실에 누워 있었다.

"아니 어떻게 된 건가?"

나는 놀라서 그렇게 물었다. 그의 모습은 몰라 볼 정도로 초췌했다. 두어 달 사이에 이처럼 달라질 수 있을까? 그의 육중한 체격은 간 곳 없고 뼈마디만 앙상했다.

"암이라는군."

정우군은 한참만에 체념한 목소리로 말했다.

"암이라니?"

"위암이지. 그 동안 지나치게 몸을 혹사했던 모양이라."

정우군이 들려주는 얘기로는 그가 뱃속의 이상을 느낀 것은 겨우 한 달 전이라고 했다. 평소 건강에는 자신이 있었던 터라 약간 이상한 느낌이 있어도 그냥 잊고 지나쳤는데 이번엔 아무래도 느낌이 좋지 않더라는 것이다. 그래서 병원에 와서 진찰을 받아 보니 암 증세더라는 것이다. 부랴부랴 정밀진찰을 했는데 이미 손대 볼 수도 없을 정도로 암세포가 널리 퍼진 상태라는 결과가 나왔다는 것이었다.

"그래. 수술도 못할 정도란 말인가?"

나의 물음에 정우군은 머리를 끄덕였다. 이미 의사마저 포기한 터였음으로 그는 곧 퇴원 수속을 밟고 있다고 말했다. 기막히고 딱한 심정이 되어서 우두커니 앉았다가 돌아오려는데 그가 내게 손을 내밀었다.

"자네한테 사과하고 싶군."

"사과라니?"

"전 번에 지나치게 큰소리 친 것이 생각나서 말이네. 하나님이 빨리 데려가려고 급히 휘몰아쳐 일을 맡긴 것을 깨닫지 못하고."

그는 한참 말을 쉬었다가 다시 말했다.

"작은 집에서. 여러 자식새끼들과 돈 걱정하며 가난하게 살아가던 생활. 그 평범한 작은 생활이 문득 그리워지는군. 예전에 내가 부모님 모시고 살았던 그 생활 말이야. 그게 행복한 참된 가치 있는 생활이 아닐까 하는 생각도 들고…. 그 동안 뭔가를 굉장히 많이 얻고 있다고 믿던 그 순간에도 사실은 금싸라기같이 가치 있는 것들이 손가락 틈새로 새어나가는 모래처럼 그렇게 달아나고 있었음을 깨닫지 못했던 것 같기도 하고."

나는 죽어가고 있는 친구의 유령 같은 모습을 보면서 우리의 생활에서 금싸라기같이 가치있는 것들이 무엇인지를 곰곰이 생각해 보고 있었다. 그가 말하는 평범하고 작은 생활들에 대해서.

# 미루나무와 까치집

현대 금강호가 수백 명의 금강산 관광객을 태우고 동해항을 떠나는 장면은 그야 말로 감격적이었다. 부두에서 환송하는 사람들과 배 위에서 환송 받는 사람들의 마음속엔 이것이 통일로 향하는 첫걸음이 되기를 바라는 마음이 간절했다. 그런 점에서 이 행사는 통일을 염원하는 우리 민족의 기념비적인 행사였다. 특히 직접 배를 타고 있는 사람들의 경우는 느낌이 남달랐다. 대부분 북쪽에 고향을 둔 이산가족이었기 때문이다.

"허허, 오래 살고 볼일이야. 살다 보니 이런 일도 일어나는군."

우리 공장의 최씨는 자신이 금강산 관광을 떠나는 금강호의 첫 번째 승객이 된 사실이 도무지 꿈만 같은 모양이었다.

"이게 꿈이 아니고 틀림없는 현실이지?"

최씨는 내게 몇 번이나 확인을 했다. 확인이라기보다 자신의 감격을 그런 식으로 표현한 것이다. 그는 평소에도 고향 가는 노잣돈이라며 저금해 둔 통장을 내보이곤 했었다. 그러나 그건 어디까지나 농담이었지 정말 그 돈을 찾아서 고향 땅을 밟을 수 있을 것이라고는 믿지 않았다. 그런데 막상 그 농담이 실현되자 도무지 실감이 나지 않는 모양이었다.

"이번에 고향집도 들를 수 있었으면 좋겠네요?"

나는 위로 겸 격려하는 말로 그렇게 말했다.

"그랬으면 오죽 좋겠나? 우리 집은 장전항에서 그리 멀지 않은 곳이거든. 직접 들르지는 못할 지라도 면발치에서나마 옛집을 볼 수 있을런지. 아주 지척이거든."

최씨는 그렇게 말하며 상기된 표정을 지었다. 첫 소풍날 유치원 아이들의 들뜬 모습처럼 어찌 보면 천진하기까지 했다. 나는 평소 최씨의 고향에 대해서 귀가 닳도록 들은 터라 눈앞에 그의 고향이 훤히 떠오르는 것만 같았다. 풍호라는 늪지대가 바라보이는 언덕 위의 작은 집.

"금강산이 어떤 곳이냐 하면 말일세."

최씨는 금강산의 산자락을 오르내리며 나무를 베어 때던 옛날이야기들을 늘어놓으며 말했다.

"일만 이천 봉우리가 우뚝우뚝한데 하나같이 기기묘묘해서 옛날 불가佛家에서는 일만 이천 담무갈보살이 산봉우리로 화해서 앉아 있는 명산이라고 했네. 중국 사람들도 살아서 평생 금강산 구경 한 번만 하면 지옥에 가는 것을 면할 수 있다고 하고…. 그래서 금강산 구경하는 것이 평생의 소원이었다네."

최씨의 설명이 아니라도 금강산의 수려한 경치에 대해서는 모두 알고 있었다. 사진이나 그림으로 본 것 말고도 텔레비전에서 연일 금강산 풍경을 방영했기 때문이다. 그러나 백문이불여일견百聞而不如一

聞이란 말과 같이 백 번 듣는 것이 한 번 보는 것만 못하고, 사진류의 영상매체란 것도 차창의 풍경처럼 스쳐 지나치는 것이어서 체험적으로 보고 즐기는 것과는 천양지 차이가 있을 터였다. 그래서 모두들 이처럼 가슴을 설레며 금강호의 승객이 된 것이다.

배가 장전항에 도착해서 사람들이 모두 하선하고, 또 관광버스에 태워져서 산길로 접어들기 시작하자 최씨의 눈은 차창에서 떨어질 줄 몰랐다.

"고향집이 보입니까?"

나의 물음에 최씨는 머리를 흔들었다.

"웬걸. 우리 집은 여기서도 한참 북쪽이거든. 하지만 차로 가면 십분 거리나 될까? 가만 보자 그러니 저 산이 느티재인데 저 재 너머에 늪지대가 있는 기라. 우리는 그걸 풍호라고 불렀는데."

그러자 앞좌석의 동행이 뒤돌아보며 핀잔을 주었다.

"이봐요. 보이지 않는 재 너머 타령하지 말고 우선 이렇게 아름다운 눈앞의 경치나 잘 봐둬요."

그러나 최씨는 그 말에는 들은 척도 않고 차창에 어리는 느티재만 바라보았다. 차가 굽이를 돌 때면 멀어졌다가도 언덕을 오를 때는 다시 다가오는 것이 느티재의 봉우리들이었다.

"허, 바로 저 재만 넘으면 되는데. 집은 그리 크지 않지만 대지는 제법 되는데. 집의 울담 둘레로 살구나무, 복숭아나무는 물론이고 능금나무 밤나무도 있지. 개량종 사과나무도 있고 배나무도 있었지. 지금 생각하면 그게 모두 부모 사랑인기라. 자식새끼들 군것질 할 것들을 생각해서 그렇게 심어 놓은 게야. 집 뒤로는 비탈 언덕인데 대나무와 닥나무로 숲을 이루었지. 대나무는 북쪽에서 불어오는 매운 바람을 막아주는데 더 없이 좋고 닥나무는 한지韓紙를 만드는 재료가 되는 거지. 우리는 해마다 닥나무를 베어주고 받은 삯으로 한지韓紙를 받았네. 그것으로 겨울나기 문을 새로 바르고 벽지로 쓰기도 했지."

"대지가 몇 평인데 그렇게 없는 게 없어요."

"내 부친께서 근면하셨거든. 빈터가 있으면 무엇이든 심으셨지. 집이 언덕 위라 마당 앞쪽의 비탈로는 뽕나무를 심었네. 뽕나무가 숲을 이루어서 여름에는 참 시원했지. 그러니 누에도 많이 쳤지. 번데기도 엄청 먹었구면. 그리고 뽕나무 옆 대문께는 두 그루의 큰 겹벚꽃 나무가 있었지. 아마 할아버지 대에 심으셨던지 가지가 벌어서 굉장히 자랐는데 꽃이 만개했을 때는 정말 볼만했지. 이웃 마을 사람들이 점심을 싸들고 꽃구경을 올 정도였으니."

최씨가 그렇게 말을 이어가자 앞좌석의 사람이 참을 수 없다는 듯이 또 참견을 했다.

"그렇게 없는 게 없으면서 어째 미루나무는 빠졌는고?"

그러자 최씨는 무릎을 치면서 말했다.

"아무렴, 미루나무가 왜 빠졌을까? 둔덕 밑에 우물이 있었는데 그 둘레로 서너 그루의 미루나무가 있었지. 키가 어떻게나 자랐던지 바람만 불면 휘청휘청 흔들려서 금방이라도 꺾일 것 같았네."

"까치집도 매달려 있었을 테고."

"암, 물론이지. 까치집이…. 가만 있자. 모두 세 개, 아니 네 개나 되었군. 까치는 영물이라서 낯선 나그네가 오면 멀리서부터 짖기 시작했지. 그래서 반가운 손님이 올 모양이라고 기다리다 보면 틀림없이 반가운 손님이 나타났었네."

그러고 보니 최씨의 고향은 승객 모두의 고향 풍경과도 비슷했다. 작은 동산을 등뒤에 두고 기대듯이 지은 작은 초가집. 동산으로 오르는 언덕에는 대나무 숲이거나 아니면 다박솔 몇 그루, 남쪽 들판에는 실개천이 흐르고 그 너머로 논과 밭들이 있고 봄이면 무논에서 아지랑이가 피어올랐다.

비탈 양지 바른 곳엔 마을의 공동 우물이 있고 그 옆으로 몇 그루의 수양버드나무나 미루나무가 서 있었다. 미루나무는 성장이 빨라서 더러는 작은 산봉우리와 맞먹을 만큼 크게 자랐고 그 가지 사이엔 으레 까치집 몇 개가 매달려 있었다. 까치란 놈은 옛 둥지 옆에다 항상 새로운 둥지를 트는 습벽이 있어서 까치집은 언제나 이층이나 삼층 누각처럼 보였다.

승객의 대부분 북쪽에 고향을 둔 이산가족들이어서 최씨의 말을 귀동냥해 듣다가 저도 몰래 고향의 집과 미루나무와 까치집들이 떠오르는지 잡담을 잊고 묵묵히 생각에 잠기는 듯했다. 차가 마침 높은 언덕을 치달려 오르자 누군가가 느티재 부근을 손짓해 보이며 말했다.

"저기 저 재 너머에 미루나무가 보이는군. 가만 있자. 저 꼭대기에 까치집도 보이네요."

그러자 사람들이 모두 차창 쪽으로 얼굴을 돌렸다. 산언덕 구릉 쪽으로 몇 개의 미루나무가 밑둥치는 보이지 않고 무성한 가지만이 보였다. 잎새가 모두 떨어진 앙상한 가지에 까치집이 덩그렇게 매달려 있었다. 누군가가 농담처럼 말했다.

"여기서는 들리지 않지만 저기 까치집의 까치들이 지금쯤 반가운 손님이 오신다고 까까까 지저귀고 있을 게야."

차안의 사람들은 마치 까치가 우는소리를 귀담아 들으려는 것처럼 모두 조용히 귀를 기울이고 있었다. 그들의 귀에는 어린 시절 손님을 반기던 까치의 지저귐 소리가 들려 왔다. 그리고 때깔 고운 까치들의 윤기 흐르는 깃털들이 눈에 선했다. 그리고 그들이 정작 가고 싶은 곳은 일만 이천 봉우리들의 기기묘묘한 모습의 금강산이라기보다 특별할 것도 없고 어디서나 쉽게 볼 수 있는 그런 평범한 고향의 언덕과 들녘과 나무와 집들임을 느끼고 있었다. 그리고 이번 금강산 관광이 그런 고향집으로 이르는 길목이 될 수 있기를 간절히 염원했다.

# 귀성 버스

추석이나 구정같은 명절이 되면 으레 귀성전쟁을 치르기 마련이다. 승용차가 없는 것은 아니지만 도로에 넘치는 차량들 때문에 아예 고속버스를 이용하는 것이 백 번 편했다. 그러나 고속버스 차편 구하기가 어디 쉬운가. 기차건 버스건 이미 몇 달 전부터 예매가 실시되고 버스표 구하기 또한 하늘의 별따기 만큼이나 어려운 게 우리의 현실이다. 그런 어려움을 겪으며 너도나도 귀성길에 오르는 것이 우리네 인심이다. 아마도 한국인만의 고유한 심성일 것이다.

내가 탄 막차는 8시 20분 출발로 되어 있었다. 그러나 고속도로가 차량으로 넘치고 거기에다 노면이 얼어서 차량들이 거북이걸음을 하는 바람에 제때에 떠나는 차는 하나도 없었다. 제 때에 돌아와야 할 차들이 돌아오지 않아서 어쩔 수 없이 차례로 순연되는 것이다. 많은 귀성객들이 대합실에서 발을 굴렀다. 차가 더 이상 떠나지 않을 것이라는 소문마저 돌았다.

그렇게 조바심치는 중에 밤 열 시가 넘어서야 마침내 귀성 막차가 출발하게 되었다며 승객들을 태우기 시작했다. 늦긴 했지만 그나마 차가 떠나게 되었다니 퍽이나 다행스러웠다. 차표를 손에 들고 좌석번

호를 살피며 자리를 찾던 나는 나의 좌석에 이미 어떤 젊은 여자가 앉아 있는 것을 발견하게 되었다.

"이보게. 여긴 내 자릴세."

내가 좌석표를 보이며 말하자 그 젊은 여자는 자신의 차표를 점검하더니

"아닌데요. 이건 분명 제 자립니다."

하며 자신의 차표를 내보이는 것이었다. 우리는 서로의 차표를 확인했다. 분명 같은 번호의 좌석이었다. 운전기사가 불려오고 그가 차표를 들고 매표소를 들락거리고 하느라고 한참동안이나 부산을 떨어야 했다. 똑같은 차표를 발매한 회사측이 잘못이긴 하지만 지금 와서 책임을 물어봐야 헛일이었다. 다행히 젊은 여자가 양보를 해서 운전석 옆의 간이의자로 옮아감으로 해서 사건은 일단락되었다.

"아무튼 가게 되어서 다행입니다."

옆 좌석의 젊은 사내가 위로하듯 말했다.

"다행이고말고."

나는 얼른 동의했다. 가니 못 가니 하던 차가 떠나주는 것만도 감지덕지 하지 않을 수 없었다. 언젠가도 막차 표를 끊었다가 끝내 떠나지 못한 경우가 있었다. 도로의 결빙상태가 심해서였다. 매표원은 돈을 환불하면서 천재지변인 것을 인력으로 어찌하느냐고 변명했다. 승객들은 속절없이 발길을 돌려야 했다. 더구나 이번처럼 좌석표 마저 겹치고 보면 또 무슨 꼬투리가 생겨 귀성길이 무산될는지도 모를 판이었다. 이래저래 귀성길이 살얼음판 같았다.

"명절만 되면 이 모양입니다."

옆자리의 젊은이가 그렇게 투덜거렸다.

"민족의 대이동이니 어쩔 수 없지."

나는 달래듯 말했다. 젊은이의 조급한 마음을 이해하지 못하는 바는 아니지만 민족의 삼분의 일이 움직이는 판이니 누구를 탓할 수만도 없는 일이었다. 매번 겪는 일이지만 뾰족한 방법이 없었다. 사람도 동물적인 귀소歸巢 본능을 지닌 것인지 모른다. 고향의 산과 들, 작은 오솔길, 그리고 과수원을 감돌아 흐르는 작은 시냇물…. 어찌 생각하면 우리나라 어느 곳에서도 그런 자연 풍광은 흔한 것일 터인데도 사람들은 언제나 유년기적 고향의 것만을 머릿속 깊이 떠올리게 된다. 마치 민물에서 부화된 장어나 연어의 치어稚魚들이 적도의 넓은 대양에서 성장한 후에 자신이 방류된 그 민물 풀섶을 찾아서 평생토록 헤엄쳐 오는 그런 간절한 심정과 같은 것이리라. 그런 간절한 심정 때문에 명절만 되면 고향을 찾고자 하고, 그러다 보니 귀성歸省길이 곧 전장戰場을 방불하게 하는 것이었다.

"차표 한 장 구하기가 하늘의 별 따기라니까요"

"옳은 말일세. 지난 번 추석 때는 결국 귀성歸省을 포기하고 말았었지."

나는 그렇게 말했다. 귀성전쟁의 전초전은 우선 버스표의 예매에서부터 시작된다. 한 장의 버스표를 구입하기 위해서 매표소에서 밤을 밝혀야 한다. 그런 노력으로도 표를 구하는 일은 쉽지 않았다. 그렇게 되면 온갖 안면을 동원하여 한 장의 표를 구걸하게 된다. 그래도 되지 않으면 완행버스의 승강대에 죽치고 서서 간혹 귀성을 포기하는 사람의 빈자리를 기대하며 마냥 기다려야 했다.

"안 가자니 그렇고 가자니 이 모양이고."

나는 한숨을 쉬었다. 어쩌다 차표를 못 사서 한 번 귀성 기회를 놓쳐 버리면 몇 달 동안 마음이 불편했다. 차표를 구하지 못했니 어쨌니 하는 것은 다 마음의 변명일 뿐이란 자책감 때문이었다. 왜 좀더 일찍 서둘지 못했단 말인가? 왜 좀더 악착같이 노력하지 못했단 말인가? 결과적으로 남들은 모두 귀성버스에 몸을 싣고 있지 않은가? 결국 성의가 모자란 것이다. 성묘 가는 일이나 부모, 형제, 친척을 만나고자 하는 마음이 절실하지 못한 탓이 아니던가?

그런 식의 자책에 시달리기보다는 지옥 같은 귀성전쟁이라도 치루어 내는 것이 백 번 마음이 편했다. 그래서 이번에는 일찍부터 부산을 떤 결과 겨우 한 장의 차표를 구할 수 있었던 것이다. 8시 20분 막차였다. 아무튼 일단 차에 올랐으니 목표지점에 도달하긴 할 것이었다. 나는 의자를 뒤로 젖히고 길게 누웠다. 느긋하게 한잠 자고 나면 고향 땅에서 아침을 맞이할 것이리라.

언뜻 졸다가 깨어나 보니 옆의 젊은이는 연신 손목시계를 들여다보고 있었다. 막힌 고속도로에 짜증이 나는 모양이었다. 나이가 젊은 만큼 한시라도 지체되는 것이 아쉽고 초조한 모양이었다. 그 동안 헤어져 있었던 고향 부모와 형제들의 품속으로 한시 바삐 달려가고자 하는 열망이 느껴지는 듯했다.

이런 열망은 누가 가르친다고 가져지는 것이 아니다. 우리의 오랜

전통이다. 즉 신앙과도 같은 효孝의 정신에서 유래된 것이다. 서양은 수평적 질서가 중요시되는 곳이라서 부모에 대한 효도가 그리 절실히 강조되는 것 같지가 않다. 그래서 실버타운이니 양노원이니 하는 제도가 잘 발달되고 있다. 동양의 경우도 중국은 효孝를 삼강오륜이라는 예절의 차원에서 중요시 하고 일본은 부모은중경에서처럼 은혜 갚기 차원에서 효도를 중요시 한다. 그런데 비하여 우리의 경우는 거의 종교적 차원에서 효孝가 지켜지고 있다. 살아서 부모를 섬길 뿐 아니라 돌아가셔도 부모 섬기기를 멈추지 않는다. 명절 때의 제사나 성묘가 바로 그것을 증명한다.

부모님은 살아생전에 자식을 낳고 기르고 돌보아주시고 영혼이 되어서도 자식을 보살펴 줄 것이라는 믿음이다. 자식의 입장에서도 살아생전에 효도하지 못한 한을 돌아가신 영혼에게 제사로나마 보답하고자 한다. 부모와 자식으로 이어지는 이런 질긴 인연의 끈이 존중됨으로써 우리의 가족제도는 세계 어느 나라보다 안정되고 견고하다.

서구의 개인주의 사상은 가족제도의 붕괴를 촉진시켜 21세기에 들어와서는 아예 가족해체 현상이 일어날 것이라고 예고하고 있다. 그 결과로 가정교육이 실종되고 인류의 타락이 극도에 이를 것이라는 전망이다. 그런 점에서 우리의 효孝 정신은 21세기 세계구원의 사상으로서 존중되어야 한다는 주장도 나오는 것이다.

나는 한시바삐 고향으로 달려가고자 열망하는 젊은이의 태도를 보면서 마음속으로 흐뭇하게 생각하지 않을 수 없었다. 이런 젊은이들이 있는 한 우리의 미래는 밝을 것이기 때문이다. 서구적 병폐에서 벗어나 한국적인 새로운 기풍을 세워갈 것이기 때문이다. 단군 이래로 마음에서 마음으로 전승해 온 민족의 정기를 이들이 실현시켜 줄 것이기 때문이다.

"젊은이의 고향은 어딘가?"

나는 한껏 고무된 심정에서 그렇게 물었다.

"고향 요? 서울입니다."

젊은이는 심드렁하게 대답했다. 나는 의아해서 다시 물었다.

"아니? 그럼 고향으로 가는 길이 아니란 말인가?"

"모처럼 사흘 연휴인데 그냥 있을 수 있습니까? 설악산으로 가는 길이지요."

"혼자서 말인가?"

"왜 혼잡니까? 일행은 벌써 떠났지요. 직장 상사를 잘못 만나서 나만 오늘에서야 겨우 일에서 벗어난 것이지요."

젊은이는 다시 손목의 시계를 쳐다보더니 거칠게 투덜거렸다.

"눈들이 빠지게 기다리고들 있을 건데. 쌍놈의 교통체증 때문에."

나는 그만 맥이 빠지는 느낌이었다. 어려운 환경에서 자식 키우시느라 퍽도 고생하신 부모님의 얼굴이 떠올랐다. 그리고 그런 대로 세상 형편이 나아져서 덜 고생시킨 나의 자식들 모습도 떠올랐다. 그 자식들이 아무래도 이 젊은이와 크게 다르지 않을 것만 같은 생각에 저절로 한숨이 나왔다.

# 결혼식 청첩장

3월이 되면서 우리를 놀라게 한 것은 선반공으로 있는 정길남씨의 결혼식 청첩장이었다. 서른이 넘도록 장가를 못간 그는 우리 공장의 놀림감이었다. 덩치가 매우 큰데도 불구하고 사람 됨됨이가 매우 어리숙했다. 좀처럼 화를 낼 줄 모르고 남의 말에도 잘 속았다. 뻔한 농담도 그는 이해하지 못했다. 재기가 넘치는 한창 때의 공장 여자애들이 그를 만만히 여겨서 그럴 듯한 거짓말로 그를 골탕먹이기를 즐겼다. 그만큼 어리숙했기 때문이다.

그런 그가 장가를 간다고 청첩장을 돌리게 되니 모두들 놀랄 수밖에 없었다. 거기다 상대가 소문난 미인이라니 말이다. 나는 싱글벙글 웃으며 청첩장을 들고 온 정씨를 보고 물었다.

"신부가 굉장한 미인이라는 소문이데?"

"헤헤. 남들이 그러데요."

"그래. 우선 축하부터 하고. 여자는 어떻게 만났나?"

"그냥 저냥입지요."

정길남씨는 머리를 끄적이며 뒤꽁무니를 빼려고 들었다. 여러 사람으로부터 같은 질문을 되풀이 듣게 되니 도망부터 치고 싶은 모양이었다.

"이 사람아. 그냥 저냥이라니. 그럼 소문처럼 저기 뚝방에서 만났구면."

"그런 셈이지요."

"허, 싱겁긴. 그러면 그렇고 아니면 아니지. 그런 셈이라니."

"잘 아시면서 괜히 그러시네요."

정씨는 그렇게 얼버무리고는 도망치듯 후딱 방을 나갔다.

"공장장님. 떠도는 소문이 맞는갑네요."

경리를 보는 미스 윤이 말했다.

"사람 팔자란 참 알 수 없다고요."

정길남씨에 대해서 떠도는 소문이란 대략 다음과 같았다.

우리 공장의 울담 옆으로 개천을 따라 이어지는 둑길이 있는데 키 작은 아까시아도 드문드문 자라고 있어서 잠시 동안의 산책길로는 그런 대로 괜찮았다. 봄에는 포근한 햇살이 좋았고 여름이면 시원한 개천바람이 좋았다. 가을에는 말라 가는 풀 냄새를 맡을 수가 있었다. 그래서인지 산책 나온 사람들도 제법 되었고 매연으로 오염된 공장길을 피해서 지나가는 사람들도 있었고 심지어는 한적한 길옆에 차를 세워 놓고 사랑을 나누는 연인들도 있었다.

정길남씨가 그날 뚝방길로 나온 것은 전혀 우연이었다. 삼월 들어서 점심시간이 되면 공원들은 공장마당에서 편을 나누어 배구시합을 하곤 했다. 그런데 아무도 정씨를 그들 편에 끼워주지 않았다. 젊고 발랄한 공원들로 볼 때 정씨는 한물간 사람에 속했다. 거기에다 동작이 굼떠서 운동과는 거리가 멀었다. 이래저래 외톨이가 된 정씨는 남는 시간을 보내려고 혼자 어슬렁거리며 뚝방길로 나왔던 것이다.

정씨가 뚝방길에서 어슬렁거리며 시간을 보내고 있는데 아까시아 나무 그늘에 주차된 승용차에서 갑자기 젊은 여자 하나가 공처럼 튀어 나왔다. 그러더니 마침 그 옆을 지내치던 중년 사내의 가슴팍에 매달 렸다.

"살려주세요. 저 사람이 나를 납치하려고 해요."

승용차의 운전석에서 시동을 걸던 사내가 곧장 달려오더니 대뜸 젊은 여자의 머리채를 휘어잡았다. 험상궂어 보였다.

"이년아. 내 돈 떼어먹고 도망치려고. 어림도 없다. 이년아."

"나는 댁이 누군지 몰라요. 댁이 칼로 나를 위협했잖아요?"

여자는 끌려가지 않으려고 필사의 노력을 했다.

"아저씨. 도와주세요. 이 사람은 납치범이에요. 도와주세요."

중년 사내는 너무나 갑작스런 일이라 그저 당황한 표정을 지을 뿐이었다. 사내는 여자의 머리칼을 더욱 세게 움켜잡고 질질 끌었 다. 여자는 끌려가지 않으려고 발버둥질을 치면서 애원했다. 산책 나온 사람들이 발길을 멈추고 그들의 승강이질을 구경했다. 아무도 여자를 도우려는 사람은 없었다. 사내는 끌려가지 않으려고 발버둥 질치는 여자의 머리채를 거칠게 잡아 당겼다. 여자는 질질 끌려가 면서도 계속 애원했다.

"도와주세요. 이 자는 납치범입니다. 도와주세요."

여자는 필사적으로 몸부림쳤다. 서너 명의 구경꾼들이 서둘러

자리를 뜨기 시작했다. 공연한 일에 말려들고 싶지 않은 것이다. 그런 판에 어리숙한 정길남씨가 뛰어든 것이다. 그는 사내를 향해서 말했다.

"여보시오. 당신 너무 하지 않소?"

그러자 험상궂은 모습의 사내가 거칠게 내뱉었다.

"뭐가 너무해"

"상대는 약한 여자란 말이요."

"그래서? 내 여자를 내가 다루는데?"

"당신 여자란 증거가 없지 않소?"

"내 여자가 아니라는 증거는 어디 있어?"

"그러니 말이요. 저기 파출소가 있으니 거기 가서 가립시다."

"뭐야? 별 거지같은 새끼 다 보겠네. 새꺄. 좋은 말할 때 꺼져. 죽고 싶지 않다면 말이다."

사내는 그렇게 으르렁거렸다. 그러나 우직한 정씨는 그런 협박만으로 물러서지 않았다. 마침내 참지 못한 사내의 주먹이 정씨의 얼굴로 날아왔다. 마음 착한 정씨라도 그냥 매만 맞고 있을 수는 없는 일이었다. 힘 좋은 정씨가 사내의 몸뚱이를 부둥켜 안았다. 그러자 두 사람은 뚝방길을 뒹굴며 엎치락뒤치락 하기 시작했다. 지나던 사람들이 하나 둘 몰려들기 시작했다. 싸움 구경이 재미있어서였다. 힘으로 보면 정씨가 위지만 싸움 재주는 사내가 위여서 싸움은 쉽사리 결판나지 않았다.

얼마를 그렇게 싸우는 중에 순경들이 들이닥쳤다. 두 사람이 싸우는 동안 누군가가 신고를 한 모양이었다. 나중에 밝혀진 일이지만 사내는 부녀자 상습납치범으로서 전국에 지명 수배된 자였다. 얼굴이 예쁜 여자만을 골라 납치해서는 사창가에다 팔아넘기는 인신매매범이었던 것이다. 여자가 정씨를 생명의 은인으로 여겨서 결혼을 자청하게 된 것은 그런 인연 때문이었다. 미스 윤이 말했다.

"만약 말입니다. 그 여자가 정씨를 만나지 못했더라면 말입니다. 생각만 해도 끔찍하네요. 하지만 은혜를 갚기 위해 결혼한다면 그것도 좀 그러네요."

"글쎄. 우직한 의협심을 높이 산 게 아닐까? 결혼할 남자의 선택이 어차피 도박이라면 유약한 기회주의자들보다는 낫다고 본 모양이지."

나는 그렇게 결론을 내리고 있었다.

# 건망증

　나이가 들면서 누구나 조금씩은 건망증이 생기는 경향이 있다. 사람이 늙어가면서 뇌세포의 일부가 점차로 손상되면서 생기는 현상이라고 한다. 그런데 더러는 보통의 정도를 넘어서 일종의 병통으로 여겨야 할 경우도 없지 않다. 건망증에 대한 고전적인 이야기로는 신발짝을 찾는 어느 대감의 일화가 있다. 그 대감은 하인을 향해서 번번히 호통친다는 것이다.

　"애야. 내 신발 한 짝이 안 보인다."

　"대감님 손에 들고 계시지 않습니까?"

　"이놈아, 다른 한 짝이 안 보인다는 말이다."

　"한 짝은 대감님께서 신고 계시지 않습니까?"

　이 정도가 되면 건망증의 극치라고 하겠다. 우리 회사의 박상철 상무도 꽤나 심한 건망증 환자다. 남들과 철석같이 약속을 해놓고도 까마득히 잊고는 그런 약속을 한 기억이 전혀 없다고 잡아떼는 일이 종종 있었다. 동료들과의 사소한 약속이야 뒤늦게라도 미안하다는 사과 정도로 끝날 수도 있지만 중요한 고객이나 상사인 사장님과의 약속마저도 까마득히 잊는 일이 예사니 문제가 심각하지 않을 수 없었다. 오늘도 그랬다.

"이봐요. 공장장. 그러니 어제 오후에 '골목다방'에서 사장님과 만나기로 약속을 했다는 게 사실이란 말인가?"

공장의 사무실로 들어선 박상무의 얼굴이 벌개져서 내게 따지듯 물었다. 어제 사장님과 한 약속을 지키지 못해 야단을 들은 모양이었다.

"그럼요. 제가 옆에서 분명히 들었는데요."

"허, 이거 낭팬데…. 나는 지금도 전혀 기억되는 게 없는데 말일세"
박상무는 머리를 절래절래 흔들었다.

"이러다 병원 신세까지 지게 될지 모를 일이야."

사실 주변에서는 병원에 가서 정밀 진찰을 받아 보는 것이 좋겠다는 조언을 하기도 했다. 박상무도 자신의 건망증이 위험 수위에 이르고 있음을 부인하지 않았다.

"한번은 말일세. 고향 친구가 놀러오지 않았겠나? 몇 십 년만의 해후라 하도 반가워서 퇴근길에 대포나 한 잔 하자며 함께 회사를 나섰네. 마침 그때 내가 타고 다니던 통근버스가 옆에 와서 스르르 멈추지 않겠나? 그래서 나는 통근버스에 냉큼 올라타고 말았지. 어이. 잘 가게. 다음에 또 보세. 하고 말이네. 차를 타고 오면서 어딘가 마음이 불편하기에 곰곰 생각하다가 문득 그 친구와는 그렇게 헤어져서는 안 될 친구라는 생각이 떠올랐네. 놀라서 차를 세우고 본래의 곳으로 뛰어갔지만 허탕이었지. 그 후 간신히 수소문해서 그 친구에게 전화를 걸었지. 지난번엔 건망증 때문에 실수한 것이니까 다시 만나서 대포나 한잔하자고 말이네. 내가 여러 말로 극구 변명했지만 그 고향 친구는 끝내 믿어 줄려고 하지 않더군. 아무리 건망증이 심하다고는 해도 그럴 수는 없다는 게지. 하긴 입장을 바꾸어 놓고 생각해도 그렇긴 해. 기껏 대포집엘 가기로 하고 함께 걷다가 혼자만 달랑 통근차를 타고 달아났으니 말이네."

그런 정도의 건망증이니 사장님과의 중요한 약속마저도 펑크내고는 이처럼 쩔쩔매는 것이다.

"상무님의 건망증이야 사장님도 잘 아시는 것 아닙니까"

"그렇더라도 정도 문제지. 이번엔 몹시 화가 나신 모양이데."

좀처럼 감정을 겉으로 드러내는 법이 없는 사장님이 화를 낼 정도라면 박상무의 처지가 얼마나 곤란한지 짐작이 되었다. 그렇다고 내가 거들 일도 없어서 얼른 화제를 바꾸었다.

"그러시니 말입니다. 부모님의 기제사 같은 것은 어찌 지냅니까?"

"그야 집사람이 챙기니 문제가 없지."

"사모님께서 직접 챙기기 어려운 결혼기념일이나 사모님의 생일 같은 것은요?"

"허. 이 사람. 나는 그런 것 기억해 본적이 한 번도 없네."

박상무가 그렇게 나오자 경리를 보는 미스 윤이 화제에 끼어들었다.

"사모님께서 무던하신 모양입니다. 그래도 잘 참으시니 말입니다."

"참는 게 뭔가? 그때마다 한 바탕 난리가 나지. 저런 양반 믿고 어떻게 지금껏 살았는지 모른다는 둥, 당장 이혼하자는 둥, 말도 아닐세. 하지만 어쩌겠나?"

그렇게 한참을 늘어놓던 박상무가 머리를 갸우뚱했다.

"오늘이 음력으로 며칠인가?"

미스 윤이 달력을 보며 꼼꼼히 따지더니 날짜를 알려주었다.

"그래? 내일이 바로 집사람 생일일세. 이렇게 알게 되어서 이번엔 운수 대통하려나…. 그나저나 생일날엔 뭘 선물 하나? 지금껏 한 번도 선물 같은 걸 해 본적이 없으니 말이야."

"우선 생일케이크는 필수적이고요."

"그런가? 그럼 양초불도 밝혀야 하겠네…. 그런데 집사람 나이가 올해 몇이나 됐을까?"

박상무가 이렇게 나오는 데는 질릴 수밖에 없었다. 미스 윤이 마침 좋은 생각이 떠올랐다는 듯이 손뼉을 치며 말했다.

"참, 다행이네요. 금년 생일엔 촛불을 밝히지 않는다더군요. 왜냐 하면요. 태어난 연도와 나이를 합친 수가 백이 되는 해라서 그렇다네 요. 예를 들어서 42년생은 58세니 합치면 100이 되지요. 32년생은 68세니 100이 되고요. 71년생은 29세니 100이 된다 그 말입니다."

미스 윤의 말을 듣고 나이를 헤아려 보니 정말 그랬다. 45년생 해방둥이는 55세니 합치면 100이 되고 6·25때 태어난 50년생은 50세니 100이 되었다. 4·19때 태어난 60년생은 그러니 40세가 되 는 셈이었다. 그렇게 되니 박상무는 아내의 나이를 모른다고 해도 별 문제가 없었다. 촛불을 밝히지 않아도 되니 말이다. 큰 근심 하나 를 던 셈이다.

"기왕 말이 나온 김에 생일케이크는 제가 선물하겠습니다."

나는 기분이 저조한 박상무를 위로하고 싶은 마음에서 그렇게 말하고는 내친김에 미스 윤에게 돈을 주어서 케이크를 사오게 했다.

"미스 윤. 가게에 가서 큼직한 케이크 하나 사와요. 상무님께서 모처럼 사모님께 생색을 낼 수 있도록 말이요."

미스 윤이 빵집으로 달려간 사이에 나는 덧붙여 말했다.

"특별한 선물을 준비하기 어려우시면 상품권 몇 장 준비하십시오. 사모님께서 평소 사시고 싶은 걸 살 수 있도록 말이지요."

"그래야겠네."

박상무는 아주 좋은 생각이라는 듯이 머리를 끄덕였다.

다음날 박상무의 출근은 예전보다 한참이나 늦었다. 미스 윤이 말했다.

"모처럼 생일잔치 한 번 크게 하나 보지요."

"글쎄. 애들이 모두 외국 유학 중이니 두 분만이라 쓸쓸하시겠네."

박상무에겐 아들만 둘이 있는데 모두 공부를 잘해서 둘 다 외국 유학중이어서 집에는 두 부부만 살았다. 내가 미스 윤과 더불어 그런 얘기를 나누는 중에 박상무가 허둥지둥 들어왔다.

"상무님. 사모님 생일은 잘 지내셨습니까?"

나의 인사에 그는 손을 홰홰 내저었다.

"허 참. 말도 말게. 그놈의 생일 때문에 아침부터 난리가 났었네."

"난리라니요?"

"아침밥을 먹고 막 출근을 하려다가 찬장 위에 숨겨 둔 케이크가 눈에 띄지를 않겠나? 그래서 문득 오늘이 아내의 생일이란 생각이 떠올라서 케이크상자를 내밀었네. 오늘이 임자 생일이지. 하고 말이네. 그랬더니 결혼 후 처음 있는 일이라 집사람은 제법 감격스런 표정이 되더군."

나는 생일케이크를 받고 감격해 하는 사모님의 모습이 눈에 잡히는 것 같았다.

"그런데 말일세. 생일케이크의 상자를 풀던 집사람이 생일케이크에 왜 양초가 없느냐는 거네. 나는 그럴 턱이 없다고 했지. 그런데 다시 찾아도 양초가 없는 게야. 그러자 집사람이 느닷없이 묻더군. 당신 내 나이가 몇이나 되는지 알기나 하느냐고 말일세."

이번에는 아주 당황해하는 박상무의 모습이 눈에 선했다.

"굳이 따져서 계산해 본다면 모르기야 하겠나? 그러나 그렇게 불쑥 물으니 생각이 날 턱이 없지. 그래서 얼른 둘러댄다는 것이 금년은 뭣하고 뭘 합쳐서 100이 되는 해여서 생일케이크에 촛불을 안 켠다 더라고 했지. 그랬더니 뭣하고 뭘 합쳐서 100이 된다느냐고 다잡아 묻더군. 그러나 생각이 나야지. 그래서 그렇다면 그런 줄 알지 뭘 시시콜콜 따지느냐고 퉁을 주었지. 그랬더니 여자가 길길이 뛰기 시작하네. 지금껏 이렇게 당하고만 살아 왔는데 더 이상 그럴 수는 없다고 말이네. 내 나이가 이제 몇인 줄이나 아느냐고 말일세. 이젠 나도 자기 생일 찾아먹고 살아야겠다고 말이네. 그래서 미장원에 가서 머리도 하고, 극장에도 가고, 맛있는 음식도 사먹을 테니 돈이나 내놓고 가라고 아우성이야. 그래서 지갑을 여는데 상품권 다발이 나오데. 그걸 보고 아내가 더욱 발광이네. 상품권을 한 다발이나 갖고 있으면서 생일날 선물 사라고 좀 주면 안 되느냐는 거지…."

조마조마한 심정으로 듣고 있던 나는 그나마 한숨 놓이는 기분이었다. 상품권을 사서 선물하시라고 조언을 한 사람이 바로 나였기 때문이었다. 그러나 이어지는 박상무의 말은 엉뚱했다.

"그야 집사람에게 생일선물 사라고 마련한 것이긴 했지만 일이 그 지경이 되어서 새삼스럽게 임자 주려고 마련한 것이라고 말하기도 우습고…. 그래서 그건 사장님이 거래처에 줄려고 마련한 거라며 궁색한 변명을 늘어놓다가 간신히 빠져 나왔네."

이마에 흐르는 진땀을 닦으며 늘어놓던 박상무가 미스 윤을 돌아보며 물었다.

"미스 윤. 뭣하고 뭘 합쳐서 백이 된다고 했더라."

미스 윤은 기가 막힌지 그저 멀뚱한 눈으로 나를 쳐다보는 것이었다.

# 2
생활의 부피

# 강릉 남대천의 은어 떼

포장술집은 시끌벅적했다. 자정이 가까운 시간이면 으레 그랬다. 귀가 길에 한 잔들 걸치려는 것이다. 술이 취한 사람은 취한 김에 한 잔 더 걸치려는 것이고 덜 취한 사람은 맹물 같은 맨정신이 싫어서 한 잔 더 마시려는 것이다. 아파트 생활이란 게 마냥 단조롭기 마련이었다. 어제도 그제 같고 오늘도 어제 같은 생활. 내일인들 오늘과 다를 게 별로 없는 것이다. 그러니 귀가 길의 한 잔이야 말로 유일한 변화요 변칙이 아닐 수 없다. 그래서 밤이면 모두들 포장집으로 몰려드는 것이다.

그날도 나는 취했고 그래서 취한 김에 한 잔 더 걸치려고 포장집엘 들렀다.

"소주 한 병. 꼼장어 한 접시…. 소주는 그린이요."

나는 습관처럼 그렇게 말했다. 소주는 그린이요. 그린 소주는 대관령 청정수로 빚은 술이라는 바람에 내 단골 메뉴가 되었다. 내 고향이 그곳이기 때문이다. 소주는 그린이요. 그렇게 주문을 할 때면 이상하게 가슴 한 자락이 찌르르 울린다. 고향 떠난지도 40여 년이 넘고 보니 고향을 떠올릴만한 일도 많지 않다. 그래서인지 별 것 아닌 그린 소주 한 병 시켜 놓고 향수에 젖어도 보는 것이다. 소주 한 잔 홀짝 마시고는 경포대 해수욕장도 떠올려 보고 또 한잔 홀짝 마시고는 남대천 뚝방길도 떠 올려 본다. 한잔 홀짝 마시면 송정리 솔밭이 보이고 또 홀짝 마시면 남문동 시장바닥이 떠오른다.

"강릉이란 곳이 말이지….."

어떤 사내의 목소리가 내 귀에 들려 온 것은 바로 그때였다.

"웃겨도 한참 웃기는 곳인데 말이네."

그는 그런 식으로 말을 이었다.

"사람들이 무뚝뚝하기가 참나무 장작이라. 만약 자네가 강릉엘 온다면 말야. 소문난 음식점엘 들어가서 물어 보게나. '이 집 칼국수 맛있소?'하고 말이야. 그럼 그 여주인이 뭐라는 줄 아나? 대부분의 대답이 '맛 없소. 하지 말라우' 그런 식이라고…. 막상 시켜서 먹어 보면 기막힌 솜씨인데도 말이네."

"허. 자네 누구 병신 만들 일 있나? 설마 장사꾼이 그러겠어?"

"거짓말이라고? 그래 그렇게 말할 줄 알았어."

그는 그렇게 말하며 뜸을 들이더니 말을 이었다.

"한번은 말이야. 집사람과 어시장엘 갔었지. 길바닥 난전에 생선들이 즐비하더군. 집사람이 명태 한 무더기를 가리키며 묻더군. '아줌마. 이거 얼마요?' 그러자 생선장수가 심드렁한 목소리로 대꾸하더군. '5천 원이요.' 집사람이 생선 값을 알 리가 없지만 버릇이 돼서 값을 깎자고 하더군. '5백 원만 깎아 주세요.' '안됩니다. 아침 마수거리라 헐하게 부른거요.' '그래도 그렇지요. 5백 원쯤 깎는 걸요.' '그래도 안됩니다.'

'아줌마도 어지간하시네. 5백원만 깎아줘요.' 우리가 시장에서 흔히 보는 풍경이 아닌가? 그런데 다음 순간 어떤 일이 일어났는지 아나?"

취객이 눈을 반들대며 동료를 보았다.

"생선장수가 생선이 든 함지박을 땅바닥에다 팍 엎어 버리는 거라.

그리고는 하는 말이 '안 된다면 안 되는 거지. 왜 그리 잔말이 많소. 나는 그렇게는 안 팔겠단 말이요. 한 번 말하면 알아들어야지. 귀한 밥 먹고 꼭 두 말 세 말 되풀이해야겠소?' 하고 길길이 뛰는데 말이네. 집사람이 기가 팍 질려 갖고 말이네…."

나는 사내의 말을 귓등으로 들으며 빙긋이 웃었다. 그래. 그게 강릉 사람이다. 그래서 어쨌다는 말이냐? 남에게 아첨할 줄 모르는 게 강릉 사람이다. 손님이 없어서 장사를 안 하면 말지 마음에 없는 말로 아양을 떨 수는 없다. 몸에 배지 않은 짓을 새삼 어쩌란 말인가?

"아무튼 남들은 믿지 못할 정도인데 말이네. 서울에서 벚꽃이 만발하는 때가 4월 중순이 아닌가? 날씨가 얼마나 화창하냔 말이네. 어디 벚꽃뿐이던가? 진달래 개나리는 물론이요 목련과 복숭아꽃, 살구꽃이 어우러져서 그야말로 사람을 달뜨게 하는 날씨가 아니냐고?"

"그야 봄인걸."

"그런데 그곳은 어떤지 아나? 봄철 내내 바람이네. 흙먼지를 뿌옇게 날리는 높새바람이 밤이고 낮이고 계속 불어대는 거라. 아주 메마른 바람이어서 나뭇잎이 시들시들 마르고 풀들이 누렇게 죽어간단 말이네. 봄철 내내 말이네."

"그럼 꽃들도 피지 않나?"

"피기야 하지. 그런데 메마른 바람에 비쩍 마르거나 아니면 눈에 푹 파묻히는 거라."

"봄철인데 눈은 무슨?"

"허. 이 사람. 그곳엔 5월에도 눈이 내리는 곳이라고. 벚꽃이 만개한 다음 날엔 으레 눈발이 날리기 마련인데. 눈도 그냥 눈인 줄 아나? 봄눈이라도 내렸다하면 폭설이야. 사람의 키를 넘는 일은 약과고 지붕 처마 위까지 눈으로 뒤덮이는데 그러면 학교도 쉬고 관공서도 쉬게 되지. 집과 집들 사이로 굴을 뚫어야 왕래가 될 정도네. 알라스카도 아닌 대한민국에 그런 곳이 있다는 사실을 지금껏 몰랐겠지?"

"그런데 왜 그런 게 신문이나 테레비에 나오지 않지?"

"허. 이 사람. 뉴스거리가 되자면 새로운 것이어야 하는데 그 지방에 선 해마다 다반사로 일어나는 일이어서 아예 뉴스거리로 치지를 않거든."

그의 이야기를 듣고 있노라니 내 고향 강릉은 아프리카의 사막이 되었다가 알라스카의 빙판이 되기도 했다. 취객의 말이 상당부분 과장 된 것은 사실이지만 그렇다고 근거가 전혀 없는 말은 아니었다.

"폐쇄된 지역이라 텃세도 심하겠군 그래?"

"텃세도 제법 있지. 자신들의 지역에 대한 자부심이 대단하네. 가장 대표적인 게 남대천의 은어 떼 얘긴데…. 어릴 때 은어 떼가 하얗게 몰려 왔다고 자랑들 하거든. 은어 떼가 하얗게 몰려오는 남대천. 어때? 그럴 듯하지? 그런데 그 남대천이란 개울이 말이네. 서울 정릉천 보다 수량이 많지 않아. 그러니 서울 사람 같으면 그 개천에다가 감히 대★

자를 붙일 엄두도 내지 못할 거야. 그런 작은 개천에 무슨 수로 은어 떼가 하얗게 몰려들겠나? 어느 장마 때 한 번 몰려 온 걸 갖고 두고두고 자랑하는 거지. 아니면 예전 부모들 시대에 있었던 이야기를 갖고 전설처럼 뒤로 물려주고 있던지."

비록 그게 취객의 말이긴 하지만 말이 그렇게 되어서야 나는 참을 수 없었다. 나는 소주잔을 들고 취객 옆으로 자리를 옮겼다. 나는 우락부락한 표정으로 윽박지르듯이 사내에게 물었다.

"이보시오. 그곳은 내 고향이요. 댁은 그곳에 몇 년이나 살았소?"

내가 그렇게 따지듯 묻자 사내는 당황한 표정을 지었다.

"한 삼 년 됩니다."

"그럼 그곳의 가을을 겪었겠구려? 가을 하늘이 어땠소?"

"가을이야 좋지요. 공기가 맑고 하늘도 맑지요. 공장이 없어서 매연이 없는 도시지요."

"감나무는 구경했소?"

"물론이지요. 도시의 가로수가 온통 감나무입니다. 감은 나뭇잎이 모두 떨어진 다음에도 여전히 달려 있지요. 그러니 도시가 온통 빨간 감나무 숲입니다."

"강릉 남대천 물이 어느 바다로 빠져나가는지 보았소?"

"안목 쪽이라는 말만 들었소."

"직접 보지는 못했구려?"

"못했소."

"여름철에 한 번 가 보시오. 그러면 하얗게 밀려오는 은어 떼를 보게 될 것이요."

　나의 말에 사내는 긴가 민가 하는 표정을 지었다.

　"강릉 사람이 그렇다면 그런 거요."

　나는 그린 소주를 입 속으로 털어 넣으며 말했다.

　"겨우 삼 년 살고서 댁이 뭘 안다는 게요. 경포 호수에서 부새우 뜨는 것 보았소?"

　"부새우가 뭐죠?"

　"부새우가 부새우지 뭐라니?"

　나는 핏대를 세웠다.

　"거기서 어떤 조개가 잡히는지는 아오?"

　"그 호수에 무슨 조개가 있다는 겁니까?"

　"젠장. 아무 것도 모르면서 뭘 그래? "

　나는 소줏잔을 팍 엎었다.

　"강릉사람 순하지요?"

　"그러요."

　"화내면 무섭지요?"

　나의 말에 사내는 주위를 두리번거렸다. 그러더니 친구의 옷자락을 끌며 서둘러 포장집을 떠났다.

　"젠장. 제 놈이 뭘 안다고 그래."

　나는 엎었던 소줏잔에 다시 술을 채웠다. 그리고 그린 소주를 다시 입 속으로 쏟아 부었다. 한 잔 소주에도 강릉 남대천에 은어떼가 하얗게 몰려오기 시작했다. 은어란 놈은 그 이름 그대로 하얗고 깨끗한 물고기다. 몸뚱이에 파르스름한 가로줄이 있고 물빛처럼 투명해서 떼를 지어 다니지 않으면 얼른 식별해 내기가 어려울 정도다.

한 여름이면 그 투명한 은어들이 떼를 지어 몰려온다. 바다에서 강으로 거슬러 오른다. 그러다 한 여름의 기온이 턱없이 높아서 민물의 온도가 갑자기 높아지기라도 하면 은어들은 뜨거운 민물에 기절해서 흰 배를 들어내고 하얗게 떠오른다. 발가숭이 아이들은 환호성을 지르며 수면위로 떠오른 기절한 은어들을 건져낸다. 은어들은 기절한 채 물따라 흐르다가 바닷물의 찬 기운을 만나면 다시 살아나서 퍼덕인다. 그게 은어다.

나는 다시 술잔을 홀짝였다.

"강릉 사람도 아닌 주제에 제 놈이 뭘 안다고?"

그렇게 중얼거리는 나의 눈에는 40년 전의 은어 떼들이 다시 하얗게 몰려오는 것이었다.

# 여름 무더위

금년 여름의 날씨는 예년에 없이 무덥다.

TV의 기상 뉴스는 연일 체온을 웃도는 섭씨 36도가 넘는 한낮의 기온 분포도를 보여주고 있다. 어쩌면 36도는 약과인지 모른다. 아나운서는 대구 39도 4분, 강릉 39도 2분, 전주 38도 몇 분 하는 식으로 발표하면서 52년 이래의 불볕더위라느니 기상대가 생기고 최고치를 경신했느니 하면서 85도가 훨씬 넘는 불쾌지수까지 소상하게 말해준다.

밤의 기온도 25도가 넘는 열대야의 현상이고 그것도 하루 이틀의 일이 아니라 몇 주일이고 계속되는 판이니 저절로 짜증이 나지 않을 수 없다. 그래서 부부싸움도 하게 되는가 보다.

그날의 일도 그랬다. 아침 뉴스를 보던 아내가 불쑥 말했다.

"김일성이가 죽을까봐요."

"멀쩡한 김일성이가 죽긴 왜죽어?"

"저렇게 순순히 협상에 응한다는 게 이상하지 않아요? 더구나 우리측 경호원이 총을 휴대하겠다는 제안에도 좋다고 하니 말예요. 사람이 마음이 변하면 죽는다지 않아요?"

나는 어이가 없어 타박했다.

"국제 정세가 어쩔 수 없으니 그렇게 되는 거지 마음이 변하긴 뭐가 변해?"

"며칠 전 신문에 어느 역술가가 김일성 시조묘의 운이 다해서 금년 9월 14일에 그가 죽는다고 말했다지 않아요."

아내는 고향이 이북이고 친척 중에 이산가족이 많아서인지 북한 소식에 유난히 관심이 많았다. 그러다 보니 김일성의 죽음이야말로 변화의 출발이 될 것이고 그것은 곧 통일로 이어질 것이라고 믿는 듯했다. 그렇긴 하지만 역술가의 엉뚱한 예언에 그처럼 기대를 건다는 것은 우스운 일이 아닐 수 없었다.

"요즘 같은 세상에 역술가의 예언이 다 뭐야? 김일성을 직접 만나고 온 카터의 말이 더 신빙성이 있지. 그는 김일성이 십 년은 더 집권할 것 같다고 하지 않던가?"

내 말에 아내는 발끈했다.

"당신은 김일성이 죽기를 바라지 않는다 그 말이죠?"

"그야, 그렇게 바란다고 되는 일도 아닐 게고…."

"그러니 통일도 바라지 않는다 그 말이군요. 그저 탈 없이 편하게 살고 싶다 그 말이죠?"

아내는 그렇게 쏘아붙이더니 내가 무슨 대꾸를 하기도 전에 횡- 하니 방을 나갔다. 이윽고 대문이 꽝- 소리를 내며 닫히는 소리가 들려왔다. 집을 나가는 모양이었다. 공연히 사소한 일에 그처럼 화를 내며 집을 나가니 내 기분도 떨떠름했다. 전에 없던 일이었다.

"젠장할 날씨 때문에."

나는 불쾌지수가 80이 넘는 날씨 탓에 이런 일도 생기는 모양이라고 투덜거렸다.

그런데 한낮이 넘어서 아내가 환히 웃는 낯이 되어 들어 왔다.

"여보. 김일성이가 죽은 소식 못 들었죠?"

나는 어이가 없어 아내를 쳐다보았다. 아마도 날씨가 더우니 더위라도 먹은 모양이라고 생각했다. 그러자 아내는 신바람이 난다는 듯이 말했다.

"목욕탕에서 막 나오려는데 라디오 뉴스에 김일성이가 죽었다는 소식이 들리더라고요. 당신 믿기지 않죠? 내가 아침에 뭐라고 그랬어요. 사람이 마음이 변하면 죽는다고 그랬지요? 내 말이 틀림없죠?"

나는 여전히 어리벙벙해서 아내의 얼굴을 쳐다보고 있노라니 아내가 텔레비전의 스위치를 돌렸다. 그러자 놀랍게도 김일성의 사망 소식이 들려오기 시작했다. 허. 세상에. 이런 일도 있구나…. 내가 테레비전 뉴스에 얼을 빼앗기고 있는데 아내가 제법 근심스런 표정을 짓고 물었다.

"내가 변한 데는 없어요?"

"변하다니?"

"찬찬히 살펴봐요?"

나는 아내가 또 무슨 말을 하려고 그러나 싶어서 아내의 모습을 살펴보았다. 머리 모양을 새로 한 것 같지도 않았고 옷차림이 달라진 것 같지도 않았다.

아내는 나의 둔감함을 알고나 있었다는 듯이 툭 던지듯 말했다.

"목욕탕에서 체중을 재니 5키로나 빠졌더라고요."

아내가 체중을 뺀다고 에어로빅을 한다 다이어트를 한다 하고 법석을 떨더니 체중이 좀 빠지긴 한 모양이었다. 그런데도 시무룩한 표정인 것을 보니 김일성의 죽음이 가져온 충격 때문으로 보였다. 사람이 변하면 죽는다고 말이다. 그래서 나는 위로하듯 말했다.

"체중계가 고장이었던 모양이지."

"뭐욧!"

아내의 눈살이 꼿꼿해지더니 마침내 쏘아대기 시작했다.

"당신이란 사람 그런 사람이라고요. 내가 체중을 5키로나 줄였는데도 당신 눈에는 맨날 그게 그거지요. 체중을 5키로나 뺀다는 게 얼마나 힘든 것인지 알기나 해욧. 그런데 기껏 한다는 말이 체중계가 고장났을 거라고요. 그렇게 관심 없는 사람과 살긴 왜 살아요? 왜 사느냐고요?"

나는 그제야 시무룩해 보인 아내의 표정 뒤에 감추어진 기쁨을 눈치채지 못한 나의 실수를 깨달았다. 그러나 이미 엎질러진 물이고 쏘아놓은 화살이었다. 젠장. 김일성의 죽음 때문이었는지 날씨 때문이었는지….

# 법과 인정

직장에서 돌아오니 아내가 등기 우편물 하나를 내밀었다. 그것은 법원에서 보내진 것이었다. 평소 그런 기관과 인연 맺을 일이 없었던 나로서는 의아히 여기지 않을 수 없었다. 서둘러 겉봉을 뜯고 내용을 훑어보던 나는 어리둥절해지고 말았다. 그 내용의 대강인 즉은 다음과 같았다

… 귀하가 불법 점거하고 있는 대지(월곡동 산125번지 소재. 65평 3홉)가 민법 00조에 의하여 3월 1일자로 공매 처분 결정되었기에 이에 통보하오니 양지하시기 바랍니다.…

내가 십 수 년 동안 살아오던 집의 대지가 무슨 연유로 '불법 점거'이고 그리하여 그것이 공매처분을 받게 된 것인지 전혀 알 길이 없는 나로서는 참으로 아연하지 않을 수 없었다. 우편물 내용을 전해들은 아내도 걱정이 태산 같은 모양이었다.

"당신 혹시 나 몰래 이 집의 땅을 담보로 보증 같은 것을 서거나 한 일은 없던가요?"

"젠장. 내가 당신을 속일 일이 따로 있지…."

나는 그렇게 아내를 핀잔하면서도 그런 종류의 담보 보증을 선 일이

혹 없던가를 기억해 내려고 해 보았지만 전혀 허사였다. 더구나 '불법 점거'라니…. 내가 이 땅을 취득한지가 이미 10여 년이 넘은 터에 말이다. 분명 어떤 사무착오에 기인한 것이겠거니 여겨지면서도 불편한 심기는 가시지 않았다.

따지고 보면 내게 재산이라고는 이 땅이 전부였다. 10여 평되는 가옥이야 낡고 헐어서 당장 쓰러질 지경이니 재산이랄 것도 없지만 그래도 택지만은 65평 3홉이니 우습게 여길 일도 아니었다. 근래에 택지 값이 하늘 높은 줄 모르게 치솟아서 평당 5백이니 6백이니 하는 말이 심심찮게 떠도는 판이니 말이다.

이 땅이야말로 내게 남은 마지막 자존심이나 다름없었다. 나이가 쉰에 가깝도록 재산이라고는 이것 밖에 없기 때문이다. 아내가 먹을 것 안 먹고 입을 것 안 입고 저축하지 않았다면 이런 집인들 도저히 장만할 수 없었을 것이다. 셋방살이에 지친 아내가 산비탈 달동네 쓰러져 가는 판자집을 당시에는 헐값으로 사서 온갖 정성으로 고치고 가꾼 집이었다. 근래에 아파트가 인근에 들어서고 이 산동네가 주택 재개발지구로 선정되면서 갑자기 값이 뛰어 오르긴 했지만 그게 어디 우리 집만의 문제이던가?

그런데 일은 참으로 맹랑했다. 아내가 알아 본 결과 이번 일은 우연한 사무착오가 아니었다. 우리 집 만이 아니라 이 산동네 20여 가구가 모두 똑 같은 통고를 받았는데 그냥 쉽게 넘어갈 일이 아니었다.

"협잡꾼의 사기에 말려든 것입니다."

상담 변호사가 그렇게 말하더란 것이다. 땅을 팔아먹은 자가 희대의 사기꾼이란 것이다. 그 자는 이 땅을 팔 때 한 집 한 집 분할하려면 비용이 많이 드니 일단 사서 살다가 여러 집이 함께 분할하면 좋을 것이란 말로 선량한 주민들을 속이다가 등기 시효를 넘기게 되자 잽싸게 공매에 붙인 것이다. 그러니 매매 계약서를 간직하고 있어도 이 땅은 법적으로 원매자의 소유로 환원된다는 것이다. 기가 막힐 노릇이었다. 법이 그렇다는 것이다.

드디어 공매 입찰일이 당도했다. 나는 주민들과 더불어 그 작자를 붙잡아 요절이라도 낼 심산으로 입찰 장소로 달려갔다. 그러나 그 작자는 코빼기도 내비치지 않고 집달리에게 권한을 대리시키는 절차를 밟아 놓고 있었다. 집달리는 이미 우리의 처지를 잘 알고 있다면서 그러나 법이 그러니 어쩔 수 없는 일이 아니겠느냐고 말했다.

"법. 좋아하네."

악에 받친 주민들이 그렇게 법석이는 중에도 집달리가 공매 입찰 절차를 밟기 시작했다.

"이 땅은 여기 몰려 온 주민들이 살고 있는 택지입니다. 공매하게 된 내력은 소문으로 들어서 대강 짐작들 하리라고 봅니다. 그러니 가급적 이들 주민들에게 낙찰의 기회가 주어지기를 바랍니다."

집달리는 그렇게 전제하고 덧붙였다.

"잘 아시겠지만 입찰에 응모하는 사람이 없어서 한 번 유찰 될 때마다 반값으로 깎여서 다시 낙찰을 시도할 것이니 그리 아시기 바랍니다."

집달리가 공매를 선언하고 격식대로 응찰을 유도했지만 선뜻 응하

는 사람이 없었다. 값이 반으로 깎이고 응찰자가 없자 다시 반으로
깎이었다. 유찰이 여러 차례 거듭 될수록 군중들에게서는 알 수 없는
흥분이 감돌았다. 입찰을 위해 둘러선 돈 가진 자들의 얼굴이 긴장으
로 딱딱하게 굳어 갔다. 노동판을 집어치운 남정네들과 아이들을 들쳐
업은 부녀자들의 눈에서는 땅을 그냥 빼앗기는가 싶어서 살기마저
감돌았다.

"이 값에도 응찰자가 없습니까?"

여러 차례의 유찰 끝에 집달리는 그렇게 말하더니 문득 주민 대표를
찾았다. 나와 이웃 남정네들이 우르르 앞으로 나갔다. 집달리가 귓속
말로 말했다.

"더 이상 응찰자가 없으면 다음번으로 미루어 재입찰 절차를 밟게
됩니다. 이 정도의 값이면 도로 산다는 억울함은 있겠지만 앞으로의
재판 비용에 비기면 아무 것도 아니니 그냥 응찰하시지요."

내가 이웃들을 둘러보니 모두 당장 돈 가진 것이 없음을 난감해
했다. 집달리가 다시 말했다.

"돈은 내가 변통해 드리지요. 워낙 딱한 사정이라서 그렵니다. 이
땅이 이런 모양으로 되팔린 것을 알면 그 협잡꾼은 아마 기절이라도
할 것입니다. 제 놈도 이렇게 당해 볼 때가 있어야지요. 또 댁들의
억울한 것은 다시 재판을 통해서 변상 받을 수가 있을지 모릅니다.
그러니 그놈은 땅 잃고 변상까지 해야 하게 되면 제 꾀에 넘어간 여우
꼴이 되는 거지요."

그제야 우리는 모두 머리를 끄덕였다. 이런 삭막한 세상에도 일말의

인정이 있음을 느끼며 나는 문득 눈시울이 달아오르는 것을 느꼈다.

# 숨어서 피는 작은 꽃들

봄은 꽃과 더불어 온다.

봄바람이 건들건들 불어온다 싶더니 노란 개나리가 꽃망울을 터뜨리기 시작했다. 곧 이어서 화답이라도 하듯 빨간 진달래가 산자락을 물들였다. 그리고 드문드문 복숭아꽃과 살구꽃이 얼굴을 내밀었다.

그러나 난만한 봄의 느낌은 벚꽃이 만개하면서부터 시작된다 해도 과언이 아니다. 남쪽에서의 벚꽃 소식과 더불어 날씨는 갑자기 풀어져서 나처럼 계절 감각에 둔한 사람도 봄의 나른함에 젖게 된다. 벚꽃과 거의 동시에 피어나는 목련의 청초함은 화사한 벚꽃과 쌍벽을 이룬다. 목련의 꽃그늘 밑에서 꽃들을 올려다보았을 때 그 특이한 아름다움은 그 어떤 말로도 형용하기 어렵다.

그런 봄날의 변화 중에서 가장 두드러진 것이 여인네들의 옷차림일 것이다. 아니 옷차림보다 마음이 더 변해 있는 것인지도 모른다. 그래서 여학생을 가르치는 나의 경우는 봄에 보다 민감할 수밖에 없게 된다.

오늘도 그랬다. 강의실로 들어서니 이제 졸업반이 된 4학년 여학생들이 책들을 접어두고 넋을 빼고 앉아들 있었다. 습관대로 출석을 부르고 강의를 시작하려는데 제일 앞에 앉았던 한 학생이 넋두리처럼 말했다.

"교수님. 이렇게 따뜻한 봄날 오후는 정말 참을 수 없어요."

그러자 강의실 안은 갑자기 까르르 웃음이 퍼졌다.

"그래요. 교수님. 정말 참을 수 없어요."

학생들이 합창을 해대니 나는 잠시 당황하지 않을 수 없었다. 눈을 들어 학생들을 바라보니 모두들 활짝 핀 꽃들이었다. 산들산들 부는 봄바람과 맑은 봄 햇살에 적셔진 눈부신 딸기 꽃이었다. 북향의 그늘진 강의실 안에 그녀들을 잠시라도 가두어 둔다는 것은 참으로 잔인한 짓이 아닐 수 없었다.

"기왕에 시작한 강의니 조금만 하도록 하겠다."

나는 그렇게 달래고 타협하여 그럭저럭 시간을 때웠다. 강의를 끝내고 학과실로 들어가니 조교가 눈이 동그래져서 물었다.

"어쩐 일로 강의를 그렇게 빨리 끝내셨어요?"

평소 타종시간까지 강의시간을 꽉 채우는 내 성미를 알아서였다.

"봄날 오후라 학생들이 참을 수 없다고들 하더라."

내 말에 조교가 생글거리며 말했다.

"교수님은 남자라서 여학생들의 그런 심정을 잘 모르실 거예요. 이런 날씨에는 정말 참을 수 없다고밖에 표현할 말이 없다고요."

조교의 말을 듣자 나는 불현듯 내 자신의 대학 시절이 떠올랐다. 내 친구의 한 녀석은 유난히 가을을 탔다. 가을만 되면 어떤 큰일을 저지르곤 했다. 술이 취해서 기물을 부순다든지 누구와 심하게 다투어서 다치게 한다든지 하는 종류의 일이었다. 그래서 그는 가을만 되면 학교에 나오지도 않고 이불을 뒤집어쓰고 누워서 끙끙 앓았다. 그리고 별 탈 없이 가을이 어서 가기만을 축원하는 것이다. 그러나 그 가을이 다 가기 전에 녀석은 어김없이 사고를 치고는 어느덧 감옥 속에 들어가 있는 그 자신을 발견하곤 했다. 가을만 되면 겪게 되는 가을 병이었다.

내 친구가 그처럼 가을을 타듯 여학생들도 봄을 심하게 타는 모양이었다. 봄만 되면 참을 수 없어하는 그녀들이니 말이다. 그래서 옷차림도 전에 없이 화사하고 얼굴 화장 또한 몰라볼 정도로 짙게 하는 모양이었다. 마음의 흔들림을 그렇게 달래 보는 것이리라.

"모처럼 강의를 일찍 끝내셨으니 일찍 퇴근하시지요."

내가 소파에 멍-하니 앉아 있는데 조교가 그렇게 권했다.

"그래볼까?"

조교의 권유에 나도 솔깃하게 여겨서 일찍 퇴근하기로 마음먹었다. 모처럼 해가 있어서 하는 퇴근이었다. 새벽에 나갔다가 어둠에 묻어서 돌아오는 것이 그 동안의 나의 일과였다.

일찍 퇴근하여 내 집이 있는 아파트의 입구로 들어서던 나는 열병식을 하듯 늘어선 벚나무들의 행렬과 만나자 눈이 둥그래지지 않을 수 없었다. 평소 벚꽃이 만개한 것을 보지 못해서가 아니다. 그러나 햇살 속에 보이는 벚꽃의 무리들은 밤에 보던 꽃들과는 느낌부터가 전혀 달랐다. 그것은 햇살 자체였다. 벚나무는 온통 빛살의 다발이었다.

나는 꽃에 취하여 이 나무에서 저 나무로 빙글빙글 돌았다. 나의 마음도 꽃처럼 환해졌다. 행복이란 무엇인가? 이해관계를 따지기 이

전의 순수한 즐거움 그 자체가 아니던가? 꽃을 보고 느끼는 이 마음의 풍요로움이야말로 행복의 본질에 가장 가까운 것인지 모른다. 나는 꽃나무 둘레를 빙글빙글 돌다가 마침내 지쳐서 꽃나무 그늘의 잔디에 털썩 주저앉았다.

내가 잔디밭에 자라고 있는 작은 풀꽃들을 발견한 것은 바로 그때였다. 꽃구경 온 사람들이 아무렇게 짓밟고 지나가는 길섶에 무수히 많은 작은 꽃들이 피어 있었던 것이다. 노란 꽃다지꽃, 하얀 냉이꽃, 보랏빛 오랑캐꽃, 앉은뱅이 민들레꽃, 그리고 아직 이름을 기억하지 못하는 그런 작은 풀꽃들이 잔디밭의 잡초들 속에 수줍게 피어 있었다.

나는 풀섶에 숨듯 피어 있는 작은 꽃들을 보자 이미 세상을 떠난 내 어머니와 누님의 모습이 불현듯 떠올랐다. 어린 시절 이른 봄부터 어머니와 누나는 나물을 캐러 다녔다. 논둑과 밭둑에는 쑥과 냉이가 지천으로 자랐다. 양식이 모자라던 시절이라 봄나물은 춘궁기를 견디어 가는데 매우 요긴했다. 쑥은 밀가루와 버무려 밥솥에 쪄서 쑥범벅을 만들었다. 냉이는 콩가루에 묻혀서 콩국을 끓였다. 쑥범벅과 냉이 콩국은 참으로 봄의 별미였다.

어머니와 누님을 따라 나물 캐러 다니던 그런 기억 때문일까? 작은 풀꽃들을 보자 어머니와 누님의 얼굴이 그 풀꽃들의 한들거림 속에 덩두렷이 살아나는 것이었다. 냉이며 쑥을 캐러 다니던 둔덕에는 늘 이런 작은 풀꽃들이 피어 있었다. 발로 짓뭉개기도 하고 이것저것 꺾어 모으기도 하고 그렇게 무료함을 달래던 풀꽃들이었다.

이들 풀꽃처럼 평범하고 소박하게 살다 가신 내 어머니와 누님의 인생이었다. 고되고 힘든 삶이었다. 아무도 알아주지 않았지만 열심히 살았다. 그리고 마침내 병들어 남보다 일찍 세상을 뜨고 말았다. 희생과 헌신만이 있었던 그런 삶이었다.

"허, 이게 누구야."

누군가가 그렇게 반겼다. 눈을 들어 바라보니 이웃 동에 살고 있는 조화백이었다. 조화백은  비디오 작가이기도 했는데 손에 카메라를 들고 있었다.

"이 아름다운 꽃들을 그냥 놓칠 수 있어야지."

조화백이 비디오 카메라의 렌즈에 눈을 가져갔다. 카메라의 렌즈가 겨냥하고 있는 곳에 그의 부인이 있었다. 곱게 단장한 모습이었다. 꽃나무와 화사한 옷차림이 아주 잘 조화를 이루었다.

"어때, 볼만한 앵글이지?"

조화백은 어깨를 으쓱하며 자랑스럽게 말했다.

"그래, 볼만하군."

입으로는 그렇게 말하면서 나는 이미 시선을 풀섶으로 향하고 있었다. 마른 잔디들 사이로 어머니와 누님의 얼굴이 보였다. 이름 석 자마저도 이제는 희미해지는 그런 삶을 살다가 간 인생이었다. 그러나 누가 감히 이들의 인생을 화사한 저들의 인생보다 못하다고 할 것인가? 나는 작은 풀꽃들의 소중함을 새삼 느끼는 것이다.

# 인과응보

휴일날이 되면 저절로 늦장을 부리게 된다. 아침 늦도록 늦잠을 즐기다가 점심 겸 아침을 때우고 또 빈둥거리다 보면 저녁이 되고 그렇게 하루가 나른함 속에서 물 흐르듯 흘러가는 것이 나의 휴일의 일상이었다.

그런데, 오늘은 아직 잠에서 채 깨지도 않은 상태인데 전화의 벨이 요란하게 울렸다. 누구에겐가 호출 당할 것 같은 예감에 어쩔까 망설이다가 상을 찌푸린 채 수화기를 드니 민혁군의 카랑카랑한 목소리가 들려왔다.

"선생님, 민혁입니다. 오늘 시간 좀 있으십니까?"

"무슨 일인데?"

나는 나의 귀한 휴일을 빼앗기지 않기 위해서 그럴듯한 변명을 열심히 궁리하면서 우선 그렇게 물었다.

"좀 의논드릴 일도 있고 해선 데요. 남한산성으로 모실까 합니다."

민혁군이 나를 남한산성으로 모신다는 말은 곧 등산을 함께 가자는 얘기일 뿐이었다. 산을 오르면서 그에게서 들을 수 있는 얘기라고는 썩은 세상에 대한 불만과 불평의 토로가 고작이었다.

"선생님, 이래서 되는 겁니까? 동남아 비행기 표가 이미 한 달 전부터 매진이랍니다. 그뿐입니까? 졸부들이 수 억 대의 승용차를 수입하는가 하면 그 졸부의 계집년들이 수 만 원 짜리 팬티까지 수입해서 입는 판입니다. 자가용은 어떻습니까? 러쉬아워가 아니라도 도로는 언제나 만원입니다. 기름 한 방울 안 나는 이 나라에 자동차의 홍수가 웬 말이냐 이겁니다."

민혁군은 매우 다혈질이어서 마음에 조금만 거슬리는 일이 있어도 온통 흥분해서 열변을 토하게 되고, 그것이 때로는 듣는 사람으로 하여금 피곤을 느끼게 하기도 했다. 그래서 나는 남한산성 등산도 사양해서 말했다.

"요즈음 부쩍 무릎이 좋지 않아서 좀 쉬어야 하겠네."

사실 무릎이 좋지 않은 것도 사실이었다. 늘 책상 앞에 쭈그려 앉아 지내다 보니 신경통이라도 생긴 건지 무릎 관절에 통증이 자주 왔던 것이다. 그렇다고 남한산성 정도의 얕은 산도 못 오를 정도는 아니었지만 휴일을 빼앗기지 않으려는 변명치고는 괜찮은 핑계거리였다. 그런데 민혁군의 다음 말은 전혀 뜻밖이었다.

"등산하려는 것이 아닙니다. 제가 이번에 자가용을 하나 구입했습니다. 그래서 제 차로 모실까 합니다."

민혁군이 자가용을 구입했다는 소식은 정말 경천동지의 대단한 일이 아닐 수 없었다. 기름 한 방울 안 나는 나라에서 자가용이 무엇이냐고 매양 투덜거리던 그였기 때문이다. 나는 잠기가 싹 가시면서 이 별난 친구가 어떻게 마음이 변해서 자가용을 구입하게 되었는지 궁금

하지 않을 수 없었다. 그런 궁금증 때문에 결국 나는 그의 제안을
수락하고 말았다.

민혁군은 차를 구입한지가 여러 달 되었다면서 제법 익숙하게 차를
몰았다. 남한산성으로 오르는 길은 굽이가 많고 비탈이 심했다. 그러
나 워낙 절경이라 위험하다는 느낌이 들지 않았다. 민혁군이 들뜬
목소리로 말했다.

"이 길이 바로 자동차 운전 연수의 마지막 코스입니다. 처음에는
아슬아슬해서 얼굴에 핏기가 벌겋게 오르더군요. 마치 위험한 괴물을
몰고 가는 기분이었습니다."

나는 궁금증을 못 이겨 슬쩍 운을 떼었다.

"남의 고급 승용차만 보면 공연히 발길질하고 투덜거리던 자네가
이렇게 좋은 새 차를 구입하리라고는 상상도 못했네."

내 말에 민혁군이 어깨를 으쓱하며 말했다.

"어디 발길질만 했습니까? 사실 실토를 하는 겁니다만 돌멩이로
슬쩍 긁어 놓은 것도 제법 됩니다."

군대에서 잔뼈가 굵은 민혁군이라 그렇게 거친 구석이 있기도 했다.

"그런데 참 묘하데요. 새 차를 구입한 친구들이 걸핏하면 세차하고
또 아이들이 무엇으로 긁어 놓지 않았나 하고 세심히 살피는 꼴을
볼 때마다 병신도 가지가지라며 면박을 주기가 일쑤였던 제가 아닙니
까? 그런데 요즈음은 제가 그 꼴입니다. 그래서 안전한 주차장이 아니
면 차를 세워 두지도 않게 되었습니다."

그렇게 얘기를 주고받는 동안에 차는 어느덧 남한산성의 남문을

통과하고 있었다. 민혁군이 물었다.

"선생님은 여기 오시면 늘 수어장대부터 들르셨지요?"

"물론이지. 그런데 자네는 어쩌겠나? 차를 주차장에 두고 오겠나?"

민혁군은 잠시 망설이다가 말했다.

"수어장대에서 오래 머무르실 것이 아니라면 길옆에 잠시 주차시켜 두겠습니다."

길옆에는 임시로 주차 시켜 둔 승용차가 제법 되었다. 민혁군은 만일을 염려해서인지 길 위쪽에, 보다 한적한 곳에다가 차를 주차시키고는 습관처럼 차의 둘레를 꼼꼼히 점검한 뒤에야 나를 따라왔다.

남한산성은 병자호란 때에 급히 피란 온 인조 임금과 일만 여의 군사들이 청나라 침략군과 대치하여 45일이나 버틴 곳이다. 수어장대는 이때의 장수들이 군사들을 지휘하던 야전 사령부였다. 이곳에 오르면 2백 5십여 년 전 우리 민족이 당하던 치욕의 날들을 떠올리게 된다.

수어장대에서 잠시 바람을 쐰 후, 하산하여 주차시킨 차의 문에 키를 꽂던 민혁군의 얼굴이 심하게 찌그러졌다.

"이런 죽일 놈들이 있나?"

나는 민혁군이 그처럼 화를 내는 이유를 대뜸 알아낼 수 있었다. 새 차의 문짝 부근이 돌덩이에 짓찧어져 심하게 찌그러진 흔적이 누구의 눈에도 선명했기 때문이었다.

"이런 놈들 때문에 나라가 이 꼴이란 말입니다. 남북 대화는 하면 뭘 합니까? 국민성이 이래 가지고는 아무 것도 안 된다 그 말입니다."

나는 문득 '인과응보'란 말을 떠올렸다. 남의 새 차에 발길질하던

민혁군의 소행이 생각났기 때문이었다. 그러나 이처럼 화를 내고 있는
그에게 차마 그런 말을 발설할 수는 없었다.

# 무너지는 하늘

내가 지애를 처음 만난 것은 백화점 의류점에서였다. 지애의 가게는 여성옷 전문으로 한쪽 코너에 자리잡고 있어서 그리 번잡하지는 않았다. 내가 그 날 그곳에 발을 멈추게 된 것은 탈의실로 막 들어가던 어느 여인의 뒷모습 때문이었다. 베이지색 원피스 차림의 호리호리한 몸매였는데 매우 친근하게 느껴지는 뒷모습이었다.

나는 탈의실로 들어갔던 여인이 다시 나오기를 기다리며 우두커니 서 있었다. 얼마 되지 않아서 화려한 흰색 투피스 차림의 여인이 환하게 웃으며 나타났다. 그러나 낯익은 뒷모습의 여자는 아니었다. 베이지색 원피스의 여인보다 한 발 먼저 들어갔던 여인인 모양이었다. 흰색 투피스의 여자가 떠나고도 나는 탈의실에서 나올 다른 여자를 기다리며 우두커니 서 있었다. 그러자 돈 계산을 끝낸 점원이 내게로 다가 왔다.

"옷을 고르시겠습니까?"

나는 머리를 흔들고 얼결에 대답했다.

"탈의실에 들어간 여자 분을 기다리는 중입니다."

"탈의실에 들어간 여자 분이라뇨?"

"방금 베이지색 원피스를 입고 들어간 여자 말입니다."

그러자 여자 점원은 머리를 갸우뚱하더니 탈의실로 들어가서 베이지색 원피스를 들어 보였다.

"이 옷 말입니까? 그 여자는 방금 나가지 않았습니까?"

나는 그만 멍청해지고 말았다. 내가 믿기지 않아서 입을 딱 벌리고 있는 터에 갑자기 까르르 웃음소리가 들려 왔다. 놀라서 돌아보니 카운터에 기대섰던 아가씨가 허리를 잡고 웃어대는 것이었다.

"시력이 매우 나쁜 모양이죠. 그 여자가 바로 그 여자예요."

나는 도무지 믿어지지 않았지만 실제로 탈의실은 두 사람이 함께 들어설 만큼의 공간은 되지 못했다.

"더러 착각하는 분이 있어요. 손님만이 아니고요."

그 여자는 자신이 큰 소리로 웃은 데 대하여 사과라도 하듯이 그렇게 나를 위로했다. 그것이 인연이 되어서 만나게 된 것이 지애였다.

제법 친숙해진 다음에 지애는 심심하면 그 일로 나를 곯렸다.

"옷을 바꾸어 입는다고 사람을 몰라 볼 정도로 둔한 사람과 사귄다는 것은 참으로 불안하네요."

"그런 손님이 많다며?"

"많긴요? 위로해 드리느라 둘러댄 거지요."

내가 큰마음 먹고 프로포즈했을 때도 지애는 전번의 일을 핑계삼아 가볍게 거절했다.

"결혼한 다음에 신부의 옷차림이 변하면 어떻게 하지요?"

"그렇기로서니 지애도 몰라볼까?"

"우리 집엔 두 살 터울로 언니들이 줄줄이 거든요. 남들이 꼭 빼 닮았다고들 하는데요. 옷을 서로 바꾸어 입기도 하거든요. 그러니 큰 일이잖아요."

그러던 어느 날이었다. 지애가 말했다.

"지현 언니가요 용식씨를 한 번 만나 보재요. 그런 이상한 사람도 있는가하고요. 내가 아무리 설명해도 그저 농담인 줄로만 알거든요."

지애의 말을 듣자 나는 마음이 두근거리기 시작했다. 지애가 이제 야 나의 프로포즈를 받아들이려는 모양이라는 생각을 하게 되었던 것이다.

"언니한테 잘 보이세요. 나에 대한 결정권은 우리 언니가 쥐고 있거 든요."

나는 지애와 약속한 시간에 다방으로 나갔다. 그녀의 집 앞에 있는 지하 다방이었다. 지애의 언니가 먼저 와 있었다. 검은 투피스 정장에 엷은 썬그라스를 걸치고 있었는데 머리를 위로 묶은 모양만이 아니라 면 지애와 구분이 안 될 정도로 닮아 있었다. 지애의 언니는 거만한 말투로 얕보듯이 말했다.

"지현이라고 합니다. 지애에게 갑자기 일이 있어서 조금 늦겠다고 전해 달라더군요."

나는 차를 시켰다. 두 사람은 별로 할 말도 없어서 우두커니 앉아 있었다. 지애가 나타날 때만을 기다릴 밖에 없었던 것이다. 제법 시간 이 지났는데도 지애는 나타나지 않았다. 지애의 언니가 지루했던지 간간이 하품을 죽이다가 불쑥 물었다.

"우리 지애를 사랑하나요?"

"아. 예. 물론입니다."

"결혼하실 겁니까?"

"그야, 지애가 좋다고만 한다면요."

내가 얼결에 그렇게 대답하자 지애의 언니는 작은 주먹으로 입을 가리고는 기침을 하듯 쿡쿡 웃었다. 아주 특이한 웃음 소리였다.

"끝내 못 오는 모양이지요. 늦으면 전화라도 할 일이지…."

기다리다 지쳐서 지애의 언니가 자리에서 일어났다. 나는 서둘러 차값을 치르고 밖으로 나왔다. 밖은 이미 캄캄 어두워 있었다.

"집까지 바래다 드리지요."

좁은 골목길을 한참을 걸었다. 집 앞에 이르자 지애의 언니가 인사를 했다.

"바래다주어서 고마웠어요. 안녕히 가세요."

이상하게 목이 꽉 잠긴 목소리였다. 내가 놀라서 쳐다보자 여자는 후딱 얼굴을 돌렸다. 두 볼에 눈물이 흐르고 있었다.

"지애 ！"

나는 놀라서 소리쳤다. 그러나 그녀는 후닥닥 대문 안으로 사라지고 말았다. 두 번 다시 돌아보려고 하지 않았다. 하늘이 캄캄 무너져 내리기 시작했다.

# 비행기 여행

　어머니는 여행가방을 챙기시며 사뭇 들뜬 표정이었다. 여학생 시절 수학여행을 떠나는 기분과도 흡사한 모양이었다. 하긴, 어머니는 남들처럼 여행다운 여행을 해본 적이 없었다. 남편과 일찍 사별하고 혼자 손으로 두 아들의 치닥거리에 평생을 보냈던 것이다.

　"비행기 여행은 처음이시죠?"

　"왜, 아니냐? 딸이 있었으면 해외에도 초청을 받았을 것인데. 환갑이 지나서야 처음 비행기를 타보는구나."

　어머니는 그렇게 대꾸하시며 웃으셨다. 요즈음은 아들보다 딸이 더 부모에게 효도한다는 말이 유행처럼 떠돌고 있는 것도 사실이었다. 생활에 바쁘고 금전에 쪼들리다 보면 아무래도 아들은 딸만큼 자상스럽지 못해서 부모의 속마음도 살펴 드리지 못하는 경우가 많았다. 뒤늦게나마 비행기를 타신다며 저처럼 좋아하시니, 나도 처음으로 자식된 도리를 해보는 것 같아서 마음이 흐뭇했다.

　여행 가방을 다 챙기신 어머니는 두 아들과 며느리를 불러 앉히고 새삼 정색하고 말씀하셨다.

　"비행기라는 게 땅으로 기어다니는 것이 아니라 하늘로 날아다니는 놈이니 아무래도 불안한 마음이 드는구나. 지금껏 비행기 여행을 삼간 것도 그 때문인데, 이젠 큰 아들네가 손자까지 보았고 둘째 아들도 배필을 정한 터이니 마음 놓고 다녀오련다."

어머니의 말씀이 너무 엄숙하셔서 둘째가 타박을 주듯 말했다.

"원, 어머니두. 비행기 여행이 제일 안전한 겁니다. 자동차는 낭떠러지 길도 있고 다른 차가 차선을 위반하여 들이받기도 하지요. 그리고 배는 암초가 있어서 혹 잘못되는 일도 있지만, 비행기야 허공에 홀로 떠서 가는데 무슨 위험이 있겠어요?"

"원, 녀석두. 그렇다면 왜 신문에는 온통 비행기 사고소식 뿐이냐? 아무튼 사람의 일이란 뒷일을 알 수 없는 것이니까, 선구 네가 맏이니까 명심해라."

"무슨 말씀이신데요?"

"사람이란 죽어서도 남에게 폐를 끼쳐서는 안 되는 게다. 말하자면 서로 간에 셈을 분명히 해야 한다는 말이지."

그러면서 어머니는 내게 펜과 종이를 준비하게 해서는 이웃들에게 그 동안 빚을 진 내역을 쭉 적게 하셨다.

"어머, 어머님 빚이 천만 원이나 되세요?"

아내가 목소리를 변하여 힐난하듯 말했다.

"그럼 이번에는 내가 받을 돈을 적어 보렴."

어머니가 부르는 대로 죽 적어서 계산해 보니 그것도 천만 원쯤은 되었다.

"어머니두. 그러면 이 돈을 받아서 이 빚을 갚고 사시면 편하실 것을 군이 빚을 주고 하세요."

　이번에도 둘째가 나서서 핀잔을 주듯 말했다.

　"모르는 소리 마라. 빚을 지기도 하고 빚을 주기도 하는 게 사람이 사는 모양새란다. 이웃에서 급히 돈이 필요할 때는 꾸어서라도 주어야 하는 게다. 그래야 내가 아쉬울 때 또 도움을 받기 마련 아니냐? 돈뿐이겠니? 모든 세상사도 따지고 보면 그렇게 빚을 주고 빚을 지는 생활이란다. 네놈들 애비 없이 이만큼 키워 준 내 빚은 언제 갚으려느냐?"

　"그야, 어머님만 오래 사십시오. 그럼 부지런히 빚을 갚겠죠."

　둘째가 그렇게 너스레를 떨었다.

　"녀석두. 그런 뜻으로 말한 줄 아니? 네가 자식 낳거든 내가 너희들 키우듯 그렇게 정성껏 키우라는 얘기다. 그게 부모 자식 간에 빚 주고 빚 갚는 이치다. 이제 알겠느냐?"

　어머니의 말씀에 둘째는 두 손을 번쩍 들어 보였다.

　"하여튼 우리 어머니 유식한데는 두 손 다 들었다고요."

　그래서 모두 한 바탕 웃었다. 어머니는 그처럼 치밀하게 만일의 경우를 염려해서 뒷정리를 단단히 당부하시고는 삼박 사일의 제주도 여행을 떠나셨다.

　공교롭게도 어머니가 떠나신 날부터 태풍이 다가오기 시작했다. TV에서는 연일 태풍의 속보를 전하면서 서귀포의 방파제를 두들기는 무서운 파도의 위력을 방영했다. 모처럼의 여행이신 데 제대로 구경이나 하시게 되었을까 하는 염려와 기우라고 여기면서도 혹이나 비행기 사고라도 겪지 않으실까 하는 염려를 하게 되었다.

어머니께서 평소 하시지 않던 일로 이웃들에게 빚지고 빚 준 내력까지 일일이 적게 하셨으니 심중에 어떤 예감 같은 것이 있어서는 아닐까 하는 생각도 들었던 것이다.

그런 폭풍의 와중에도 아직 제주도 비행기는 계속 뜨는 모양이어서 나의 불안은 더욱 커져만 갔다. 어머님 당신 말씀처럼 두 아들의 치닥거리로만 평생을 살아오신 어머님이셨다. 아들들의 입장에서는 어머님께서 오래 사시기만을 바랄 뿐이었다. 그래야 효도든 무엇이든 할 수 있을 것이기 때문이다.

나는 지난밤의 악몽을 되새겼다. 어머니가 타신 비행기가 폭풍에 휘말리는 꿈이었다. 폭풍은 회오리가 되어 비행기를 휘말아서 먹구름이 깔리고 번갯불만 번쩍이는 아득한 허공으로 끝없이 휘몰아 가던 것이다.

내가 악몽에 시달리는 것을 보고 아내가 달래듯 말했다.

"당신은 어머니 일이라면 늘 어린애 같으세요. 항공 관제 당국이 오죽이나 잘 알아서 이착륙을 시킬 텐데요. 쓸 데 없는 걱정일랑 마세요."

"쓸 데 없는 걱정이라니…. 폭풍이 일일이 예고하면서 다가오나? 의외란 항상 있는 법이지."

사실 의외란 항상 있는 법이다. 더구나 바람은 수시로 변하는 종류가 아니던가? 삼박사일의 일정이 지나고도 어머니가 집에 도착하지 않자 나의 불안은 더욱 커졌다. 아직 사고 비행기가 있다는 소식은 없었다. 직접 여행사로 전화를 걸어 보아도 그런 일은 없다고 했다.

그렇다고 나의 불안이 줄어든 것은 아니었다.

회사에 가서도 안절부절 못하는데 문득 집에서 전화가 왔다는 전갈이 왔다. 나는 화들짝 놀라 수화기를 잡아채었다.

"선구냐? 나다. 방금 도착했다."

어머니의 목소리였다.

"폭풍 때문에 혼나셨지요?"

"혼나긴. 제주도는 정말 좋더구나. 날씨가 개면 갠 대로 좋고 흐리면 흐린 대로 좋더라."

"비행기 여행 두렵지 않으셨어요?"

"두렵긴. 그저 뜨자마자 곧 내릴 준비를 하라고 하니, 도무지 비행기 탄 맛이 나야지. 다음  번엔 몇 시간쯤 가는 놈을 타야겠다."

어머니의 말씀에 나는 그만 웃음이 나왔다.

"다음번엔 동남아 여행을 시켜 드릴 테니 염려 마세요."

나는 폭풍우에도 끄떡없는 비행기가 있다는 것을 감사하며 수화기를 놓았다.

# 언덕 위의 작은 땅

나는 종종걸음으로 뒤따르고 있는 막내 녀석을 향하여 말했다.

"조금만 참아라. 저기 언덕까지만 가면 된다."

걷는 것에 익숙지 못한 막내는 상을 잔뜩 찌푸린 채 투덜거렸다.

"언제까지가 조금만이람."

그렇게 투덜거리면서도 녀석은 분명 기대에 들떠 있었다. 우리도 시골에 땅이 있다는 것에 대한 호기심과 자부심이었다.

"아빠. 그곳엔 미루나무가 있다고 그랬지?"

"그럼, 사과나무도 있고 배나무도 있단다. 대나무숲도 있고 닥나무숲도 있지."

"닥나무가 뭔데?"

"창호지를 만드는 나무지. 그 나무의 껍질로 창호지를 만든단다."

"창호지가 뭔데?"

막내의 질문에 나는 잠시 말문이 막혔다. 창호지가 뭔지를 어떻게 설명해야 좋을지 얼른 생각이 떠오르지 않아서였다. 유리창이 일반화되어 있는 서울 집에서 태어나고 자란 막내로서는 창호지를 한 번도 본적이 없을 터였다. 설명에 궁색해진 나는 그냥 내쳐 말했다.

"아까시아숲도 있고 솔숲도 있단다."

"와- 대단하네…. 그렇게 여러 종류의 숲들이 모두 있단 말이지?"

"그럼."

나는 아주 자랑스럽게 말했다. 내가 태어나고 성장한 나의 시골집은 온갖 나무들로 무성했다. 대문 옆에는 동구 멀리에서도 바라다 보이는 미루나무가 두 그루나 있었다. 집 뒤 언덕에는 대나무숲과 닥나무숲이 있어서 바람이 불 때마다 이상한 휘파람 소리가 났다. 집 옆의 비탈로 는 아까시아숲과 솔숲이 어우러져서 윤삼월에는 향긋한 송홧가루가 흩날렸고 오월에는 아까시아꽃의 짙은 냄새를 맡을 수 있었다. 집 뒤의 채마밭 옆에는 세 그루의 사과나무와 두 그루의 배나무가 있고 그 뒤로 복숭아나무 한 그루와 살구나무 한 그루도 있었다. 이른봄이 면 복숭아꽃과 살구꽃이 어우러졌고 이어서 배꽃과 사과꽃을 볼 수 있었다. 꽃들이 피었을 때는 멀리서도 그 환히 밝아오는 듯한 빛무리 를 볼 수 있었다.

그뿐 아니었다. 내 부모님은 꽃나무를 좋아하셔서 마당 앞에 큰 화단을 만들어서 온갖 화초를 심었다. 키 작은 채송화에서부터 중간키 의 백일홍, 그리고 아주 키가 큰 원추리꽃도 있었다. 원추리꽃이 노랗 게 다발을 이룰 때면 이웃에서도 꽃구경을 왔다.

"아참, 뽕나무숲도 있었지."

나는 하마터면 잊을 뻔했던 뽕나무 숲을 생각해 내고는 얼른 말했 다. 지금까지 들은 나무숲만도 대단한데 뽕나무숲까지 있다고 하니 막내는 입이 함박만큼 벌어졌다.

"뽕잎은 누에가 먹는 거지?"

"그래. 그 누에가 만든 고치에서 뽑은 실로 비단을 짜는 거란다."

우리 집과 옆집의 경계가 되는 비탈에 뽕나무숲이 있었다. 나는 옆집 아이와 뽕나무에 올라가 노래를 불렀다. 뽕나무는 위로 크지 않고 옆으로만 가지가 벌어서 나뭇가지에 올라가 말타듯 흔들고 놀기가 좋았다. 새까만 오디의 맛 또한 얼마나 좋았던가?

나는 걷기에 지쳐 있던 막내 녀석이 새롭게 기운이 살아서 씽씽해진 것을 보고 기분이 좋았다. 그래서 덧붙여 말했다.

"우리 집 것은 아니지만 우리 집 바로 옆집에는 겹벚꽃나무가 있었단다. 우리 집 미루나무만큼이나 컸었는데 어찌나 꽃이 탐스러웠던지 꽃이 만발하게 되면 이웃 마을 사람들까지도 소풍을 왔단다"

"와- 대단했던 모양이다."

막내는 그렇게 환호성을 울렸다. 정말 대단했었다. 대동아 전쟁에서 일본이 패망하자 우리 나라에서 살던 일본인들이 자기 나라로 철수하기 위해서 부산까지 가야했다. 북쪽에 살던 일본인들이 짐봇다리를 이고 지고 철둑길을 걸었다. 피란 행렬이나 다름이 없었다. 애들을 걸리며 걷던 어른들이 때로는 마을에 들러 구걸을 했다. 그런 와중에서도 그들은 활짝 만개한 겹벚꽃을 보자 환성을 울렸다. 그들 중에더러는 짐보퉁이 속에 꿍쳐 든 잔돈푼을 꺼내들고 꽃나무 한 가지만 사게 해 달라고 애걸했다. 망한 자신의 나라에 대한 그리움이 그 꽃나무로 해서 더욱 절실했던지 모른다. 옆집 할아버지는 문자깨나 아는 분이었는데 어찌 꽃을 팔 수야 있겠느냐며 꽃가지를 꺾어서 꽃을 원하는 사람들에게 골고루 나누어주던 것이다. 그런 기억이 지금도 생생했다.

우리는 드디어 언덕 위에 이르렀다. 막내 녀석이 주위를 두리번거리더니 이상하다는 듯이 물었다.

"이 작은 땅이 우리 거라는 거야? 겨우 손바닥 만 하잖아."

"그래도 백여 평이 넘을 거다."

"그런데 그 많다던 나무들은 다 어디 있어?"

"글쎄….겨울이라서 그런가?"

내 기억에 그렇게 많던 나무들이 눈 녹듯 사라지고 몇 그루의 뽕나무만이 눈에 들어왔다.

"힝, 아빠는 거짓말 장이다."

막내 녀석은 아주 실망해서 화를 내었다.

그러나 나는 이 작은 땅, 너무나 작아서 아무도 살려고 하지 않던 이 작은 집터가 여간 자랑스럽지 않았다. 너무 작지만 않았다면 벌써 남의 수중으로 팔려갔을 것이다. 작아서 영원히 내 것으로 남아 주었던 내 예전의 집터…. 지금은 겨울이어서 보이지 않지만 봄만 돼봐라. 아까시아나무에 새잎이 나고, 닥나무와 대나무 숲에선 휘파람 소리가 날 것이다. 복숭아꽃, 살구꽃, 벚꽃들이 다투어 필 것이고…. 예전의 그 화단에선 노란 원추리꽃이 그 아름다운 자태를 드러낼 것이다.

이 작은 땅이 나의 소유로 남아 있는 한 아무도 내 기억 속에 남아 있는 그 무성한 나무숲과 어린 때의 친구들…. 그리고 지금은 계시지 않지만 근면하고 성실하셨던 내 부모님의 모습을 결코 내 기억 속에서 지워 버리지 못할 것이다.

# 온천으로 가던 길

그때 우리는 온천으로 가는 언덕길을 오르고 있었다.

한여름이라 여간 무덥지 않았다. 햇살은 무섭게 내리쬐고 매미는 왕왕 울었다. 잡초들마저도 여름 더위에 척척 늘어졌다. 언덕을 오르는 온몸에서 땀방울이 끈적끈적 흘러 내렸다.

언덕길은 가파르고 끝이 없었다. 곧장 하늘 끝까지 기어오르는 듯했다. 온천이고 뭐고 다 집어치우고 숲 그늘에 앉아 영원히 쉬고 싶었다.

"보소예, 여기 개울이 안 좋은 기요. 좀 쉬어가자 카이요."

순분이가 떼를 쓰듯 말했다. 쇠붙이 냄새가 나는 순분이의 칼칼한 목소리를 듣자 나는 그만 맥이 빠졌다. 참으로 한심하게 생긴 여자였다. 납작한 키에 옆으로만 뚱뚱하게 퍼진 몸매였다. 울퉁불퉁 삐져나온 멍게 같은 얼굴, 뱁새눈에 들창코였다.

부댓자루 같은 헐렁한 원피스를 걸치고 있어서 그래도 여자 모습이긴 했다. 그녀는 나름대로 애교를 떤다고 생각하는지 손을 잡아 달라느니, 쉬어 가자느니, 등을 밀어 달라느니 하며 연신 조르고 보채서 귀찮기가 이루 말할 수 없었다.

참으로 달갑지 않은 여행길이었다. 어제였다. 영준이가 불쑥 나타나서 말했다.

"아주 멋진 아가씨를 하나 사귀었는데 말씀이야…."

영준은 그렇게 말머리를 꺼냈다.

"여행길에 네가 필히 동행해 주어야겠다."

"네가 애인 데리고 가는 여행길에 내가 왜 동행을 하니?"

"그런데, 그게 말씀이야. 좀 곤란한 문제가 생겨선데."

그는 그렇게 말을 빙글빙글 돌리며 뜸을 들이다가 본론을 말하기 시작했다.

"내 애인 순진이한테 순분이란 언니가 있는데 말씀이야…. 말하자면 순진이의 감시역이지. 어딜 가도 함께 따라다니는 형편이란 말이네. 네가 들러리를 서주면 그 언니를 적당히 따돌릴 수 있겠다 그 말이네."

"임마, 들러리 설 일이 따로 있지…."

내 반응이 신통치 않으니 녀석은 슬그머니 공갈까지 치는 것이었다.

"임마. 친구 좋다는 게 뭐냐? 내가 널 생각하는 반만 생각한대도 감히 거절하지 못할게다. 그리고 그냥 가자는 것도 아니고 네 몫으로 그 여자의 언니를 안겨주는 것 아니냐? 그 정도면 됐지. 사내새끼가 뒤를 뺄 건 뭔가?"

영준은 사뭇 우격다짐이었다. 썩 내키는 마음은 아니지만 그 언니라는 여자에 대한 호기심이 아주 없지도 않아서 함께 따라 나선 것이다. 그런데 이건 영 글러 버려도 보통 글러 버린 것이 아니었다. 같은 형제라고는 믿어지지 않을 정도로 두 사람은 판이한 용모였다. 순진은

해말간 피부에 화사한 얼굴의 미인이었고 날씬한 몸매에 애교덩어리
였다. 거기에다 목소리까지 고와서 재잘거리는 말소리가 노래를 듣는
것 같았다. 그에 비하여 순분이라는 그녀의 언니는 키가 작고 뚱뚱했
다. 목이 굵은 자라목이어서 인지 목소리에도 쉰소리가 났다. 얼굴도
울퉁불퉁하여 처마에 매달아 둔 메주덩이를 연상케 했다.

"임마, 그게 여자냐?"

여자들이 듣지 못하는 자리에서 나는 영준을 타박했다.

"제발 좀 봐주어라. 친구 좋다는 게 뭐냐?"

녀석은 친구 좋다는 게 뭐냐는 말을 방패삼아서 내 입을 봉해
버렸다.

우리는 버스를 탔다. 버스는 털털거리며 시골길을 달렸다. 버스를
내려서도 십여 리를 더 걸어야 했다. 버스에서 짐을 내리자 영준이
김밥 도시락이 든 가방 하나를 달랑 들고 앞장을 섰다.

"나중에 보자"

녀석은 눈을 끔벅하며 웃었다. 그 뒤로 순진이 달랑달랑 따라갔다.
나와 순분의 몫으로 남겨 놓은 짐봇다리는 사과와 참외 같은 과일이
가득 든 것이었다. 짐봇다리가 돌덩이처럼 무거웠다. 나는 그 무거운
과일 봇다리를 들고 끙끙거리며 걷지 않을 수 없었다.

재수 옴 붙었다는 것은 이런 경우를 두고 하는 말이었다. 시간이
지날수록 과일의 무게는 점점 더 무거워졌다. 그러자 점점 화가 치밀
기 시작했다. 어떻게든 녀석을 따라 잡아서 짐을 바꾸든지 아니면
여자를 바꾸든지 하자고 결판을 내고 말리라는 생각을 했다. 그런

내 속도 모르고 순분은 자꾸만 쉬어 가자고 허리춤을 잡아 다니는 것이다.

"보소. 좀 쉬어가자 카이요."

하긴 나도 쉬어 가고 싶은 생각이 굴뚝같았다. 태양은 노랗게 타고 있고 길에선 흙먼지가 풀썩풀썩 날렸다. 미쳤다고 달려가고 싶을까? 하지만 영준이 나를 엿먹이고 저만 순진과 더불어 노닥거릴 생각을 하니 열불이 나서 견딜 수가 없었다. 더구나 이 여자는 뭔가? 제 동생을 지키는 쉐파트 노릇은 포기했다는 말인가?

생각할수록 영준이 괘씸했다. 녀석이 이 더운 여름철에 바다도 아니고 온천엘 가자는 속셈을 이제야 알만했다. 다른 온천도 아니고 찻길도 뚫리지 않은 이곳을 선택한 속셈이 빤히 들여다보이는 것이다.

"사실은말야. 그게 마지막 선만은 절대로 안 된다는 것 아냐? 병신 같은 게 그게 뭐 보물 단지라고 말야."

영준은 그 특유의 걸걸한 목소리로 말했다.

"못 먹어서 미련 남길게 뭐냐고. 안 그래?"

우리는 그런 점에선 서로 악당임을 자처하는 터였다. 그러니 녀석은 우리를 따돌리고 어느 계곡을 택해서 여자의 허물을 벗기려는 것이다. 그런 줄도 모르고 순분인가 하는 여자는 나를 놓아주지 않았다. 그래서 마침내 개울가 숲 그늘에 벌렁 눕고 말았다.

"보소. 물이 좋지예."

순분은 물 속에 얼굴을 처박고 푸푸~ 소리를 내며 세수를 했다.

"목욕이라도 했음 좋겠네요."

맙소사. 목욕이라니…. 이 얕은 개울물에서 나체쇼라도 하겠다는 말인가? 내가 들은 척도 않고 몸을 일으키려는데 갑자기 비명소리가 들려 왔다. 아니 비명과 더불어 순분이 나의 가슴에 얼굴을 묻었다. 내가 순분이 있었던 개울 쪽으로 눈을 주니 얼룩덜룩한 풀뱀 한 마리가 풀잎을 누이며 서서히 지나가고 있었다. 순분은 심하게 떨고 있었다. 물에 씻겨진 여인의 육체가 손끝에 느껴왔다. 나는 좀더 대담하게 여인의 가슴께로 손을 디밀었다. 젖가슴이 물컹 잡혔다. 그 순간이었다. 나의 뺨에서 철썩 소리가 났다.

"이 파렴치한."

순분은 어느 사이 내 품에서 벗어나 장승처럼 우뚝 선 채 나를 노려보았다. 비록 못생겼지만 너무나 당당했다. 나는 이 여자가 이처럼 대단해 보이리라고는 감히 상상도 못했던 것이다. 그때 내 눈에 영준의 모습이 들어 왔다. 개울 저쪽 숲에서 바지를 꿰고 있던 영준이 나와 눈이 마주치자 손을 흔들어 보였다. 녀석은 싱끗 웃으며 손을 쳐들어 보였다. 마침내 목표를 달성한 개선장군의 미소였다. 그 득의의 미소를 대하는 순간 나는 눈알이 노래지는 것이었다.

# 마음이 약해서

숙영은 드디어 마천동 산 5번지에 이르렀다. 그리고 그녀는 마천동 산 5번지란 어느 한 집을 일컫는 말이 아니라 수백 여 호의 판자집들이 빼곡 들어찬 산비탈 일대를 가리키는 말이란 것도 알게 되었다. 그것은 참으로 예상 밖의 경우여서 숙영은 잠시 어쩔 줄을 몰랐다. 산비탈 일대에 부스럼딱지처럼 다닥다닥 밀집해 있는 판자집들은 초라하기 그지없었다. 비좁은 마당과 철조망에는 동물의 내장같은 겨울 빨래가 빼곡 널려 있었다. 가난이 만국기처럼 펄럭이는 마을이었다.

숙영은 질퍽거리는 진창길을 조심조심 걸었다. 그녀는 마침 길가에 가판점을 벌이고 있는 뻥튀기 장수를 보자 그에게로 다가가 길을 물었다.

"태양사란 절간이 어디에 있지요?"

뻥튀기 장수는 숙영의 모습을 한 번 훑어보고는 비탈 위를 손가락질해 보였다. 뻥튀기 장수가 가리키는 비탈 언덕에는 절간을 나타내는 卍자의 깃발이 바람에 나붓기고 있었다. 초라한 오두막집이었다. 펄럭이는 절간의 깃발에도 땟국이 지르르 흐르고 있었다.

"너희 남편, 태양사란 절간 바로 옆집에 있단다. 마천동 산 5번지 래."

숙영은 친구로부터 그렇게 남편의 소식을 들었다. 남편은 벌써 한 달째나 집으로 돌아오지 않고 있었다. 기가 막혔다. 그 알량한 주제에 어떤 여자와 딴 살림을 차렸다는 것이다. 숙영은 어이가 없었다. 아니 되레 잘됐다는 생각도 들었다. 이 기회에 싹 헤어지는 것이다. 숙영은 주머니 속의 서류를 만지작거렸다. 이혼 서류였다.

숙영은 마음을 다잡아먹어야 한다고 생각했다. 이번 기회에 남편의 입에서 다른 말이 나오지 않도록 해야 했다. 이혼하는 것이다. 더 이상 따질 것도 없었다. 다른 여자와 살림하는 현장을 분명히 목격한 터에 어떤 변명이 통할 것인가? 한 번도 제대로 가장노릇을 한 적이 없는 사람이었다. 지금껏 가정의 살림을 이끌어 온 것은 숙영 자신이 었다. 숙영은 친정에서 물려받은 집과 가게가 있었다. 그들은 그 집에 서 살았고 그 가게에서 나오는 것으로 생활해 왔다. 남편의 쥐꼬리 월급은 남편의 용돈밖에 되지 않았기 때문이다. 그런 주제에 딴 살림 을 차렸다니 기막힐 노릇이었다.

숙영은 이마에 맺힌 땀방울을 손등으로 훔쳤다. 숨이 턱에 찼다. 마천동산 5번지의 비탈길이 너무 가팔라서였다. 일요일 오후라 조무 래기 아이들이 온통 길을 메웠다. 딱지를 치는 녀석, 구슬치기하는 녀석, 그리고 막대기를 휘두르며 칼싸움을 하는 녀석도 있었다. 가난 하면 자식이 많다던가? 가난하니까 자식만이 재산이라 싶어서 마구 싸질러 놓은 모양이다. 조약돌처럼 아무렇게 궁굴러 다니는 놈들을 보며 숙영은 얼굴을 찌푸렸다. 웃고 떠들고 싸움질하는 아이들의 몸에서 땀 냄새와 오줌 냄새가 풍겼다.

숙영은 아이들이 튕기는 흙탕물에 바짓가랑이가 젖을세라 저만치 비켜 가며 조심스럽게 길을 걸었다. 포근한 햇살에 얼었던 땅이 녹아서 길은 온통 질퍽질퍽했다. 물초롱을 어깨에 짊어진 사내들이 물을 찔끔거리며 비탈길을 오르내렸다. 수도가 설치되지 않아서 아랫동네에 가서 물을 사오는 거라고 했다. 허약한 체질의 남편도 이 짓하며 지내겠거니 생각하니 고소하다는 생각마저 들었다.

골목길을 돌아서니 악취가 무섭게 풍겼다. 낙서가 가득한 공중변소가 골목마다 있었다. 판자집엔 변소가 없어서 이처럼 골목마다 공중변소를 지어놓은 모양이었다. 물이 귀해서 변소 청소를 하지 않으니 악취가 진동할 밖에 없었다. 숙영은 코를 싸쥐고 서둘러 공중변소를 지나쳤다. 못난 남편의 모습이 떠올랐다. 불상하다는 생각마저 들었다. 여북 주변머리가 없으면 이런 한심한 곳에다 방을 얻었을 것이냐 말이다. 다 제복에 겨워서 저지른 짓이니 남 탓할 것도 없을 터였다.

숙영은 그렇게 자신의 마음을 다잡으며 비탈길을 올랐다. 이혼 서류에 기필코 도장을 받아내고 말리라. 자식들에게 조금 안된 생각이 없는 것은 아니었다. 그러나 자식 때문에 한 번 밖에 없는 내 인생을 담보 잡힐 수는 없는 일이었다. 그나저나 그런 허약한 주제에 여자와 잠자리는 제대로 하는지 모를 일이었다.

늘 싸움의 발단은 그 잠자리 때문이었다. 여자라면 그런 경우 누구나 눈이 뒤집히지 않을 수 없을 것이다. 기가 약하다기에 보약이란

보약은 다 다려 먹었다. 그래도 그놈의 물건은 신통치 못했다. 신경성
위염 때문이라기에 유명한 신경외과에 입원까지 시켰다. 그래도 달라
지지 않았다. 간신히 삽입하여 몇 번 들락거리다가는 목잘린 뱀처럼
스르르 몸밖으로 미끌어져 나가는 것이다.

　사실 말이지 요즈음 세상에 부부간에 그 짓 빼고 무슨 재미로 산단
말인가? 몇 달만에 함께 잠자리에 들었나 싶은데 그 모양이니 눈알이
확 뒤집히지 않을 수 없었다. 그래서 숙영은 악을 썼던 것이다.

　"그것도 물건이라고 달고 다니냐?"

　숙영은 덧붙여 말했다.

　"차라리 개나 주어 버려라."

　자존심을 상한 남편이 그녀에게 손찌검을 했다. 전에 없던 일이
었다.

　"네년이 이렇게 억세게 나오니 멀쩡하던 물건도 주눅이 드는 게다."

　"주제에 남자라고 손찌검은 다 뭐야."

　숙영은 길길이 뛰었다. 무남독녀여서 숙영은 부모에게도 손찌검을
당해 본 일이 없었다.

　"남자 구실도 못하는 주제에 감히 어따 손찌검이야. 나가! 나가라고.
이 집은 내 집이야."

　그렇게 한 바탕 싸웠던 것이다. 그 길로 남편은 횡- 하니 집을 나가
고 말았다. 그러고는 소식이 끊어졌다. 남편이 아주 집을 나가리라고
는 상상도 못했지만 막상 이렇게 되니 차라리 잘 됐다 싶은 생각도
들었다. 이불을 같이 쓸 때는 정념이 불일 듯하더니 막상 보지 않으니

생각도 덜했다. 아이들이 아빠가 보고 싶다고 때때로 보채기는 했지만 견딜 수 없을 정도는 아니었다.

실내 수영장에서 수영을 가르쳐주는 물개선생이 어느 사이 눈치를 챘던지 전에 없이 극진히 대해 주었다. 수영코치를 맡고 있는 그를 모두 물개선생이라고 불렀다. 물개처럼 작고 단단하고 매끄러운 피부를 가진 사람이었다. 그는 돈 많은 과부를 무는 것이 소원이라고 공공연하게 말하곤 했다. 배운 것 없고 가진 것 없는 그로서는 그 길이 가장 손쉬운 출세길이라고 서슴없이 말하기도 했다.

별로 교활한 사람은 아니었다. 다만 돈 없는 설움을 너무나 많이 겪어서 그런 것이다. 수영만은 기차게 잘해서 여러 수영장에서 다투어 그를 초대했다. 수영 코치로서는 손색이 없었다. 그래서 모두 그의 지도를 받고 싶어 했다.

물개선생은 수영지도를 하면서 배에다 손을 받쳐 주거나 다리의 간격을 넓혀주거나 했다. 그의 단단한 손이 뱃가죽을 만지고 젖가슴을 찌를 땐 온 삭신이 무너져 내리는 것 같았다. 다리의 자세를 교정하느라 허벅지를 쓸어내릴 때면 뼛속까지 찌르르 울리는 충격이 왔다. 어떨 때는 물에 가라앉으려는 몸을 바짝 안아주기도 하는데 그럴 때 엉덩이 부근을 콱 찌르는 물건의 충격을 받게 되면 반쯤 혼이 뽑히는 느낌이기도 했다.

숙영은 그런 경우에도 스스로 잘 참았다. 남편이 있고 애들이 있기 때문이다. 다른 여자들과 물개선생이 이러니저러니 하는 소문이 들려와도 애써 무관심하고자 했다. 남편이 있고 애들이 있기 때문이다.

물개선생의 은근한 시선을 몇 번이나 받았지만 결코 흔들리지 않았다. 그래서는 안 된다고 생각했기 때문이다.

그처럼 참았는데도 남편이 먼저 집을 나가다니 기막힐 노릇이다. 성낼 사람은 누군데 싶었다. 이혼을 하고 나면 이제 아무런 구속도 받지 않을 터였다. 물개선생의 미끈거리는 살결을 마다하지 않을 터였다. 그 찌르는 듯한 충격도 달게 받아들일 터였다. 그렇게 즐기며 살 것이다.

숙영은 태양사의 절간 옆을 돌며 호흡을 고루었다. 비참한 남편의 몰골을 보고 동정심이라도 일게 되면 모든 계획이 틀어져 버리는 거였다. 그러니 자신을 단단히 경계해야 했다. 남편의 모습을 대하는 순간 불쑥 애들의 얼굴이라도 떠오르게 되면 낭패가 될 것이기 때문이다.

"자. 여기 이혼 서류가 있다. 도장을 찍어라."

남편이 무슨 말로 빌어도 소용없는 일이었다.

"한 마디의 변명도 들을 이유가 없다. 네가 다른 여자와 사는 현장을 목격했으니까…. 도장을 찍으란 말이다."

숙영은 그렇게 입 속으로 예행연습도 했다. 잔인해지는 게다. 그리고 당당하게 처리하는 게다. 숙영은 그렇게 다짐하며 남편이 기거한다는 판자집 마당으로 들어섰다. 숙영의 눈에 남편의 모습이 보였다. 숙영은 회심의 미소를 지었다. 그러나 그 미소는 이상하게 찌그러지기 시작했다.

남편은 양지쪽 쪽마루에 앉아 있었다. 그리고 그 옆에 작은 체구의 여자가 몸을 붙이고 쪼그려 앉아 있었다. 두 사람은 그렇게 붙어 앉아 아이스크림을 핥으며 무엇이라고 열심히 얘기를 나누고 있었다. 햇살이 온통 환했다. 두 남녀의 얼굴도 환하게 밝았다. 그렇게 밝고 따뜻할 수가 없었다. 한 쌍의 제비처럼 그들은 바람을 피한 양지에 나란히 앉아서 사랑을 나누고 있었다. 그것은 섹스와는 다른 그저 환한 햇빛 자체였다.

숙영은 까무룩 정신이 나갈 것 같은 충격을 받았다. 그녀는 쓰러지지 않으려고 노력하면서 양지쪽 마루로 돌진해 갔다. 그리고 웃고 있는 남편의 멱살을 움켜잡았다.

"내가 마음이 약해서 찾아오길 잘 했지. 이게 무슨 꼴인고. 대궐 같은 집 두고, 알토란같은 자식새끼 두고, 눈이 시퍼런 아내 두고 이게 무슨 꼴이냐고."

숙영은 남편의 멱살을 움켜잡은 채 결코 놓아주려고 하지 않았다.

남편이 떨어뜨린 아이스크림이 진흙탕에서 녹고 있었다.

# 행운의 겨울등산

사람의 행운과 불운이란 참으로 동전의 양면과 같다.

그날도 그랬다. 나는 사소한 일로 아내와 티격태격했다. 아내가 공연히 시비를 걸어온 것이다. 왜 요즈음 말이 없느냐는 것이었다. 딴 꿍꿍이가 있는 게 분명하다는 것이다. 여자들이란 자신의 감각을 매우 중요시 여기는 것이어서 남편에게서 어떤 이상이 감지되면 우선 시비부터 벌이고 보는 것이다. 그렇게 되면 백 마디의 변명도 효과가 없다. 그럴 땐 훌쩍 집을 떠나서 달아나는 게 상수였다.

내가 등산복을 입고 훌쩍 집을 떠난 것도 그 때문이다. 그렇게 집을 떠나게 되면 아무래도 초라한 감정에 사로잡히기 마련이다. 사내자식이 여북 못났으면 계집년에게 쫓겨서 집을 나와야 하는가 하는 자괴감에 젖게도 된다. 세상에 여자가 한 둘인가? 마음을 편하게 해 줄 여자가 세상엔 얼마든지 있을 것만 같았다. 그런데도 참고 살아야 하는 이유를 대체로 자식새끼 탓을 하지만 그게 다 자기 못난 것을 감추기 위한 구실에 불과하다.

돈 한 푼 벌어들이지 못하면서도 떵떵거리며 사는 남자도 얼마든지 있는 것이다. 그런 남자일수록 여자를 개 패듯 두들기기도 하는 것이

다. 그런 판에 말이 없느니 어쩌니 하면서 시비를 거는 여자 하나
제대로 건사하지 못해서 집을 나와야 하니 자신의 존재가 얼마나 한심
한가?

나는 그런 생각에 쫓기며 버스에 올랐다. 남한산성행 버스였다.
아침 첫차라 승객이 별로 없었다. 그런 중에도 내 바로 앞좌석에 앉은
여자가 무엇인가를 열심히 들여다보고 있었다. 여자의 어깨 너머로
바라보니 그것은 한 장의 큰 사진이었다. 면사포를 쓰고 있는 여자와
정장 차림의 남자가 팔짱을 끼고 있는 모습이다. 그러니 그것은 그
여자의 결혼사진이었던 것이다.

여자는 주위를 전혀 의식하지 않은 채 사진을 보고 또 보곤 했다.
버스가 남한산성의 입구로 들어섰을 때까지 그렇게 사진을 들여다보
던 여자가 마침내 결심이라도 한 듯 사진을 두 쪽으로 쪽 찢었다.
여자의 눈에서 흘러내린 눈물 두어 방울이 찢어진 사진 위로 굴러
떨어졌다.

여자는 찢어진 조각을 포개더니 다시 반쪽으로 찢었다. 그리고 찢어
진 조각들을 다시 포개어 잡고는 또 반쪽으로 찢었다. 그렇게 찢던
여자는 찢어진 조각들의 부피가 커지자 이번에는 한 조각씩 골라잡고
다시 잘게 찢기 시작했다. 여자는 자신의 결혼 흔적들을 철저히 찢어
발기고 있는 것이다.

버스가 남한산성 종점에 머물 때까지도 여자는 같은 일을 계속했다.
마을 사람 두엇이 버스를 내렸다. 여자는 버스가 종점에 이른 것도
알지 못하는 듯했다.

"여기가 종점입니다."

내가 그렇게 말하자 여자는 화들짝 놀라서 나를 쳐다보았다. 눈자위가 벌겋게 부풀어 있었다. 내가 차를 내리자 여자도 따라 내렸다. 여자는 작은 비닐 가방을 하나 들고 있었다. 버스에서 내린 여자는 영업집들로 촘촘한 주위를 낯설게 쳐다보았다.

"이곳엔 초행인 모양이지요?"

여자는 머리를 끄덕였다.

"수어장대를 가려면 이쪽입니다. 나를 따라 오세요."

여자는 주위를 다시 한 번 둘러보았다. 그리고는 체념한 듯한 모습으로 내 뒤를 따랐다. 마을을 가로질러 북문의 초입에 들어섰다.

"저 문이 북문이지요."

여자는 무표정하게 남한산성의 북문을 바라보았다. 그녀는 하이힐에 정장 차림이어서 산행하기에는 어울리지 않은 복장이었다. 더구나 비닐 가방이 무거운지 자꾸만 가방을 다른 손으로 바꾸어 잡았다.

"그 가방 이리 주세요."

나는 빈손이었음으로 여자의 가방을 나꾸었다.

"아 아니에요."

여자는 그렇게 사양했지만 나는 이미 산비탈 길로 성큼성큼 걷고 있었다. 여자도 종종걸음으로 내 뒤를 따랐다.

"저게 서문입니다. 병자호란 때 인조 임금이 저 문으로 들어 왔다가 저 문으로 나갔지요. 삼전도가 바로 그 밑이거든요."

나는 병자호란의 역사적 사실을 들려주고 있었지만 여자는 그런 것엔 도통 관심이 없었다. 하이힐이 그녀의 발꿈치를 물고 있는지 발걸음이 뒤뚱거리기 시작했다. 길은 더욱 가팔라졌다. 여자의 콧등에 송글송글 땀방울이 맺혔다. 수어장대가 저만치 다가왔다.

수어장대 계단 밑 공터에 좌판을 벌인 행상꾼이 앉아 있었다. 서너 명의 등산객이 그 자리에 쪼그려 앉아서 컵라면을 들고 있었다. 나는 여자를 돌아보며 물었다.

"컵라면이나 하나씩 들까요?"

여자가 머리를 흔들었다.

"그럼 목이 마른데 맥주라도 한 잔씩 합시다."

나는 캔맥주 두개를 골랐다. 그리고 캔의 꼭지를 따서 여자에게 내밀었다. 여자는 마지못한 듯 캔을 받았다. 나는 캔 하나를 비우고 다시 하나를 골라잡았다. 그러는 동안 여자도 조금씩 맥주를 홀짝이기 시작했다. 여자의 얼굴이 발그레 상기하기 시작했다. 자세히 뜯어보니 제법 예쁜 얼굴이라는 생각이 들었다. 정장 차림의 모습만으로는 그저 젊은 처녀였다. 바람이 불어서 날씨가 제법 찼다. 미니스커트의 아래로 노출된 무릎이 벌겋게 얼어 있어서 안쓰럽게 느껴졌다.

여자가 캔맥주를 비우기를 기다려서 우리는 다시 걷기 시작했다. 수어장대를 둘러보며 내가 설명했다.

"병자호란 때 우리나라 군사는 겨우 1만 2천여 명이었지요. 그런데 청나라 군사는 자그만치 30만 명이었습니다. 그런데도 이곳에서 40여 일을 버티었으니 대단한 전투였지요."

여자는 나의 정확한 지식에 놀라는 표정이었다.

"이 산을 일장산日章山이라고 하는데 우리 장수가 이곳에서 관군들을 지휘하였던 것입니다. 총지휘관은 김류라는 장수였고 남문 담당은 구굉이란 장수였지요."

여자는 제법 찬탄의 표정까지 지었다. 사실 내 자신도 '구굉'이란 장수의 이름이 불쑥 튀어나올 줄은 몰랐다. '구인후'란 장수도 있었는데…. 그런 생각을 하다가 아무려면 어쩌랴 싶어서 한 술 더 떴다.

"이귀의 아들 이시백이란 장수가 수어사로서 남한산성의 성주였지요. 그는 굉장히 어진 장수여서 부하들이 갑옷 없이 전투에 임하는 것을 안타깝게 여겨서 자신도 갑옷을 입지 않고 전장에 나갔다가 화살을 여러 대 맞기도 했지요. 임금이 갑옷을 입으라는 특별 어명을 내릴 정도였지요."

여자는 이제 나를 완전히 신뢰하는 표정이 역력했다.

남문 쪽으로 내려오는데 여자를 돌아보니 입술이 파랬다.

"춥지요?"

여자가 머리를 끄덕였다.

"어디 들어가서 몸이나 좀 녹입시다."

나는 여자의 가방을 들고 그 중 커 보이는 음식점으로 들어갔다.

"조용한 방 있어요?"

"예. 있구말굽쇼."

겨울철이라 손님들이 없었다. 집주인이 안내한 방은 작고 아늑했다. 방바닥은 알맞게 더웠다.

"토종닭이 있습니다. 닭도리탕도 있고 백숙도 있습지요."

"이 집에서 잘하는 걸로 합시다. 소주도 한 병 하구요."

음식이 들어오자 나는 여자에게 술잔을 건네었다.

"술이 서툰데요."

여자는 그제야 입을 열었다.

"서툰 게 어디 술뿐이겠소."

나의 우격다짐에 여자는 술잔을 받았다. 누가 보아도 우리는 어울리는 한 쌍의 신혼부부였다. 여자가 지나치게 젊은 것이 조금 의심쩍을 뿐이었다. 술 두어 잔에 여자의 긴장은 많이 풀어지고 있었다. 얼었던 몸이 풀리면서 여자의 두 볼은 더욱 훈훈히 달아올랐다. 술병이 바닥 나자 나는 다시 한 병의 술을 더 청했다.

"기왕 입에 댄 술인데 한 잔 더 받아요."

여자가 머리를 끄덕였다.

"오늘은 저도 취해보고 싶어요."

여자의 눈자위가 조금씩 풀리고 있었다.

"남편이 외박했던 모양이지요?"

"벌써 세 번째지요. 더 이상 참을 수 없었어요."

술기가 오르면서 여자의 얼굴은 홍시처럼 발갰다. 그녀의 말처럼 술이 서툴었던 모양이다. 그녀의 숨결이 가빠지는 만큼 블라우스의 옷깃이 조금씩 벌어졌다. 무릎을 꼼지락거릴 때마다 짧은 스커트 자락이 위로 조금씩 말려 올라갔다. 맨살 다리가 점점 확대되어 왔다. 방안은 때 아닌 여름을 만난 듯 뜨거운 열기로 화끈화끈 달아올랐다.

어둑해서야 우리는 다시 돌아오는 버스에 올랐다.

"이젠 남편이 외박해도 사진을 찢지 말아요."

나의 말에 여자는 그저 잔잔히 미소를 지었다.

"모두 조금씩 흔들리며 사는 게 인생이지요."

나는 결론을 짓듯 그렇게 말했다.

# 아이들의 웃음소리

날씨가 더워지면서부터 집 앞에 있는 탄천灘川의 뚝방길로 나가는 일이 잦게 되었다. 탄천은 예전 한 때는 물이 맑기로 소문났었다지만 지금은 거대한 정화조나 다름이 없었다. 우선 물 빛깔이 거무스름한 데다 물의 표면에 끈끈한 기름막이 뒤덮이고 악취까지 풍겼다. 그럼에도 산보라도 나갈만한 공간이 별로 없다 보니 이 뚝방길을 산책로로 이용하는 시민들이 부쩍 늘게 되었던 것이다.

그런데 며칠 전부터 한 떼의 조무래기들이 이 개천으로 몰려 와 물장난을 치는 것이 목격되곤 했다. 그 중에서도 장난기가 심한 서너 명의 사내애들은 아예 발가숭이가 되어 물 속을 들락거리며 숫제 멱을 감는 판이었다.

아이들의 옆을 지나치는 어른들이 있어도 대부분 무심했고 어쩌다 주의를 주게 되어도 그저 건성으로 지나치는 말이어서 아이들은 들은 척도 않았다.

나도 처음에는 개천의 다리로 내려가 애들을 야단쳤지만, 애들은 그렇게 야단을 들을 때만 거미새끼들처럼 팔짝 달아났다가 내가 뚝방 으로 돌아오면 금방 다시 제자리로 돌아가서 물놀이를 계속했다. 요즘

애들이란 영 어쩔 수 없다는 말로 체념할 밖에 없는 일이었다.

오늘도 그랬다. 나는 뚝방길에서 물장난치는 애들을 구경꾼처럼 내려다보고 있었다. 쨍쨍한 햇살이 발가숭이 애들의 맨살 가슴을 따갑게 내려 쬐었다. 한심한 녀석들…. 온통 분뇨더미나 다름없는 물 속에서 멱을 감다니…. 그렇게 한심해하고 있는 참인데 돌연 날카로운 여인의 음성이 들려 왔다.

"살려주세요."

여인은 분명 그렇게 말했다. 소리나는 곳을 돌아보니 아까시아숲 그늘에 정차했던 승용차 안에서 나는 소리였다. 운전석에 앉은 사내가 여인의 머리채를 잡고 있었다. 여인은 자동차의 문을 발길로 걷어차며 연신 살려달라고 비명을 질렀다.

산책 나온 사람들이 발길을 멈추고 그들의 승강이질을 구경했다. 자전거를 타고 지나치던 사내가 멈추어 섰다. 마침 옆을 지나치던 승용차도 스르르 속도를 멈추고 그들의 추이를 지켜보았다. 나도 구경꾼들 사이에 서서 그들을 구경했다.

승강이질 끝에 간신히 사내를 뿌리친 여자가 사람들 쪽으로 달려 왔다. 그리고 그 중에 건장하다고 믿어졌던지 나의 가슴으로 파고들며 애원했다.

"살려주세요. 저 자가 나를 납치하려고 해요."

그러나 곧 잇달아 달려온 우락부락한 사내가 여자의 머리채를 휘어잡았다.

"이년. 허튼 수작 말아. 어림도 없다. 어림도 없어."

사내는 끌려가지 않으려고 발버둥질치는 여자의 머리채를 거칠게 잡아당겼다. 여자는 질질 끌려가면서도 계속 애원했다.

"살려주세요. 이 자는 부녀자 납치범입니다. 살려주세요."

그러나 아무도 그녀를 구하려 나서는 자는 없었다. 사내는 여자를 승용차 안으로 쑤셔박았다. 그리고 급히 시동을 걸고는 움직이기 시작했다. 여자는 필사적으로 몸부림쳤다. 여자의 발길질에 달리던 차의 문짝이 펄쩍 열렸다. 여자의 하체가 차의 밖으로 빠져 나왔다. 운전석의 사내가 여자의 얼굴을 거칠게 쥐어박았다. 동시에 여자의 몸을 자신 쪽으로 끌어당기며 급히 문을 닫았다. 그러면서 다른 손으로 핸들을 조정하며 급히 차를 몰았다. 많은 목격자들로부터 서둘러 도망치려는 태도가 역력했다. 차가 심하게 흔들렸다. 한 손으로 운전대를 잡고 다른 손으로 요동치는 여자를 제압하기가 쉽지 않았던 것이다.

멈추어 섰던 자전거꾼이 자전거를 끌고 가던 길을 내쳐갔다. 멈추어 섰던 승용차도 다시 움직이기 시작했다. 서너 명의 구경꾼들도 아무 일도 없었다는 듯이 천천히 걸음을 옮겨 놓았다.

모두 떠나간 텅 빈 뚝방길에 나만 혼자 서 있었다. 햇살이 따갑게 내려 쬐었다. 주위는 갑자기 깊은 정적에 빠져들었다. 조금 전에 한 여자가 많은 사람들이 지켜보는 사이에 납치 되어간 그런 일은 처음부터 없었던 것 같았다. 아무 일도 없었다. 모두들 그렇게 믿으려 들었다. 설혹 일어났다 하더라도 그것이 나와 무슨 상관이란 말인가? 그렇게들 생각할 것이다. 나도 그렇게 믿고 싶은 심정이었다.

그런데, 그때였다. 애들의 깔깔거리는 웃음소리가 화살처럼 내 귓속을 파고들었다. 탄천의 검은 물 속을 허우적거리며 뒹굴던 애들의 쨍쨍한 웃음소리가 나를 심하게 조롱하는 듯했다. 요즈음 어른들이란…. 아이들은 그렇게 말하고 있었다. 비겁하고 한심한 요즈음 어른들이란…. 주제에 아이들을 훈계하려 들다니….

그리하여, 요즈음 어른들은 아이들을 야단칠 자격을 잃고 있는 것이다. 학생들에게 머리를 깎이는 선생도 있는 것이다. 화염병을 맞으면서 오히려 야단을 들어야 하는 어른들.

나는 햇살 속에 있어야 할 아이들이 오히려 오물 속에 던져져 있고, 반대로 오물 속에 던져 있어야 할 내 자신이 햇살 속에 서 있는 것만 같아 머리를 들 수 없었다.

# 교수의 선인장

스승의 날인가 보다. 졸업생 하나가 선인장 화분을 들고 찾아왔다.

"꽃이 예뻐서요."

학교의 교문 입구에서 하나 샀다는 것이다. 선인장 화분은 손바닥 안에 들어갈 정도의 작은 것이고 선인장도 주먹만한 것이지만 주황색 꽃만은 화려하고 밝았다. 모두 세 송이가 피었는데 여간 아름답지 않았다. 연구실의 창턱에 두고 늘 바라보고 즐겼다. 꽃도 오래 피어서 정이 들 정도였다.

그러나 시간이 지나고 꽃은 지고 주먹만한 선인장만 남고 보니 꽃이 피었을 때와는 달리 그리 볼품이 있지 않았다. 그렇게 창턱에서 잊혀져 있다가 어느 날 보니 선인장이 매우 졸아들어 있었다. 그동안 물도 주지 않았고 먼지에 뿌옇게 퇴색되어서 아주 볼품이 없었다.

그래서 선인장 화분채 화장실 입구에 있는 휴지통 옆에 갖다 두었다. 청소부가 치워주기를 바래서였다. 일주일 쯤 지났을까. 화장실 입구에는 선인장 화분이 여전히 놓여 있었다. 청소부들이 버려도 되는 것인지 어떤지를 몰라서 그냥 둔 모양이었다. 그렇게 한동안 잊고 지냈는데 한 달 쯤 후에 그게 다시 눈에 띄었다. 주먹만한 손인장이 졸아들 대로 졸아들어서 흙속으로 숨어 들 정도였다. 그런데도 아직 살아 있었다.

나는 그 생명력에 너무나 감탄해서 그 선인장 화분을 다시 연구실로 가져왔다. 그리고 물을 흠뻑 주었다. 며칠 지나지 않아서 선인장은 싱싱하게 살아나서 주먹만한 본래의 모습으로 돌아왔다. 너무나 신기했다.

나는 아침에 출근하면 으레 선인장 화분을 살핀다. 물이 필요한지 어떤지를 확인하는 것이다. 선인장이 무럭무럭 자란다. 죽었던 생명이 다시 소생한 것이다. 다음 해에는 처음의 화사한 주황 빛깔의 꽃을 두 송이나 피었다. 예전의 아름다움을 완전히 회복한 것이다. 나는 그 선인장에 대한 애착이 남달리 컸다.

그러나 그것도 일시다. 보직을 맡아 다른 방으로 가게 되자 선인장을 가져갈 입장이 아니었다. 그래서 선인장은 다시 연구실에 혼자 방치 되었다. 그러나 나는 이따금 연구실을 찾을 때마다 그 선인장을 살피고 물을 주곤 했다. '왕자의 장미'처럼 나는 이 선인장을 '교수의 선인장'이라 명명하고 늘 보살피리라 마음먹었던 것이다. 앞으로 정년이 몇 달 남지 않았기 때문에 다른 화분은 다 버려도 이 선인장만은 집으로 가져갈 것이라고 별렀다.

그런데 어느 날 연구실로 들어가니 왠지 창턱이 텅 빈 느낌이 들었다. 선인장 화분이 보이지 않았던 것이다. 나는 당장 조교를 불러 선인장에 대해서 물었다. 조교는 모르는 일이라고 말했다. 아마도 근래에 근로학생들이 방을 청소하는데 그 학생이 치운 모양이라고 했다.

학생을 불러 올까요? 조교가 그렇게 물었다.

나는 머리를 흔들었다. 평소 잘 가꾸지 못한 책임 때문이다. 그렇게 소중하면 일찍이 집으로 가져가던지 아니면 옮긴 방으로 옮겨 놓던지 그렇지도 않고 방치해 놓고서 어찌 책임을 물을 것인가?

나는 '교수의 선인장'이라는 이름까지 지어놓고서 가꾸지도 않고 저절로 잘 자라고 꽃을 피우기를 바랐던 내 욕심에 대해서, 자신의 이기심에 대해서 변명의 여지가 없음을 깨달았던 것이다. 가꾸지 않은 소중함이 어디에 있는가? '왕자의 장미'는 왕자의 정성으로 만들어진 것이다. 그 선인장을 간직할 능력이 내게는 없는 것이다. 그런 사실을 확인해야 했다.

# 새로운 가족

얼마 전에 아내는 독서실에 간 딸아이를 기다리다가 강도를 만났다. 집으로 오는 골목길이 어둡고 으슥해서 딸을 마중나갔던 것인데 봉고차를 몰고 온 강도가 칼을 들이대었다. 아내는 큰길까지 끌려갔다가 강도가 봉고차의 문을 열려고 잠시 한눈을 파는 동안 도망을 쳤다. 강도가 칼을 빼들고 뒤쫓아 왔다. 아내가 사람 살리라고 비명을 지르며 달리다가 돌멩이에 걸려 넘어지고 말았다. 강도가 칼을 치켜들고 막 찌르려는 순간에 비명 소리를 들은 이웃집에서 외등의 스위치를 올렸다. 갑자기 주위가 환히 밝아지는 바람에 놀란 강도가 그냥 달아나서 봉변을 면할 수 있었다.

그런 일을 당하고부터 아내는 온통 무서워했다. 밤에는 사람의 그림자만 보고도 화들짝 놀랐다. 어디서 중얼거리는 사람의 목소리만 들려도 놀라고, 한낮에 큰길을 지나치는 봉고차만 보아도 얼굴이 새파래졌다. 날이 어두워지면 문밖출입을 전혀 못했다. 사람이 무섭다고 했다. 집이 싫다고 했다. 그래서 집을 팔려고 서둘러 내놓기까지 했다.

그런 아내를 위해서 아이들이 친구 집에서 발발이 한 마리를 데려왔다. 혼자 집에 있을 때 발발이와 같이 있으면 그나마 위안이 될까 싶어서였다. 아내는 원래 개를 좋아했다. 그런데 개가 털갈이를 하게 되면 털이 온통 사방으로 날리게 되니 자식들에게 병이라도 옮길까 염려하여 개를 키울 엄두를 내지 못했다. 그런데 애들이 개를 데려와서 못 이기는 척 받아들인 것이다.

그렇게 해서 키우게 된 발발이는 온통 집안의 귀염둥이가 되었다. 수놈이라 이름도 '돌이'라고 했다. 모두들 우리 집 막내라고 말한다. 아주 재롱둥이다. 돌이는 심심할 때면 공을 물고 와서는 같이 놀자고 조른다. 공을 받아서 벽에 튕겨 주면 돌이는 공중 높이 뛰어 올라 잽싸게 공을 가로챈다. 그런 재미에 애들은 숙제도 잊고 돌이와 놀게 된다.

돌이도 자기가 귀여움을 받고 있다는 것을 알고 있다. 그래서 제일 푹신하고 좋은 소파를 얼른 차지하곤 한다. 돌이를 소파에서 내려오라고 하는 사람은 아무도 없다. 돌이는 잠잘 때에도 자기가 원하는 사람의 이불 속으로 들어간다. 아이들의 이불 속으로 기어들거나 아니면 아내의 이불을 들치고 들어온다. 어쩌다 문이 닫혀 있으면 문을 열어 달라고 똑똑 두들긴다. 사람이 노크하는 것처럼 그렇게 두들기면 모두들 반겨서 문을 열어 준다.

"우리 막내 왔구나."

"돌이가 오늘은 내 곁에서 잠자고 싶은 모양이지?"

어쩌다가 아이들이 깊이 잠들어서 돌이의 노크 소리를 듣지 못하게 되면 아내가 대신 문을 열어 준다.

"돌이가 네 곁에서 자고 싶은 모양이다."

"돌이를 문밖에 세워 두어서야 쓰겠니?

그렇게 돌이와의 생활이 익숙해 질 무렵에 생각지도 않게 집이 팔리게 되었다. 그리고 아파트로 이사를 하게 되었다. 아파트에서는 개를 키우지 못하게 되어 있다. 그러니 돌이를 아파트로 데리고 갈 수는 없고 그렇다고 아무렇게 버릴 수도 없는 일이었다. 그 동안 제법 정이 들었다. 생각다 못해서 새로 이사 오는 주인에게 맡기고 아이들이 찾아와 보살피기로 했다. 새로 이사 오는 주인도 개를 좋아하니 그렇게 하라고 했다.

그런데 이사를 하고 나서 다음 날 새 주인에게서 전화가 왔다. 돌이가 주는 음식을 전혀 먹지 않는다는 것이다. 마당 안으로 들어오려고도 않고 대문간에서 이제나저제나 옛 주인이 나타나기만을 기다린다는 것이다. 밤새도록 그런 모양으로 기다리는 모습이 너무나도 안쓰러워서 전화를 하였다는 것이다.

아이들이 학교를 파하고 달려가니 돌이는 와락 달려들어서 조금도 떨어지려고 하지 않았다. 낑낑거리며 그 동안 찾아주지 않은데 대하여 원망하는 표정이 역력했다. 아이들이 과자를 사주면서 놀아 주다가 집으로 돌아오려고 하니 돌이도 한사코 따라 왔다. 골목길을 이리 돌고 저리 돌다가 지나가는 버스에 얼른 올라탔다. 돌이가 낑낑대며 주인을 찾아 헤매는 모습이 보였다. 그렇게 아이들이 돌이의 동무가 되어 주기를 여러 번 되풀이하던 어느 날이었다. 저녁밥을 먹고 있는데 어디에서 개 짖는 소리가 컹컹 들려 왔다. 아내가 지나는 말처럼 말했다.

"우리 돌이 목소리 같은데…"

아이들이 창 밖으로 내다보더니 진짜 돌이라고 말한다. 돌이가 아파트를 올려다보고 컹컹 짖고 있다는 것이다.

"돌이야. 우리 돌이라고."

"돌이가 어찌 알고 이리로 왔다는 말이냐?"

아내는 믿으려 하지 않았다. 아이들이 신발도 제대로 꿰지 못하고 밖으로 달려갔다. 그러자 돌이가 아이들의 가슴팍으로 달려들었다. 아이들이 돌이를 안고 방으로 들어오자 아내가 놀라서 말했습니다.

"어쩌면. 정말 돌이로구나. 그 집에서 여기가 십리도 넘을 텐데."

돌이가 낑낑거리며 아내의 가슴을 파고들었다.

"어이구. 내 새끼. 우리 막내. 여긴 어찌 알고 찾았니?"

아내가 기뻐서 어쩔 줄을 몰랐다. 아이들도 마찬가지다. 개에 대해서 무덤덤한 편이었지만 나도 그놈이 참 대견하다는 생각을 하지 않을 수 없었다. 전에 살던 주택과 새 아파트는 십리도 넘는 거리였다. 그런데 찻길을 건너 스스로 찾아온 것이다.

"허, 그놈. 대단한데. 알려 주지 않은 집을 혼자서 찾아내다니."

그리하여 돌이는 다시 우리와 합치게 되었다. 아파트 사람들의 눈을 피하기 위해서 낮에는 방안에 갇혀 있다가 밤이 되면 몰래 데리고 나갔다. 개도 하루에 한 번은 용변을 보아야 하니까. 밖으로 나갈 때는 목걸이로 묶어서 나가지만 일단 밖으로 나가면 풀어 주었다.

처음에 돌이는 주인과 같이 있게 된 것만이 기뻐서 좀체로 떨어지려고 하지 않았다. 그러나 시간이 지나고 이곳 생활에도 익숙해지기 시작하자 차츰 제멋대로 돌아다니는 시간이 길어지게 되었다. 어떨 때는 마냥 밖에서 기다릴 수만도 없어서 집으로 그냥 돌아오면 뒤늦게 나타나서 아파트를 쳐다보고 컹컹 짖어 댄다. 자기가 나타났으니 데려가라는 신호다. 그러니 자연히 아파트 주민들에게도 돌이의 정체가 들어나게 되고 말았다. 주민들의 여론이 들끓게 되었다.

"아파트에서는 개를 키우지 못하게 되어 있습니다."

"주먹만큼 작은 개도 아니요. 제법 큰 발발이입니다. 거기에다 사람을 보면 짖기까지 합니다. 어서 신고를 하세요."

아파트에서 개를 키운 사실이 드러나면 벌금 2백만 원을 물게 되고 개는 잡혀간단다.

"염치가 있어야지요. 개인 주택도 아니고 여러 사람이 함께 사는 아파트가 아닙니까? 너도나도 개를 키우려 든다면 아파트는 아예 개의 집이 되겠지요."

아파트의 주민들이 반장을 통하여 항의를 하였다. 통장을 통해서도 경고를 보내 왔다. 그러나 천신만고 끝에 찾아 온 돌이를 어찌할 것인가? 아이들이 단독주택으로 다시 이사 가자고 졸랐다.

"아파트를 팔고 단독 주택으로 다시 이사 가요."

"집이란 게 그렇게 금방 팔리냐?"

"그럼, 우선 전셋집으로라도 나가요."

"허. 이사란 게 그리 쉬운 게 아니란다."

"그럼 어떻게 해요. 돌이 생각도 해야지요."

"허 참, 개 한 마리 때문에 큰 걱정이구나."

돌이는 이제 집안에 큰 걱정거리가 되었다. 돌이는 그런 줄도 모르고 더욱 신나게 뛰어 논다. 한 번 밖으로 나가면 아파트 단지를 온통 휘젓고 다닌다. 돌이가 짖을까 보아 온 식구가 나가서 돌이를 맞이할 준비를 한다. 온 식구가 그처럼 열심히 노력했기 때문인지 주민들의 거센 항의도 조금 누그러들었다. 어쩌면 집을 팔지 않아도 그런 대로 넘기게 될 런지도 모른다는 생각마저 들게 되었다.

그런데 어느 날 돌이의 행적이 묘연해졌다. 처음엔 금방 돌아오겠거니 여기었지만 며칠이 지나도 종적을 찾을 길이 없었다. 모두가 돌이를 찾아 나섰다. 그러나 허탕이었다. 돌이가 없어진 아파트는 너무나 적적했다. 식구들이 모두 풀이 죽었다. 평소 돌이가 좋아하던 소파가 텅 비어 보였다. 돌이가 자주 들락거리던 방도 텅 빈 것 같았다.

일주일이 지나고 열흘이 지나도 돌이의 소식은 알 길이 없었다. 2주일 째 되어 학교 도서관엘 나갔던 딸아이에게서 전화가 왔다. 우연히 인터넷 동물보호소 쪽 사이트에 들어갔다가 돌이와 비슷한 개를 보았다는 것이다. 서둘러 인터넷 동물보호소 사이트에 들어가서 버려진 개들을 검색하니 얼굴이 반쪽 된 돌이가 보였다. 자동차 사고를 당한 것 같다고 기록되어 있고. 길거리에 쓰러져 있는 것을 지나가는 행인이 신고를 했다고 기록되어 있다. 나는 아내와 함께 양주의 산골에 있는 동물보호소를 찾아갔다.

돌이가 틀림없었다. 얼굴 반쪽이 이상하게 찌그러져 있었다. 한쪽 눈에서 진물이 흘렀다. 왼쪽 눈 부분이 함몰 되어 있는 것으로 보아서 교통사고라기보다 막대기로 심하게 얻어맞은 모습이다. 돌이는 주인을 보고도 눈을 마주치지 않았다. 반갑지만 섭섭한 모양이다. 오랫동안 찾지 않아서라고 생각한 모양이다.

집으로 돌아 온 돌이는 며칠 동안 심하게 앓았다. 먹지도 않고 잠만 잤다. 이틀이 지나서야 주인들과 눈을 맞추기 시작했다. 그동안 섭섭했던 마음이 많이 가신 모양이다. 그동안 스트레스로 만들어진 병을 앓고 나을 줄 알았던 돌이가 이번에는 기침을 하기 시작했다. 잠을 자지 못한다. 아무래도 이상해서 동물병원을 찾았다. 동물 병원의 의사는 홍역이라고 진단했다. 동물보호소에 수용되어 있는 동안 다른 개로부터 홍역이 전염된 모양이다. 의사는 머리를 절래절래 흔들었다.

"개의 홍역은 사람과 달라서 낫는 경우가 거의 없습니다."

"그러면 어떻게 하지요?"

"안락사를 시키는 게 좋습니다. 개가 앓는 모양이 너무 애처로워서 그냥 볼 수가 없거든요. 흔히들 안락사를 시킵니다."

"차마 그럴 수 없습니다. 우선 입원시켜서 치료해 주세요."

"입원비도 만만치 않습니다. 하루에 5만원이거든요. 거기에다 다른 개에게 병이 옮길지 모르니 격리를 시켜야 합니다. 그런데 우리 병원은 격리시킬 시설도 없습니다."

하는 수 없이 우리는 매일 개를 병원으로 데려 가기로 했다. 그런데 하루가 지날수록 돌이의 기운은 더욱 쇠잔해지고 3일 째부터는 아무 것도 먹지 않았다. 그냥 소파에 널부러져서 끙끙 앓기만 한다. 헝겊조각처럼 널부러진 모습이 너무나 불쌍하다. 그러나 다른 방법이 없었다. 의사의 말대로 안락사 시키는 게 어떠냐는 내 물음에 가족들 모두가 반대다.

동물병원에서 링거주사를 꽂아주었다. 먹지를 못하니 그렇게라도 영양 공급을 해야 한다는 것이다. 개는 바짝 마르고 가죽만 남았다. 안아보면 헝겊 조각처럼 부피가 느껴지지 않았다. 집안이 온통 우울했다. 그런데 딸애가 어디서 들은 소식이라며 개의 홍역만을 전문적으로 치료하는 병원이 있다는 것이다. 사방 수소문해 본 결과 길동역 부근의 동물병원이란 걸 알게 되었다. 급히 차에 태워서 그리로 갔다. 그곳은 버려진 개들을 집중적으로 치료해 주는 병원인데 거기에서 개의 치료를 맡아주겠다고 했다. 그래서 그 병원에 돌이를 입원시켰다.

일주일 후에 병원의 연락을 받고 찾아가니 개는 여전히 링거병을 등에 달고 있었다. 그러나 눈의 총기가 조금 살아나고 있었다. 의사는 이번 주가 고비라고. 이번 주의 고비를 넘기면 살 수 있을 지도 모르겠다고 말했다. 일주일이 지나서 다시 찾아갔다. 개의 눈에 훨씬 총기가 살아났다. 의사는 고비를 넘겼다고 했다. 그렇다고 완전히 살아난 것은 아니라고. 그런데 더욱 나쁜 것은 검사 결과 심장에 사상충이라는 기생충에 감염되어 있다고. 그것은 홍역보다 더욱 고치기 어려운 병이란다. 의사가 위로조로 말했다.

"어려운 홍역을 이겨낸 놈이니 사상충도 이겨내겠지요."

사상충 치료는 기생충이 심장에 기생하고 있기 때문에 척추 주사를 놓아서 심장에 붙은 기생충을 제거해야 한다는 것이다. 개의 엉덩이 털이 빡빡 밀어졌다. 그리고 꼬리뼈에 가까운 쪽의 척추에 바늘구멍이 큰 주사로 사상충 제거 약물 주사를 맞아야 했다.

또 일주일이 지났다. 개의 원기가 조금씩 살아났다. 주인이 방문해도 좋다는 허락을 받고 찾아가니 돌이는 그동안 자주 찾아와 준 딸애에게만 꼬리를 칠뿐 나와 아내는 본 척도 않는다. 반갑다고 안아주고 쓰다듬어 주어도 꼬리를 흔들지 않았다. 시선이 부딪치면 얼른 시선을 비킬 정도였다.

"어쩜. 그러냐? 섭섭하다고 눈도 마주치지 않으니 말이다"

그렇게 또 일주일이 지나서 마침내 퇴원해도 좋다는 허락이 떨어졌다.

"백만 원도 넘게 잡아먹은 놈이다. 제 몸값은 만원도 안 되는데."

"그래도 살아났으니 다행이다. 어이구 내 새끼."

아내는 돌이를 막내처럼 여겨 뽀뽀도 한다. 우유에 커피도 타 준다. 앓고 난 다음이라 입성이 까다롭다. 그 비위를 모두 맞추어 준다. 큰 병을 앓고 난 다음이라서 그런지 돌이는 전보다 어른스러웠다. 그러나 제 버릇 남 주지 않는다고 여전히 만만해 보이는 아이들이나 노인을 만나면 껑충 뛰어 올라 놀래킨다. 다른 개들을 만나도 그냥 지나치는 법이 없다. 반드시 찾아가서 킁킁거리며 입맞춤을 한다. 그래서 개를 가진 사람들은 모두 돌이를 안다.

"오늘 돌이가 안 보이네요."

"벌써 산책 끝냈나요."

돌이 때문에 우리 가족이 모두 알려질 정도다. 홍역도 이겨내고 사상충 병에도 이겨 낸 돌이는 이제 매우 밝아져서 꾀돌이란 별명과

장난꾸러기란 별명을 함께 갖고 있다. 돌이 때문에 우리 집은 화목하고 즐겁다. 언제나 화제가 풍부하다. 나도 직장에서 돌아오면 돌이 안부부터 묻게 된다.

"오늘은 돌이가 말썽을 부리지 않았던가?"

그러면 아내는 돌이 흉을 보기 시작한다.

"그놈이요. 내 양말 한 짝을 찢어 놓았네요. 내가 양말 신은 꼴을 보지 못해요. 그냥 달려  들어서 벗기려 들지요."

"개 사료는 떨어지지 않았소?"

"사료를 먹나요. 커피를 달라지요. 커피도 우유를 타 주어야 하고요. 또 따끈따끈 해야 먹는 다니까요. 오늘 따라 밥을 달라기에 김에다 싸주었지요. 김밥만 먹거든요. 빵도 내가 입에 넣어서 씹어 주는 것만 받아먹고요. 그냥은 먹지 않아요. 갓난아기 시늉을 한다니까요. 아직 손자가 없으니 제가 대신 하자는 거지요."

아내의 돌이 이야기는 끝이 없다.

"한번은요. 내 휴대전화에서 시간을 알리는 차임벨 소리가 들리니 말예요. 돌이도 따라서 노래를 부르는 거예요. TV에서 어느 절간의 개들이 주지스님의 피리에 맞추어 노래 부른다는 뉴스는 보았지만요. 돌이가 그러더라고요. 그러니 돌이는 '노래 부르는 개'가 된 거지요. 한 번은요. 밖에 나갔다 와서 소시지 하나를 주었지요. 하나를 더 달라고 조르는 것을 묵살하고 말았는데 한 참 후에 이놈이 갑자기 킹킹 짖으며 달려들겠지요. 알고 보니 소시지 한 개 더 안준 게 섭섭했던 거죠. 한 참 생각해 보고 나서 화가 난다고 짖는 개라고요. '생각할 줄 아는 개'라니까요."

아내의 말을 어디까지 믿어야 할지 모르지만 아무튼 돌이 때문에 우리 집안은 늘 훈훈한 봄바람이 분다. 돌이가 늘 재미있는 이야기 거리를 몰고 다녀서다. 돌이는 어떨 때는 내 베개를 빼앗아 베고 잔다. 함께 자다가 불편해서 깨어보면 돌이가 나를 밀쳐 내고 제가 대신 베개를 베고 코를 골며 잔다. 어쩔 수 없이 나는 다른 베개를 찾아야 한다. 비록 하찮은 강아지이지만 정을 붙이니 더 없이 사랑스럽다. 돌이는 이제 새로 생긴 우리의 가족이다. 우리 가족 모두를 행복하게 만드는 집안의 보배다.

# 3
## 우리 선생님

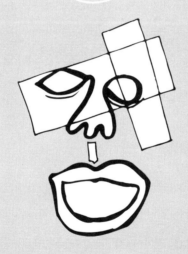

# 작은 고추

스승의 날을 전후해서 옛 제자들로부터 전화를 받는 일이 흔히 있다. 그동안 잊고 살다가도 막상 스승의 날이 되면 아련한 꿈처럼 과거의 학창시절이 떠오르기 때문일 것이다. 그 날도 그랬다. 수화기를 들자 조용한 어조의 여자 목소리가 들려왔다.

"선생님 강동초등학교 육학년이던 작은 고추를 아십니까?"

뜬금없는 질문에 나는 어안이 벙벙해지지 않을 수 없었다.

"선생님께서 저를 만나 보시면 누군지 아실 것입니다."

약속장소에 나가니 문 앞에 지켜 섰던 키 작은 여인이 내게 다가와 인사를 했다.

"제가 바로 작은 고추 손명옥입니다."

"아, 네가 바로 예전의 그 명옥이란 말인가?"

그러나 내가 알던 명옥은 이런 얼굴이 아니었다. 나는 그녀의 얼굴을 잠시도 잊은 적이 없다. 예전의 명옥은 빨간 방한복 같은 털옷을 입고 있었다. 작은 키에 눈만 동그랬다. 그녀는 학급 반장이었지만 허약한 그녀에게는 너무나 힘든 임무였다. 그래서 내게 야단을 들을 때마다 눈물을 글썽였다. 그런 명옥이 우아한 중년여인의 모습이 되어

내 앞에 나타난 것이다. 가만히 돌이켜 생각하니 그녀는 가끔 학교를 방문하는 그녀의 어머니의 모습에 더 가까웠다. 다방에 자리를 잡기 무섭게 그녀가 말했다.

"선생님. 벌써 30년의 세월이 지났습니다."

듣고 보니 그랬다. 우리는 30년만의 해후였다.

"그동안 친구들이 선생님을 퍽도 보고 싶어했습니다."

"나도 그랬다. 너희들을 만나는 꿈을 여러 번이나 꾸었지"

나는 오랜 꿈을 꾸듯 말했다. 정말 꿈을 꾸는 기분이었다. 그 동안 많은 제자들을 만났지만 이상하게도 강동 초등학교의 6학년이던 이들 중의 어느 누구와도 소식이 닿지 않았다. 나는 스스로를 자책하기도 했다. 어린 그녀들에게 너무 혹독하게 대한 대가가 아니더냐? 사실 나는 이들을 무섭게 다루었다.

당시는 중학교 입학시험이 치열한 때였다. 수십 종의 교과서를 달달 외우게 하는 것이 당시의 학습방법이었다. 잘 외우지 못하는 학생에게는 매질도 서슴지 않았다. 학교 당국도 그것을 원했고 학부형도 그것을 원했다. 중학교 입학 여부에 사활을 걸기라도 한 듯한 것이 당시 6학년 진학반의 분위기였다.

내가 그 학교에 처음 부임해서 6학년 여자 반을 맡게 되자 이 학교에 먼저 부임해 있던 친구가 말했다.

"그 애들은 5학년 때 담임이 세 번이나 바뀌었다. 그리고 마지막 담임은 회계를 맡은 분이어서 학생들을 돌볼 기회가 전혀 없었다. 그러다 보니 실력이 말이 아니다. 그걸 알고 있는 아무도 그 학급을 맡고 싶어 하지 않는다. 그래서 새로 부임한 네게 맡기려는 것인데 너도 통근핑계가 있으니 맡지 않도록 해라"

친구가 말하는 통근 핑계라는 것은 이곳이 교외의 변두리여서 내 집이 있는 도심지에서 통근하기가 쉽지 않았기 때문이다. 6학년은 대체로 통근하지 않는 사람에게 차례가게 되는데 모두 그 반을 맡지 않겠다고 해서 내게로 차례가 온 것이다. 나는 즉시로 교장을 뵙고 통근해야 하는 내 입장을 설명했다. 그러나 교장은 이미 결정된 사항이라서 뒤늦게 바꿀 수는 없다고 고집했다.

3월말이 되어 첫 월말고사 시험을 보았다. 산수시험이었는데 학급 평균이 23점이었다. 같은 시험문제로 시험을 친 남자 반은 48점이었다. 나의 눈에 불이 일지 않을 수 없었다. 나는 학생들을 집합시켜 냇가로 끌고 갔다.

"똑 같은 시험지로 시험을 쳤는데도 우리 반은 남학생과 비교하여 학급 평균이 절반에도 미치지 못한다. 나는 지금껏 이런 시험 결과가 있다는 말을 들은 적이 없다. 나는 이런 결과에 대해서 책임을 느끼지 않을 수 없다. 내가 못 가르친 결과라고 내 자신 반성한다. 그러니 벌을 받아야 할 사람은 너희가 아니라 내 자신이다. 이 채찍으로 너희들이 나를 때리도록 해라."

나는 준비한 채찍을 학생들 손에 쥐어 주었다. 그리고 차례로 내 손바닥을 때리도록 강요했다. 차마 때리기 어려워 가볍게 때리는 시늉을 한 학생에게는 그 채찍을 빼앗아 그들의 손바닥을 무섭게 내려쳤다.

"이렇게 아프게 때려라. 그렇지 않으면 본보기로 나는 더욱 세게 너를 때릴 것이다."

그렇게 되니 학생들도 방법이 없었다. 학생들은 울면서 내 손바닥을 갈겼다. 50여 명의 학생들로부터 매를 맞은 나의 손바닥은 무섭게 부풀어 올랐다. 학생들이 떠나간 냇가에 나는 한참 동안 혼자 있었다. 슬픔 같은 것이 가슴을 치받았다. 기어코 해내고 말리라. 나는 그렇게 마음을 다잡아먹었다.

다음 날부터 학생들을 무섭게 다잡기 시작했다. 학생들은 여섯 시면 학교에 와 있어야 했다. 집이 먼 학생들은 학교 주변에서 하숙을 하거나 자취를 하도록 강요했다. 내 자신도 숙직실에서 잠을 잤다. 아버지의 제삿날도 잊을 정도였다. 그야말로 한판의 전쟁을 치르기라도 하는 듯이 각오가 대단했고 어떻게 보면 살벌하기조차 했다. 그렇게 하여 중학교 입학시험에 소기의 목표를 달성할 수 있긴 했지만 그게 어디 교사의 할 짓이던가?

"그런데 네가 '작은 고추'란 별명을 지닌 줄은 몰랐다."

"제가 전교 회장에 나서게 되었을 때 선생님께서 써준 원고에 그런 말이 있었습니다. '작은 고추가 맵다고 합니다. 비록 제 키가 작고 연약하지만 저는 누구보다도 학교의 일을 잘해 낼 것입니다'하는 내용이었지요. 전교생들이 그 말에 모두 웃었습니다. 그 후부터 제 별명이 '작은 고추'가 된 것이지요. 선생님께서 지어주신 셈입니다."

"참, 네가 전교 회장이었지?"

"역대 회장 중에서 여자로선 처음이라고 합니다. 선생님 덕분이었습니다."

명옥은 그렇게 말하며 잔잔하게 웃었다. 그랬었지. 명옥의 말을 듣고 보니 떠오르는 것이 있었다. 명옥은 학급 반장도 버거워하던 처지였음으로 전교 회장 같은 것은 안중에도 없었다. 그러나 목표 지향적인 나의 성격으로 투표도 없이 남학생에게 회장 자리를 그냥 넘겨 줄 수는 없는 일이었다. 나는 소견발표 원고를 작성하는 한편 선거운동을 조직적으로 할 수 있도록 여러 방안을 마련했다. 그리고 그 결과로 아무도 예상하지 못한 승리를 가져 올 수 있었던 것이다.

명옥은 그런 모든 것들을 떠올리며 웃고 있는 것이다. 그녀의 웃는 입매에서도 그녀의 어머니 모습이 덩두렷이 떠올랐다. 나는 자꾸만 머리에 혼란이 일었다. 30년 전의 명옥이와 지금의 그녀 중에서 어느 것이 진짜 명옥인지 가릴 수가 없었기 때문이었다.

"선생님은 그 길로 학교를 그만두셨지요."

"그랬었지."

그랬었다. 졸업식 날이었다. 사은회 중에 학부형들이 말했다.

"선생님은 가정방문을 한 번도 하지 않았습니다."

"저도 하고 싶었습니다. 하지만 학부형께 폐를 끼치지나 않을까 걱정이 되었지요."

"그렇지만 학생들이 어떻게 사는지 궁금하지도 않으셨습니까?"

학부형들의 그런 항의는 매우 진심에서 우러나온 것이었다.

"그럼 기왕에 말이 나왔으니 오늘 밤새도록 한 번 돌아 볼 것입니다."

아마도 술 기분에 그런 말을 했던 것 같다. 그런데 술김에 나는 그런 나의 말을 실천하고자 했다. 사은회가 끝나자 곧 가정방문에 나섰다. 마침 정월대보름 직후여서 집집마다 술이 있었다. 나는 한 집에서 술 한 사발을 대접받고는 곧장 다른 집으로 향했다. 아마 이십여 집 돌았으리라. 그리고 나는 쓰러지고 말았다.

아침에 일어나 보니 심산유곡의 어느 지점에 있었다. 태백산맥의 능선들이 바로 코앞에 있었다. 눈이 쌓인 골짜기로 매운바람이 몰아쳤다. 이 멀고 험한 산골에서마저 학교엘 통학한 학생이 있었구나. 그러자 문득 미자의 얼굴이 떠올랐다. 지금 내게 집을 비워주고 가족이 모두 이웃 어디엔가 비켜간 이 집이 바로 미자의 집이었던 것이다. 매일 같이 지각하는 학생이었다. 지각한 학생을 엄벌하기로 한 약속대로 나는 사정없이 그녀의 손바닥을 때렸다. 그러나 미자는 한 번도 변명한 적이 없었다. 수 십리 먼 길을 통학해야 하는 그녀의 입장을 나는 상상도 할 수 없었다. 나는 비정한 나 자신에게 치를 떨었다. 너 같은 놈은 교사의 자격이 없다. 그 어린 학생이 결석하지 않고 학교에 다니는 것만으로도 너는 칭찬을 아끼지 말았어야 할 일이 아니던가.

그 일이 이유의 전부는 아니었지만 아무튼 나는 교사로서 나 자신에게 심한 회의를 느꼈다. 그리고 마침내 사표를 내고 말았다.

"선생님. 저도 요즈음 초등학교 교사로 근무하고 있습니다. 예전의 선생님의 그 열정을 떠올릴 때마다 선생님의 반만큼이나마 할 수 있었으면 하고 반성이 됩니다."

"나는 그때를 떠올릴 때마다 부끄럽기 그지없다."

"아닙니다. 저는 환경이 참을 수 없을 만큼 어려울 때에도 너는 작은 고추다. 선생님이 그렇게 별명 지어 주시지 않았던가 하고 저를 추스렸습니다. 때로는 너는 전교 회장이 아니더냐? 그런 네가 이만쯤의 일에 좌절해서 되겠느냐 하고 다잡기도 했습니다. 이 모두가 선생님의 은혜입니다."

"하지만 넌 나 때문에 퍽도 많이 울지 않았더냐?"

학급을 혹독하게 다잡다 보니 반장의 고통이 그만큼 컸던 것이다.

"그런 덕택으로 세상살이에서는 울지 않았습니다."

나는 명옥을 다시 바라보았다. 훌륭하지 못한 스승 밑에서도 이처럼 훌륭한 제자가 나올 수 있다는 것이 도무지 믿어지지 않았다.

# 내 가슴으로 가라앉는 돌덩어리

선생이 되어서 가장 즐거운 일은 제자를 만나는 일이다. 이미 잊혀진지 오랜 제자로부터 불쑥 만나 뵙고 싶다는 전화를 받게 될 때면 어쩔 수 없이 가슴이 설레게 된다.

"이 친구가 이제 얼마나 자랐을까? 얼굴 모습은 많이 변했을까? 지금은 어느 직장에서 무슨 일을 하고 있는가?"

의문은 그런 식으로 꼬리를 물고 일어나기 마련이다.

그날도 그랬다. 나는 얼굴도 이름도 기억나지 않는 그런 제자를 만나게 된 것이다.

"김인식이라 합니다."

그는 다방에 들어서는 나를 확인하고는 그렇게 말했다.

"초등학교 졸업한지가 벌써 30년 전이니까 선생님께서는 저를 잘 기억하지 못하실 것입니다."

그의 말처럼, 지금의 내게는 그에 대한 기억이 남아 있지 않았다. 몇 마디 의례적인 인사를 나누며 내가 물었다.

"요즈음 무얼 하나?"

"작은 사업체를 하나 갖고 있습니다."

그는 그렇게 말하며 명함 한 장을 내밀었다. 명함에는 모 회사의 대표라는 직함이 적혀 있었다.

"선생님께서 약주를 즐기셨는데 지금도 그런지요?"

"나야 그게 유일한 취미일세."

그건 꾸밈없는 사실이었다. 퇴근길에 동료 직원들과 어울려 대포 한 잔 기울이는 즐거움…. 그게 나의 유일한 취미였다.

"퍽, 다행입니다. 저는 선생님께서 '이젠 술을 못하네' 하실까봐 내심 조마조마 했습니다."

우리는 의기가 상통해서 서둘러 술집으로 자리를 옮겼다. 주고받는 몇 잔의 술. 이것이야말로 남자들 세계의 멋이다. 한 잔 술과 더불어 근심걱정을 털어 버리고, 한 잔 술과 더불어 마음과 마음을 소통시키는 것이다. 몇 잔의 술로 얼큰해지자 내가 운을 떼었다.

"지금에야 자네의 어릴 때의 모습이 어렴풋이 살아나기 시작하는군. 내 기억에 자네는 꽤나 장난꾸러기였지."

"환경 탓도 있겠지만 제 성미도 고약해서 말썽깨나 부렸지요. 걸핏하면 싸움질이었구요."

"허허. 그랬던가?"

"그래서 매도 많이 맞았습니다. 그때는 선생님 성깔도 보통이 아니셨지요."

"젊어서 그랬던 모양이야."

그때는 내가 사범학교를 갓 졸업했을 때니 스무살 안팎이었다. 젊은 혈기에 의욕이 넘치다 보니 때로는 학생들에게 지나치게 대한 감이

없지 않았다. 이제 30여 년이나 지나간 일들이니 참으로 먼 과거의
일들이었다.

술잔이 거듭되어 제법 취기가 오르는 터에 김인식이 불쑥 물었다.

"선생님. 학교에서 마을로 토끼를 나누어주고 마을마다 토끼를 키
우시게 하시던 일을 기억하십니까?"

"기억하고말고. 그때는 부업 장려라는 명목으로 그런 일을 권했지."

"육성회가 열리는 날 육성회 임원들을 대접하기 위해 토끼를 모두
가져오게 한 적이 있었습니다."

김인식의 말에 나는 어리둥절해졌다.

"너희들이 키운 토끼인데 육성회 임원을 대접하는 것과 무슨 상관인
가?"

"그야 저희들도 모르는 일이지요."

김인식의 목소리에는 다분히 비아냥의 억양이 섞여 있었다.

"그런데 육성회 바로 전날에 저희 마을의 토끼가 없어진 것입니다.
선생님께서는 우리 마을 남자 학생들에게 공동 책임을 지웠습니다."

"토끼 값을 물어내라고 말인가?"

"그런 셈이지요. 아마도 선생님께서는 남학생들 중에 누군가가 토
끼를 잡아먹은 것으로 의심하셨던 것으로 보입니다."

"그랬을지도 모르겠군."

"그래서 저는 이의를 제기했습니다. 첫째는 범인을 잡는 노력을
먼저 해야 할 것이 아니냐는 것이었지요. 작은 산골 마을에서의 일이
니 범인을 색출하려면 그리 어려운 일도 아닐 것인데, 그런 노력 없이

돈부터 내라는 것은 부당하다는 것이었습니다. 둘째는 책임을 지우려
면 여자들도 함께 져야 한다는 생각이었습니다. 토끼를 키우느라 열심
히 풀을 뜯어준 사람은 주로 남학생들인데 공동 책임을 물으면서 여학
생만은 보아주려는 의도는 납득할 수 없다는 것이었지요."

"듣고 보니 그렇기도 하군…. 그래서 어찌 되었나?"

김인식은 처음엔 망설이는 눈치였다. 그러다가 마침내 결심한 듯이
말을 계속했다.

"제가 그렇게 주장하게 된 데는 그만한 이유가 있었습니다. 토끼가
없어진 날 아침 저는 토끼를 키운 박치화의 집에서 고깃국 한 그릇을
얻어먹었습니다. 그리고 뒷간 잿더미에서 토끼털을 보았던 것입니다.
저는 누가 토끼를 잡아먹었는지를 짐작하고 있었던 것입니다. 그러니
범인을 잡아내는 일은 그리 어려운 일이 아니었습니다."

"나는 그 일에 대해서 기억나는 바는 없지만 지금이라 하더라도
범인을 잡아내려고 하진 않았을 것이야."

"설혹 범인을 잡아내는 것이 껄끄러운 일이어서 공동부담을 시키게
되었다 하더라도 선생님께서 여학생을 제외시킨 것은 공평한 처사가
아니었습니다. 선생님께선 지나치게 여학생들을 편애하시고 감싸주
셨던 것입니다."

나는 그 말에도 수긍할 수 없었다. '나는 지금에라도 그럴 것이네'라
고 말하려다가 그만 입을 다물었다. 작은 마을에 몇 명 되지 않는
여학생이 지니는 의미가 갑자기 떠올랐기 때문이었다. 유년기 적부터
절친하게 사귄 여학생의 애정이 담임선생에게로 옮겨갔을 때의 일이

생각났다. 그들이 겪었을 좌절과 울분이 느껴지지 않을 수 없었다.

그러나 나를 참으로 당황하게 한 것은 그 다음의 말이었다.

"자네가 그런 식으로 항의를 했다니 욱-하는 내 성미로 미루어 볼 때 매깨나 맞았겠네?"

"선생님께 직접 맞았다면야 그렇게 오래도록 분하지는 않았을 것입니다."

김인식은 말을 이었다.

"선생님께선 이런 건방진 녀석은 혼줄이 좀 나야 한다면서 이놈에게 선생님 대신 때릴 사람이 없느냐고 물으셨습니다. 그러자 하암에 사는 황윤곤이 나섰습니다. 키도 크고 나이가 제법 되었는데 나를 섣불리 대하다가 코피가 터진 적이 있는 놈이지요. 그놈은 원한 값을 절호의 기회라 생각하고 매를 때리는 일을 자청했습니다. 많은 학생들이 지켜보는 앞에서 녀석은 선생님의 대리가 되어서 저를 사정없이 두들겼습니다. 저는 선생님의 권위가 부당하게 사용되는 데 대해서 매우 분개했습니다. 그러나 그때는 저로서는 어쩔 방법이 없었습니다."

나는 술기운이 단번에 싹 가시는 것을 느꼈다. 김인식은 말을 계속했다.

"저는 사회를 살아가면서 때때로 부당한 권력이 선량한 사람들을 시달릴 때마다 어린 그때의 일을 떠올렸습니다."

나는 실어증에 걸린 사람처럼 말을 잃고 말았다. 김인식은 아주 죄송하다는 듯이 말을 맺었다.

"그러나 지금에 와서까지 선생님에게 서운한 생각을 지니고 있는 것은 아닙니다. 그런 모두가 지금은 추억이 되어 즐거웠던 기억과 뒤섞여 있습니다. 그러니 이렇게 찾아 뵌 거지요. 이제 돌덩이처럼 가슴에 갇혀 있던 놈을 토해내니 아주 마음이 홀가분합니다."

그는 그렇게 말했다. 그러나 나는 이제부터 그가 토해 낸 돌덩이를 평생토록 내 가슴속에 안고 살게 될 것임을 새삼 느끼기 시작했다.

'선생이란 얼마나 두려운 직업인가? 어린 제자의 가슴에 무거운 돌을 심어 놓는 그 부끄러운 과거들이 언제 어느 때 불쑥불쑥 내게로 되돌아 올 것인가?'

나는 차마 그를 똑바로 쳐다 볼 수 없었다.

# 황교장과 깡패 두목

시골 초등학교 운동회는 온 마을의 잔칫날이다. 그래서 학생들은 가을이 되기도 전부터 운동회를 기다렸다. 어른들도 다르지 않았다. 그들도 십 년 전 또는 이십 년 전 초등학교 시절의 먼 운동회의 추억 때문에 아이들이나 다름없이 들뜬 기대 속에 운동회를 기다리는 것이다.

그러다 보니 선생님들도 운동회가 가까워지면 정신없이 바빠지기 마련이었다. 학부형들의 기대에 부응할 수 있도록 여러 가지 다채로운 프로그램을 마련해야 하기 때문이었다. 여학생들은 무용연습에 바쁘고 남학생들도 덤블링 연습이다 기마전 연습이다 하여 바쁘기만 했다. 남녀가 같이 하는 것으로는 매스게임이나 농악놀이 등이 있었다.

그러나 정작 어른들의 관심은 마을 대항 릴레이와 마라톤 경주에 있었다. 마을 대항 릴레이는 마을의 자존심이 걸린 것이고 마라톤은 개인적 영웅의 탄생을 가져오기 때문이다. 운동회가 가까워지면 사람들은 제각기 마을대항 릴레이에서 우승할 마을을 예상하거나 장거리 마라톤에서 누가 우승할 것인지를 두고 내기를 걸기도 했다.

"이번 마을 대항 릴레이는 후평리가 일등일 게다. 작년에도 그들이 우승기를 가져가지 않았남?"

"웬걸, 월송리도 만만찮을걸. 군대갔던 덕출이가 제대하고 돌아 왔으니 말이네. 그늠아는 군대에서도 선수였다는 소문이데."

마을대항 리레이는 후평리와 월송리가 단연 선두였다. 그러나 마라톤에 이르러서는 의견이 구구했다.

"제대로 하면야 덕출이가 단연 선두일 테지."

"그늠아는 단거리 선수가 아닌감. 제대로 하면야 윤석이가 일등감이네."

이런 구구한 의견 중에서도 으레 '제대로 하면야'가 덧붙었는데 그게 그럴만한 이유가 있었다. 읍내의 깡패들이 마라톤에 참여하고부터는 상황이 전혀 다르게 전개되었기 때문이다. 그들은 앞서가는 자를 협박해서 기권하게 하거나 심지어는 마라톤 코스의 중간에서 자전거를 타거나 아니면 반환점을 제대로 돌지 않거나 하는 방법으로 선두를 조작했다. 그러나 그런 사실을 알고 있어도 그들에게 감히 항의 할 수 있는 사람이 없었다.

그 해에도 그랬다. 마라톤을 주관하게 된 나는 새로 부임한 교장선생님께 그 동안 있었던 여러 사례를 설명하고 마라톤 경기를 없애는 것이 어떻겠느냐고 건의했다.

"운동경기는 페어플레이의 정신이 생명입니다. 그런데 등수가 조작되는 것을 알면서도 그런 경기를 해야 할 필요성은 없다고 봅니다."

대부분의 교사들도 내 의견에 동조했다. 황교장은 한참 생각하는 표정이더니 달래듯 말했다.

"마라톤은 운동회의 꽃이 아닙니까?"

"그렇지요."

"지금껏 제법 오랫동안 선생노릇을 했지만 마라톤이 없는 운동회가
있다는 말은 들은 적이 없소."

"교장선생님께서는 새로 부임해서서 이곳 형편을 몰라서 그렇습니
다. 제대로 한다면야 누가 반대하겠습니까만 깡패들이 참여하고부터
는 한 번도 말썽이 되지 않은 경우가 없습니다."

"나도 소문은 듣고 있소. 그러니 예전 그대로 한 번 해봅시다."

황교장은 그렇게 결론을 내렸다. 그래서 운동회의 프로그램에 마라
톤 경기도 그냥 포함되었다. 나는 마라톤 경기를 주관하는 입장이라
아무래도 걱정이 되어 개인적으로 교장선생님을 다시 찾아뵈었다.

"아무래도 마라톤 경기를 없애는 것이 좋겠습니다."

"깡패들이 참여하지 못하게 할 수는 없겠지요?"

"물론입니다."

"판정을 내가 직접 하면 어떨까?"

"그런다고 승복할 자들이 아닙니다."

시골 깡패들이라면 교장선생의 위엄으로 어떻게 해 볼 수 있지만
이번에 주도권을 잡은 자는 서울의 역전에서 굴어 먹은 놈들이라 하늘
무서운 줄 모르는 자들이었다. 그 중에서도 우두머리는 쌍칼이란 별명
을 가진 자인데 온 몸에 칼자국이 나 있고 그것을 훈장처럼 들어내며
상대편을 위협했다. 그자의 부모나 친척들은 벼락이라도 내려서 그가
죽어주기만을 바랄 정도로 포악했다. 그래서 이곳 깡패 사회에서 그의

권위는 대단했다.

"나도 예전엔 힘깨나 쓴다는 말을 들었었는데."

황교장은 그렇게 말하며 씁쓸하게 웃었다. 사실 황교장은 드물게 보는 거구였다. 그가 유도 5단이었니 7단이었니 하는 소문은 일찍부터 퍼져 있었다. 그러나 이미 쉰에 가까운 나이었다. 인자하기 그지없는 환한 얼굴의 그가 독기를 품은 쌍칼과 힘으로 대척한다는 것은 상상도 못할 일이었다.

"아무튼 일단 해보기로 한 것이니 죽이 되던 밥이 되던 밀어붙여 봅시다."

황교장은 고집을 꺾지 않았다.

운동회 날이 되었다. 모든 프로그램은 순조롭게 진행되었다. 그리고 마라톤은 마을 대항 릴레이의 직전에 맞추어서 골인 되도록 계획이 잡혀 있었다. 마라톤의 영웅이 탄생하고 이어서 릴레이의 우승마을이 결정되는 것으로 운동회는 휘날레가 되는 것이다.

마라톤 경기가 시작되기 전에 황교장은 주관자인 나를 불러서 단단히 주의를 주었다.

"중간 중간에 사람을 놓아서 누가 자전거를 탔는지, 누가 반환점을 돌지 않았는지를 정확하게 보고하도록 하시오. 그리고 판정은 보고를 들은 다음에 내가 직접 내리도록 하겠소."

나는 지시를 받은 대로 중간 중간에 감시자를 배치했다. 그런 다음에 마라톤 주자들을 출발시켰다. 쌍칼의 부하들은 모두 다섯 명이 참가한다는 정보가 있었고 실제로 출발선에서 그것은 확인되었다.

쌍칼의 부하들이 입은 유니폼은 모두 눈에 띄는 **빨간색**이었다. 그러니 그들은 5등까지로 되어있는 마라톤의 상품을 휩쓸겠다는 의지를 공공연히 들어낸 셈이었다.

그들은 반환점을 돌자마자 길옆에 미리 대기시켜 놓은 자전거에 올라서 씽씽 내달리기 시작했다. 땀을 흘리며 뛰던 선수들이 어이가 없어 그들을 쳐다보았다. 그들은 그런 선수들에게 유유히 손을 흔들어 보이기조차 했다.

내가 보고를 종합하여 운동장으로 돌아오니 골인한 선수들이 한 줄로 늘어서 있었다. 일등부터 4등까지가 빨간 유니폼이었다. 황교장은 판정을 유보한 채 나를 기다리고 있었다.

"어찌 되었소?"

"반환지점 직후부터 자전거를 타고 달리는 것이 목격되었다고 합니다."

그제야 황교장은 판결을 내리기 시작했다.

"빨간 유니폼들은 자전거를 타고 왔다는 보고요. 그러니 옆으로 비켜서시오. 그러면 이분이 1등이요. 다음이 2등…."

판결이 내려지자 볼멘 표정으로 서 있던 우승자들이 공중으로 뛰어오르며 환호성을 질렀다. 멀찍이에서 지켜보던 그의 마을사람들이 일제히 만세를 부르며 자기마을 선수의 우승을 환호했다. 이웃마을 사람도 박수를 아끼지 않았다. 으레 또 깡패들이 상을 휩쓸겠거니 체념했던 터라 그들을 제외한 공정한 판결에 마음이 후련했던 것이다.

그렇게 판결을 내리고 황교장이 본부석 자신의 자리로 막 돌아 왔을 때였다. 쌍칼이 곧바로 황교장의 앞으로 달려 왔다. 그는 주먹을 허리에 얹고 으르렁거리듯 말했다.

"마라톤은 먼저 들어 온 자가 우승자가 아니요?"

"먼저 들어오되 규칙을 지켜야 하네. 다리로 달리라는 운동이 마라톤인데 중도에 자전거를 탄 자들을 입상시킬 수는 없는 일이야."

쌍칼은 황교장의 의젓한 태도에 한풀 꺾이는 눈치더니 다시 눈에 독을 품고 말했다.

"그렇다면 자전거를 탄 사람만 제외해야지 타지 않은 사람까지 제외시키는 이유는 뭐요?"

황교장은 그런 경우는 아는 바가 없었다.

"내가 들은 보고로는 그런 자가 있다는 말을 듣지 못했으니 만일 그런 경우가 있었다면 그 문제는 나중에 적절히 조처하기로 하지."

"뭐욧. 원님 지나간 뒤에 나팔 불자는 거요? 뭘 어떻게 적절히 처리하겠다는 거야? 교장이면 단가? 왜 관례에 없던 짓을 하느냔 말야."

쌍칼은 그렇게 삿대질을 하더니 훌쩍 황교장 앞의 탁자위로 뛰어 올랐다.

"이 쌍칼이 허수아비로 보여."

금방이라도 쌍칼의 주특기인 양발치기가 황교장의 얼굴로 날아들 기세였다. 내빈석 기관장들의 얼굴이 새파랗게 질렸다. 관중석의 마을 사람들이 일제히 숨을 죽였다. 황교장이 천천히 자리에서 일어났다.

"이 사람아. 이게 무슨 무례한 짓인가? 여기에 읍내의 모든 사람들이 보고 있네. 거기에서 내려와."

"내려와? 이 작자가."

쌍칼이 두 발을 구르며 양발치기 동작을 했다. 다음 순간이었다. 황교장이 어떻게 손을 움직였는지 쌍칼의 몸이 허공에 붕 떠올랐다. 그러더니 그대로 땅바닥에 패대기쳐졌다. 쌍칼이 미처 일어날 틈도 없이 다가간 황교장이 두 손으로 다시 쌍칼을 번쩍 들어 올렸다. 그리고는 성큼성큼 운동장을 가로지르는 것이었다. 아직 제정신을 못 차린 쌍칼이 허공에 들린 채 발버둥질을 쳤다. 그러나 허리춤과 멱살이 움켜잡힌 채 허공에 떠 있는 상태라 힘을 쓸 수 없었다. 마을사람들이 놀라서 길을 비켰다.

운동장과 경계가 되는 논두렁 옆에 오물을 썩히는 물구덩이 있었다. 황교장은 그곳에 이르러 들고 있던 쌍칼을 쑤셔박았다. 오물을 뒤집어 쓴 쌍칼이 허우적거리며 뭍으로 기어올랐다. 그러자 황교장의 발길이 거침없이 그를 다시 물 속으로 밀어 넣는 것이었다. 그렇게 몇 번 계속 밀어 넣자, 물 속에서 허우적거리며 오물을 잔뜩 들이킨 쌍칼이 살려 달라고 애걸했다. 황교장은 그제야 발길질을 멈추었다. 혼비백산한 쌍칼이 뭍으로 오르자마자 무릎을 꿇었다.

"잘못했습니다. 살려 주십시오."

"이제야 네 잘못을 알겠나?"

"알겠습니다. 다시는 그런 짓 안 하겠습니다."

"알았다니 다행이다. 여기 모인 수 천 관중이 네가 잘못을 비는 모습을 보고 있다. 모두 네 약속을 지켜 볼 증인들이다. 다시는 그런 짓 마라."

황교장이 몸을 돌렸다. 구경꾼들은 한 여름 무더위 때의 소나기만큼
이나 속이 후련했다. 쌍칼은 그 길로 몸을 감추었다. 그가 그런 수모를
당하고 다시는 고향마을에 나타나지 못할 것을 고향사람들은 모두
알고 있었다.

# 승부의 세계

최선생이 마작에 손대기 시작한 것은 극히 최근의 일이었다.

시골학교에서 남자 교사들의 취미는 대체로 둘로 나뉘게 되어 있었다. 퇴근 후에 술을 좋아해서 술집으로 기어드는 부류와 술이 약해서 내기로 바둑이나 장기, 마작판을 벌이는 부류였다. 최선생은 후자의 패거리에 속했다. 그가 마작에 손댄 것은 최근임에도 놀랄 만큼 빨리 솜씨가 늘었다. 그래서 처음에는 같은 교사들끼리 푼돈을 걸고 마작을 하던 것을 이제는 마을사람들과 어울리는 일마저도 종종 있게 되었다. 그런 소문을 들었던지 한번은 황교장이 최선생을 호출했다.

"최선생이 학부형들과 어울려 마작을 한다는 소문이던데. 사실이요?"

교장의 준엄한 추궁에 최선생은 얼굴을 붉히며 부인했다.

"아닙니다. 등대옥에 놀러갔더니 육성회장님이 남자는 이런 것도 좀 알아야 한다면서 몇 수 가르쳐 주었던 것인데 그게 와전된 것 같습니다."

"그런 잡기야 모를수록 좋지만 설령 알게 된다 해도 같은 동료들끼리 재미로 해야지 외부 사람들과 하는 일은 없도록 하시오."

황교장은 그렇게 다짐을 두었다. 황교장은 최선생이 머쓱해하는 모습이 안 되었던지 덧붙여 말했다.

"내가 그렇게 당부하는 것은 그만한 이유가 있어서요. 내가 최선생만큼 젊었을 때였지. 나도 노는 것을 좋아해서 마작에 손댔다가 그만 고향집마저 날려버린 일이 있소. 기막힌 노릇이었지. 그 이후로는 절대로 마작에 손을 대지 않았소."

"그렇게 큰판을 벌였습니까?"

"처음에야 그렇지 않았는데 어쩌다가 점점 판이 커진 거요. 귀신에게 홀린다는 말이 있는데 그와 비슷했소. 그러니 아예 그런 판에 끼어들지 않는 게 상책이요."

최선생은 교장으로부터 단단히 주의를 들은 터이므로 한동안은 마작에 손을 대지 않았다. 그런 며칠 후였다. 우연히 등대옥에 들렸더니 육성회장과 녹말공장의 김사장 그리고 목상을 한다는 아직 낯이 익지 않은 박주사가 마작판을 벌이고 있다가 최선생을 보자 반색을 하며 맞이했다.

"그렇지 않아도 사람이 하나 필요하던 참인데 잘 됐소. 어서 끼어 앉아요."

"아직 서틀러서요."

"그게 아니라 우리 세 사람이 지금 삼마작을 하느라 쉴 틈이 없었는데 또 윤회장이 갑자기 볼일이 생겨서 한 시간쯤 자리를 비우겠다고 하니 판이 깨질판이라 그 말이요. 그러니 윤회장이 돌아 올 그 시간만이라도 같이 어울려 달라는 거지요."

　김사장이 대변인이 되어 최선생을 설득했다. 최선생이 보니 판이 그리 큰 것도 아니었다. 그래서 윤회장이 돌아 올 시간만 잠시 끼어 앉기로 했다.

　최선생은 의외로 패가 좋았다. 뻥. 엎어. 쓰므. 최선생은 저도 몰래 목청을 높이기 시작했다.

　"오늘은 최선생 날이네."

　김사장이 투덜거렸다.

　"선무당이 사람 잡는다더니."

　박주사도 거들었다. 한 시간도 안되어 최선생 앞으로 돈이 그들먹 쌓였다. 육성회장은 아직 돌아오지 않았고 점차로 최선생은 그에 대해서는 까마득히 잊고 말았다. 두어 시간이 지나고는 돈이 더욱 쌓였다. 지금쯤은 일어서야지 하면서도 일어 설 수가 없었다. 노름판에서 돈을 따고 일어설 수는 없는 일이었다.

　"판돈을 좀 올려야겠네요."

　돈을 많이 잃은 박주사가 숨을 씨근덕거리며 말했다.

　"젠장. 그래야겠어."

　김사장도 잃은 돈을 만회하자면 그 길밖에 없다는 투였다. 최선생은 돈을 따고 있었음으로 그들의 의견에 반대할 수가 없었다. 판은 점차로 열기가 오르기 시작했다. 밤 열 두 시가 넘어서까지도 최선생은 일어설 수 없었다. 새벽녘이 되어가면서 최선생 앞의 돈이 조금씩 줄기 시작했다. 마작판의 열기는 더욱 달아올랐다. 최선생은 미처 의식하지도 못하는 사이에 자신의 주머니에서 돈을 끄집어내고 있었다.

그 돈이 아이들의 교과서대금으로 받아 넣은 것이라는 의식마저도 잊고 있었다. 그는 교과서계를 맡고 있었기 때문에 전교생의 돈을 취급했다. 근래에 학교에서 도난사건이 잦아서 돈을 집에 가져다 놓으려던 것이었다. 새벽녘이 되자 그의 주머니는 텅 비었고 그것으로 마작판은 끝이 났다. 그날까지 받은 아이들의 교과서 대금이 몽땅 날아가고 만 것이다.

최선생은 학교에 출근할 엄두도 내지 못하고 집에서 앓고 있는데 학교의 급사가 찾아 왔다. 황교장이 급히 오라는 전갈이었다. 교장실로 가니 황교장은 잔뜩 화가 나 있었다.

"등대옥에서 밤새도록 마작을 했다는 소식은 들었소."

교장은 그렇게 말했다. 워낙 좁은 시골바닥이라 그런 정도의 정보는 순식간에 전달되기 마련이었다.

"상대가 김사장과 박주사라면 최선생 솜씨로는 어림도 없었을 텐데 말이요. 공금이라도 날려 버린 건 아니요."

최선생은 변명할 말을 몰라 얼굴만 붉혔다.

"제법 큰판이었다 들었는데…. 그렇다면 오늘도 계속할 테지요?"

교장은 모든 것을 꿰뚫어 안다는 표정이었다.

"아침을 먹고 나서 한숨 눈을 붙인 다음에 다시 계속한다고 했습니다."

마작판이란 잃은 쪽에서 계속 물고 늘어지기 때문에 어느 하나가 완전히 거덜날 때까지 계속되기 마련이었다.

"그래 어쩔 생각이요?"

최선생은 이젠 염치 불구하고 매달릴 수밖에 없다고 생각했다.

"교장선생님. 오늘 하루만 결근하도록 하겠습니다. 허락해 주십시오. 어떻게든 벌충을 하고 말겠습니다."

최선생은 다급한 심경이었다. 자신의 월급으로 따진다면 서너 달치가 넘었다. 그러니 앞으로 무엇으로 가족을 먹여 살릴 것인가? 최선생이 그처럼 매달리니 교장은 한참 생각하는 눈치더니 그를 숙직실로 데려 갔다.

"마작판을 꺼내요"

두 사람은 마작판 앞에 마주 앉았다. 황교장과 최선생은 제각기 자기 앞에 마작을 쌓기 시작했다. 황교장은 최선생이 쌓은 마작의 쪽수를 넘기게 했다. 그리고 패가 넘어가기 전에 읊어대는 것이었다.

"그건 삼만이네. 그렇지? 다음은 육통이고? 그 다음은 백판이로군."

최선생은 얼굴이 하얗게 되어 물었다.

"그걸 어떻게 미리 아십니까?"

"그러니 말이요. 내가 이렇게 환히 꿰는데 최선생이 나를 어찌 이기겠나?"

황교장은 이어서 설명했다.

"패를 쌓을 때 내 것을 보는 것이 아니고 상대방의 것을 보는 거요. 쪽을 섞을 때도 어느 쪽이 어디로 갈 것인지 미리 계산해야 되는 거지. 상대편이 뭘 내는가를 보면 벌써 상대편의 패가 뭐고 쓰무가 가까웠는지 어쩐지를 알 수 있는 거지. 거기다 속임수도 곁들이네요. 이곳에서 통수를 내었으니 상대편이 만수로 채우려는가 보다 라고 생각하도록 유도하기도 하고, 이런 건 말하고 싶지 않지만 쪽을 가져갈 때 밑의 것으로 슬쩍 바꿔치기 하는 방법도 있는 게요. 최선생은 손이 두툼하니 그런 방법도 어려운 건 아닐 게야."

황교장은 직접 시범하여 보여주기도 했다. 최선생은 황교장의 지시대로 패를 쌓는 방법과 상대편의 패를 읽는 방법, 그리고 심리적으로 상대편이 내 패를 잘못 읽도록 유도하는 방법과 쪽을 바꾸어 가져오는 방법을 연습했다.

"그러나 아무리 재주를 익혀도 잘되는 집안엔 당할 재주가 없는 거요. 그리고 그것도 어느 순간에 가면 하향곡선을 긋기 마련인데 그때를 포착해서 일어서도록 하오. 내가 급사를 보낼 것이요."

최선생은 교장의 당부를 되새기며 다시 등대옥으로 갔다. 방안으로 들어서기 전에 급사가 급히 달려와서 흰 봉투 하나를 내밀었다.

"교장선생님이 주신 겁니다."

최선생이 봉투 속을 보니 상당한 분량의 만원 권 지폐가 보였다. 최선생은 가슴이 뭉클해졌다. 황교장의 세심한 배려에 감동하지 않을 수 없었던 것이다.

다시 마작판이 시작되었다. 김사장과 박주사는 느긋한 심정인 모양이었다. 돈을 풀고 있다는 의식이 분명했다. 그렇게 긴장을 늦추고는 판돈을 올리고 그리고 왕창 빼앗아 가자는 수작인 것이다. 어제도 그런 작전이 주효해서 최선생의 주머니를 몽땅 털었던 것이다. 최선생은 황교장이 준 만원 권 지폐를 보라는 듯이 펼쳐 보였다. 점심때쯤 되어서는 어제 잃은 돈이 웬만큼 봉창되었다는 확신이 들기 시작했다.

그러자 박주사가 다시 제안했다.

"아무래도 판돈을 더 올려야 하겠수다."

"좋지."

김사장이 받았다. 판돈이 더 올라갔다. 눈들이 번들대기 시작했다. 그런데 아직도 최선생의 돈은 줄지 않았다.

"이거 죽 쑤어서 개 주는 꼴 아닌가?"

김사장의 이마에 핏줄이 서기 시작했다.

"젠장, 못 앉을 데에 앉았나?"

박주사도 신경질을 부리기 시작했다. 그 순간 최선생의 눈에 김사장이 판에 버려진 패를 슬그머니 거두어들이는 것이 보였다.

"허, 판에 버려진 걸 가져가려면 누군들 못하나?"

김사장의 손이 주춤했다. 그리고 거두어 들이려던 것을 제자리에 슬그머니 놓았다. 이제 최선생의 눈에도 그들의 속임수가 보이기 시작한 것이다.

"박주사. 위의 패쪽을 떼어야지. 남의 것을 가져가면 되나?"

최선생이 박주사를 견제했다. 판돈을 올리고부터 최선생 앞으로 더욱 돈이 몰렸다. 차츰 말들이 거칠어지고 살기가 뻗치기 시작했다.

바로 그때였다. 급사의 다급한 목소리가 들려 왔다.

"최선생님, 최선생님, 교장선생님이 이리로 오고 계십니다."

"뭐얏!"

"몸이 아파서 결근하겠다고 한 사람이 마작판에 엎드려 있다고 누가 알린 모양입니다."

"젠장. 한참 잘 올라오는 판인데."

최선생은 돈을 주섬주섬 챙기기 시작했다.

"다음번에 다시 합시다."

두 사람은 닭 쫓던 개처럼 최선생을 쳐다보았다. 당장 교장이 들이닥친다는 데 그를 붙들어 둘 수는 없는 일이었다.

최선생이 학교로 돌아와 계산을 해보니 잃었던 아이들의 교과서 값을 모두 봉창하고도 쇠고기 십여 근 살 돈이 남았다. 그는 급사를 불러 말했다.

"야. 이 돈으로 쇠고기 열 근 사고 나머지로 막걸리 한 말 사라. 오늘 오후에 선생님들께 한 턱 내야겠다."

# 비오는 날

나는 일요일을 기다려 울진행 버스에 올랐다.

버스는 비포장도로를 달리느라 연신 덜컹거렸다. 날씨가 잔뜩 흐려 있어서 금방이라도 비가 쏟길 것만 같았다. 나의 마음도 날씨만큼이나 흐려 있었다. 이미 한달이 넘도록 나는 그녀의 편지를 받지 못했다.

… 정선생, 결혼은 우리 두 사람이 하는 것이지 부모님들이 하는 것이 아닙니다. 마음을 굳게 가집시다.…

나는 그런 식으로 그녀를 설득했다. 그러나 심약한 그녀로서는 부모의 완강한 반대를 극복하기 어려운 모양이었다. 편지로 이런저런 어려움을 호소하던 그녀가 갑자기 편지를 딱 끊어버린 것이었다. 서로 사귄지가 한두 달이 아닌데 그럴 수가 없었다.

버스가 부구란 곳에서 멈추자 나는 버스를 내렸다. 그곳에서 덕구란 곳까지는 한 시간 정도 걸어야 했다. 정선생은 작년부터 그곳 초등학교에서 근무했기 때문이다. 학교가 가까워질수록 나의 가슴은 더욱 두근거렸다.

… 부모님의 축복 속에 결혼하고 싶을 뿐입니다.…

그녀는 그렇게 말했다. 나는 그녀의 집안이 완고하다는 말은 일찍부터 듣고 있었지만 그녀의 의식마저도 이렇게 고루할 줄은 상상도 못했다. 그러나 그런 점 때문에 그녀가 더욱 돋보이는 것도 사실이었다. 경박한 시대엔 골동품이 오히려 값이 나가는 것이 아니던가?

학교가 저만치 보였다.

그녀는 오늘 일요일 당직 근무였다. 그녀의 집엔 발길도 할 수 없는 처지였음으로 나는 이렇게 일요일에 학교로 방문할 밖에 없었다. 교무실의 문을 밀치니 그녀가 보였다. 그러나 그녀는 혼자가 아니었다.

"정선생, 손님이 찾아오신 모양이네."

"네. 교장선생님."

그들은 바둑판을 마주한 채였다.

"그럼 나중에 마저 둘까?"

그녀는 서둘러 말렸다.

"아닙니다. 그냥 마저 두시지요."

"이거 미안해서…. 그럼 그럴까?"

그들은 바둑돌을 다시 놓기 시작했다. 그녀의 손끝이 바르르 떨렸다.

"허허. 오늘따라 정선생이 장고에 장고를 거듭하는군 그래."

교장은 담배 한가치를 뽑아 물고는 정선생이 그렇게 장고를 거듭한다면 나도 그럴 것이라는 여유로운 태도를 보였다. 나는 벽면의 시계를 쳐다보았다. 벌써 오후 두 시였다. 새벽차를 탔었지만 워낙 먼 거리여서 그렇게 시간이 걸렸던 것이다. 그런데도 그녀는 잠깐 목례를 보냈을 뿐이었다. 그녀는 바둑판을 들여다보기만 할뿐 얼굴을 들지 않았다.

"허허, 이런 변이 있나?"

교장은 상변 대마가 다 죽게 되었다며 혀를 찼다.

"정선생 솜씨가 제법인걸."

다시 그들의 시선은 바둑판 속에 빨려 들어갔다. 나는 다시 벽시계를 쳐다보았다. 바늘침이 세시를 가리키고 있었다. 어렵게 한판이 끝나는가 싶었다.

"허허. 이렇게 참패할 줄이야."

교장이 바둑돌을 던지며 애석하다는 표정을 지었다.

"한판 더 두시죠?"

그녀가 말했다.

"손님이 찾아 오셨는데."

"괜찮습니다."

그녀가 침착한 목소리로 말했다.

"그래도 될까?"

교장이 나의 눈치를 살폈다.

"계속 두시죠. 괜찮습니다."

나는 목이 메이는 것을 느꼈다. 괜찮습니다. 나는 그렇게 말했다. 그러나 과연 괜찮은 것일까. 나는 수 백리 길을 달려 왔다. 오직 그녀와의 만남만을 위해서 말이다. 그런데 그녀는 의식적으로 나를 피하려 들지 않는가. 그러나 아무튼 좀더 기다려 보자. 나는 그렇게 속으로 자신을 달랬다. 다시 지루하게 바둑돌이 놓이기 시작했다. 벽시계의 시침이 네 시에 머물렀다.

　마침내 나는 자리에서 일어섰다.

　"다음번에 또 들르겠습니다."

　"저런. 그래서야 되나?"

　교장은 그렇게 말했지만 그러나 그녀는 미동도 하지 않았다. 아니 깎아 놓은 석상 같이 몸이 굳어 있었다. 나는 밖으로 나왔다. 빗줄기가 가늘게 날리기 시작했다. 참담한 심정이었다. 이럴 수가 없었다. 멀리서 찾아온 사람을 이렇게 대접할 수가 있을까. 나는 천천히 걸음을 옮겨 놓았다. 빗줄기가 점차로 굵어지기 시작했다. 나는 내리는 빗줄기를 그냥 맞았다. 분노가 온몸을 휘감기 시작했다. 나로서는 평생 처음으로 당한 심한 모욕이었다. 원수 간도 아닌 처지에 그럴 수 없었다.

　빗줄기가 쏟기는 시골길은 그저 텅 비어 있었다. 인적도 끊기고 새와 짐승의 흔적도 없었다. 그 길 위로 나는 혼자 걷고 있었다. 분노에 떨며 걷고 있었다. 나는 원한에 찬 시선으로 자신이 걸어 온 빈 들길을 돌아보았다. 그때였다. 저 멀리 아물아물 흔들리는 물체가 보였다. 뿌연 빗줄기 속에서 그것은 검은 아지랑이 같았다. 내가 지켜보는 동안 물체는 점점 커지기 시작하더니 마침내 우산을 든 여인의 모습으로 변해갔다. 나는 발길을 옮길 수 없었다. 그녀이기를…. 나는 그렇게 기대하고 있었다. 그녀이기를….

　여인은 점점 가까워졌고 마침내 한 마리 참새처럼 나의 가슴팍으로 파고들었다. 그녀의 가슴이 콩당콩당 뛰었다. 차마 그냥 떠나보낼 수가 없었어요. 그녀는 울고 있었다.

# 호수가의 작은 집

　내가 처음 부임한 학교는 경포초등학교다. 교실 창문에서 바라보면 경포대의 정자와 호수가 한 눈에 들어온다. 학교에서 경포대로 이어지는 구불거리는 논둑길은 특히 아름다웠다. 별로 사람이 다니지 않는 한적한 길이었는데 어쩌다 허리 굽은 노인이 지팡이에 몸을 의지하고 힘들게 걷는 모습을 볼 수도 있고 때로는 지게에 무거운 짐을 진 농부의 모습이 사진 액자처럼 바라보이기도 했다. 아침저녁으로 안개가 자욱하고 또 평소에도 흐린 날이 많아서 혼자 걷는 사람의 모습이 퍽도 외로워 보이곤 했다.

　경포호반의 그런 아름다운 풍경과는 달리 학생들을 가르치는 일은 퍽 힘들었다. 내가 처음 맡은 학생들은 4학년 남학생인데 장난이 한참 심할 때라 수업시간에도 딴전 보기가 일쑤고 작은 일을 트집 잡아 서로 으르렁거렸다. 청소시간이 되면 교실 전체가 전쟁터를 방불케 했다. 교실은 먼지투성이고 학생들은 뒤엉켜서 씨름판을 벌이기도 하고 심지어는 싸움이 벌어져서 코피가 터지기도 했다.

　나는 교사로서 초년병이라 학생들을 잘 다룰지 몰라서 애들과 함께 으르렁거리고 고함을 치고 매질을 했다. 그렇게 하다 지치면 될 대로 되라고 내버려두고 홀쩍 교실에서 도망쳐 버리는 것이다. 그러다 순시 중이던 교감선생께 들켜서 청소지도를 제대로 못했다고 꾸중 듣기가 일쑤였다.

그런데 바로 이웃 교실인 2학년 여자반은 언제나 조용했다. 수업시 간뿐 아니라 청소시간도 그랬다. 신기하게 여겨져서 잘 관찰해 보니 그 반은 매일 학생 전원이 청소에 임했다. 대부분 하기 싫은 청소라 일주일에 한 번씩 차례가 오도록 당번을 정하기 마련인데 2학년 여자 반은 그렇지 않았다. 제각기 청소 구역이 정해져 있어서 학생들은 자기 담당 구역에 함께 모여 앉아 서로 이야기를 나누며 청소를 했다. 아이들은 제각기 자기 손에 알맞는 조약돌을 하나씩 들고 교실바닥을 문질렀다. 교실바닥은 오래된 나무판자라 쥐구멍이 숭숭 뚫린 상태였 지만 매일처럼 조약돌로 문질러 대니 윤기가 돌아서 반질반질 했다. 아이들은 얘기꽃을 피우며 때때로 까르르 웃기도 하면서 재미있는 놀이처럼 교실바닥을 문지르는 것이다.

깨긋한 남학생들이 쿵쾅거리면서 달리다가도 2학년 여자반 복도에 이르면 속도를 줄였다. 그렇지 않으면 백발백중 미끄러져 넘어질 것이 기 때문이다. 바쁜 걸음으로 걷던 선생님들도 그곳에 이르면 조심조심 걸었다. 아차, 실수해서 넘어지는 날이면 병아리 같은 2학년 여자반 애들의 까르르 하는 웃음소리를 들어야 했기 때문이다.

2학년 여자반 담임선생은 젊은 여선생이었는데 그녀는 학생들의 무리에 뒤섞여서 학생들과 함께 청소를 하기도 하고 같이 동요를 부르기도 했다. 아이들의 재미난 이야기에 동참하기도 했다. 그렇지 않을 때는 책상에 앉아서 학생들의 생활상태를 기록했다. 그녀의 학생기록부를 보면 학생들 이름 옆에 빨강, 파랑, 노랑의 색연필 동그라미를 볼 수 있다. 예절 바른 일, 착한 일, 고운 말, 다른 사람 돕기, 숙제 잘 해 오기 등등이었다. 간혹 가위표가 있기도 했는데 그건 숙제를 잊은 정도가 고작이고 대부분 긍정적인 방향의 평가였는데 어떻게나 정성스럽고 깨끗하게 표기되었는지 잘 정돈된 꽃밭을 보는 느낌이었다.

나는 그 아름다운 여선생의 모습에 매혹되지 않을 수 없었다. 단정하게 빗은 머리, 산뜻한 옷차림, 밝은 미소는 물론이요, 교실바닥의 쥐구멍마다 그 크기에 알맞는 조약돌을 놓아두고, 화분에 고운 모래를 깔아서 낡은 교실임에도 환히 빛나게 하던 예지, 그리고 어린 여학생들에게 해말간 웃음을 간직하게 하던 사랑과 열성이 그 여선생의 아름다움을 더욱 돋보이게 했다. 자기 일에 그처럼 충실할 수가 없었다.

그녀에게 반한 나의 시선은 항상 그녀의 등 뒤에 머물러 있기 마련이다. 그녀는 퇴근시간이 지나고도 한참이 되어서야 교정을 나선다. 으레 올망졸망 뒤따르는 여자애들이 있다. 2학년 여자아이들이다. 그녀는 아이들과 함께 청소를 하고 함께 교정을 나서는 것이다.

그녀의 집은 들판길이 끝나는 저쪽 호수가에 있다. 그렇기 때문에 교실의 창문에서 아주 잘 바라보인다. 그녀가 아이들과 더불어 걷고 있는 것은 호수 옆의 들판길이다. 약간의 밭이 있긴 하지만 대부분 논이다. 작은 개천을 따라 양쪽에 뚝방이 있고 그 길 따라 걷는다. 길은 한가한 논밭들 사이로 구불거리며 오래도록 이어진다. 그녀가 한참을 걸어갈 때까지 그녀의 일거수일투족이 모두 바라보인다.

선생님 옆을 올망졸망 따르던 아이들은 자기의 집이 가까워 오면 '선생님 안녕히 가세요'라는 인사를 남기고 갈래 길로 달려간다. 두세 명씩 짝을 지어 달려가는 애들의 등에서는 필통소리가 요란할 것이다. 단발머리가 나풀거린다. 그녀는 그런 아이들의 뒷모습을 사랑스런 눈길로 뒤쫓다가 다시 발길을 떼어놓는다.

나는 그녀를 쉽게 대할 수 없다. 언제나 싸늘하기 때문이다. 말을 붙여 보기도 쉽지 않다. 그녀는 허튼 농담 같은 것을 즐기지 않는다. 그래서 그저 바라보는 것만으로 만족해야 한다. 창가에 붙어 서서 그녀의 뒷모습을 바라보는 것만으로도 행복하다. 그러나 그것만으로 충분한 것은 아니다. 감정이란 항상 더 많은 다른 것을 추구하기 마련이다.

그래서 나는 일요일이면 낚싯대를 둘러메고 그녀의 작은 집이 있는 호수로 간다. 호수에는 제법 큰 가물치들이 많다. 하루에 대여섯 마리나 잡혔다. 나는 낚시질을 마치고 돌아오는 길에는 으레 핑계를 만들어서 그녀의 집에 들른다. 대개는 그녀의 노모에게 잡은 가물치 두어 마리를 건네주기 위한 것으로 가장한다.

"이번에도 큰놈들이 잡혔구면."

그녀의 노모는 매우 기뻐한다.

"잠시 들렀다 가게나?"

"웬걸 요. 어둡기 전에 가야죠."

나는 좀처럼 집안으로 들어가 머물지 않는다. 손님을 접대하기에는 너무나 가난한 그녀의 형편을 잘 알고 있기 때문이다. 그녀의 자존심을 다치면 안 되기 때문이다. 그러니 나는 그녀의 옆을 맴돌면서도 늘 그녀를 어려워하는 셈이다. 그녀가 화를 내면 정말 무섭다. 작은 입술을 옥다물고 작은 눈을 치뜨면 작은 얼굴이 돌덩이처럼 단단해진다. 온몸 주위로 싸느랗게 서리가 내린다. 그런 딸을 보면 그녀의 노모도 혀를 찬다.

"어쩌다 저런 독종이 되었는지 모르겠다."

그러면서도 내심 안타까워한다. 아비 없이 홀로 키운 외딸이라 남에게 얕보이는 일이 많았던 것이다. 그게 그녀를 그처럼 단단한 돌덩이가 되게 한 것이다. 그녀는 학교와 집밖에 모른다. 어디엘 나다니지를 않는다. 학교에서도 학생들밖에 모른다. 늘 애들과 함께 있고 애들과 어울린다. 동료 교사들과 어울리는 일은 극히 드물다. 그녀가 나에게만은 그나마도 관대한 편인데 그것은 내가 그녀의 성미를 돋구지 않도록 늘 세심한 주의를 기울이기 때문이다.

나는 그녀의 얼음처럼 싸늘한 태도가 싫지 않다. 그녀의 냉랭한 저 밑바닥에 들끓고 있는 열기가 감지되기 때문이다. 언젠가는 그 열기가 활화산처럼 터질 것이라고 믿고 있고 그것이 나를 향한 것이기를 기대하는 것이다. 그렇기 때문에 사실 그녀는 알지 못하지만 나는 달이 뜬 깊은 밤이면 몰래 그녀의 창문을 엿보는 일이 많다. 창문 틈으로 그녀가 잠자는 모습을 엿보는 일도 있었다. 그녀는 한 여름에도 이불을 턱 끝까지 끌어올리고 잠들었다. 죽음처럼 깊은 잠을 자면서도 이불을 차 던지는 일은 없었다.

그날은 달빛이 환했다. 그녀는 창턱에 턱을 고이고 정신없이 달빛을 바라보았다. 호수의 물들이 달빛에 번득였다. 어쩌다 물 속의 가물치들이 날개를 퍼득이며 호수가의 나무로 날아올랐다. 가물치들은 그렇게 나무숲에서 새들처럼 잠을 자고 새벽이 되면 다시 물 속으로 숨어든다. 어디선가 새들의 울음소리가 꾸꾸욱 들려 왔다. 새들도 꿈을 꾸는 모양이다.

그녀는 어느 사이 호수를 향해 걷고 있었다. 그녀는 자신이 맨발이고 잠옷차림인 것도 잊고 있었다. 어쩌면 그런 것은 별로 문제될 것이 없었는지 모른다. 그녀의 집은 호수가의 외딴 집이고 지금은 깊은 밤중이었다. 그녀는 호수에 이르러서도 발길을 멈추지 않았다. 그녀의 발끝이 수면을 휘저었다. 물의 주름살에 달빛이 구슬처럼 부서졌다. 무릎이 물 속에 잠겼다. 그리고 수렁 속으로 점차 빠져들기 시작했다. 잠옷자락이 수면에 떠올랐다. 그녀는 몽유병 환자처럼 그리고 꿈을 꾸듯 물 속으로 점차 잠겨들던 것이다.

나는 그녀가 창턱에 턱을 고이고 호수를 바라 볼 때에 이미 나무 둥치에 몸을 숨기고 그녀를 엿보고 있었다. 그녀가 잠옷차림으로 맨발채 걸어 나올 때 그것은 작은 요정과 같았다. 나는 자신의 눈을 의심했다. 그녀는 꿈꾸는 표정 그대로여서 바로 나의 옆을 지나치면서도 나를 알아보지 못했다. 그녀의 잠옷자락이 수면 위에 붕긋이 떠오를 때야 나는 놀라서 달려갔다.

내가 간신히 그녀를 물가로 끌어 올렸다. 그녀의 옷은 온통 젖었고 진흙으로 범벅이 되어 있었다.

"무슨 짓을 한 거요?"

나는 숨을 헐떡이며 힐문했다.

"자칫 죽을 뻔 했잖소."

그녀의 얼굴이 백랍같이 하얗게 되었다. 입술이 파랗게 얼어 있었다.

"추워요."

그녀가 가느다란 목소리로 말했다.

"늘 추웠어요."

나는 저도 몰래 그녀를 힘껏 껴안았다. 그녀의 몸은 온통 사시나무 떨리는 듯했다. 나는 그제야 이 독한 여자가 얼마나 따뜻함을 그리워했는지를 깨달을 수 있었다. 자기의 마음속에 빗장을 걸고 홀로 꽁꽁 얼어 있던 여자임을 이해하기 시작한 것이다.

# 달리던 기차도 멈추게 한 송별식

윤선생이 서울로 전근을 가게 되었다는 소식이 돌았다. 여학생들은 삼삼오오 떼를 지어서 수군거렸다.

"윤선생께서 전근을 가신단다."

"못 가시게 할 수는 없을까?"

"서울이 뭐길래 너도나도 서울이냐?"

윤선생은 국어를 가르쳤다. 윤선생은 시인이기도 했는데 학생들을 가르치는 정성이 매우 열정적이었다. 그 열정에 감화되어 문학을 지망한 학생들이 제법 되었다.

"그 대쪽같은 성미로 서울생활이 쉬울까?"

"그러게 말이야."

소문은 꼬리를 이었다. 사실 윤선생에게는 여러 가지 신화같은 일화가 있었다. 입학시험이 치열할 때라 몇몇 선생이 짜고서 시험 성적을 조작한 일이 있었다고 한다. 그 소문을 듣고 교장선생이 가장 곧다고 소문난 윤선생으로 하여금 시험지를 재검해서 조작 여부를 밝혀내라고 지시했다는 것이다. 윤선생은 이틀을 꼬박 새우며 시험지들을 모두 검토하고는 다섯 명이나 되는 부정합격자를 가려냈다고 한다. 그 일로 여러 명의 선배 선생에게 미움을 사기도 했다고 한다. 동료 교사의 일인데 그렇게 밝혀서야 너무 의리가 없지 않느냐는 것이었다.

읍내에까지 소문이 번진 또 하나의 일화가 있었다. 이곳에서 제일 큰 서점이 있었는데 학교에서 매년 구입하는 도서는 이 서점에서 취급했다. 도서담당이 윤선생이었으므로 서점 주인은 고마움의 뜻으로 윤선생댁으로 쌀 한 가마니를 보냈다. 월급으로 책 사기에 바쁜 선생의 생활인지라 끼니를 거르는 일도 있다는 풍문을 들은 터이므로 그렇게 쌀가마니를 보냈던 것이다. 퇴근해서 그 사실을 안 윤선생은 그 길로 쌀을 리어카에 싣고 서점으로 향했다. 그리고 서점 앞에서 고래고래 고함을 지른 것이다.

"야. 김용태. 이리 나와라. 네가 나를 어찌 보고 이런 짓 하냐? 이 개같은 놈아. 당장 이 쌀가마니를 가져가지 못하겠냐?"

서점 주인이 달려 나와서 구구한 말로 변명하고 빌고 사죄하고서야 선생의 분노를 가라앉힐 수 있었던 것이다.

세상살이에 대해서는 이처럼 청렴하고 대쪽 같이 곧은 성미였고 학생들에 대해서는 성심성의를 다하는 교사였음으로 학생들의 선망의 대상이 되고도 남았다. 그런 선생이 전근을 가게 되니 특히 다정다감한 성격의 여학생들에게 여간 충격이 아니었다.

윤선생이 전근을 가게 된 날. 전교생들이 기차역까지 송별을 나왔다. 교장선생님을 비롯한 여러 선생님들이 윤선생과 일일이 악수를 나누며 석별의 정을 나누었다. 시간이 되어 윤선생은 기차에 올랐다. 이윽고 기차가 기적소리와 더불어 천천히 움직이기 시작했다. 선로에 늘어섰던 여학생들이 기차가 떠나는 것을 보자 그만 일제히 울음을 터뜨리기 시작했다. 수 백 명의 학생들이 일제히 터뜨린 울음소리는 그대로 하나의 비명과도 같았다.

저만치 달리던 기차가 갑자기 속도를 늦추더니 마침내 멈추어 섰다. 조종석에서 운전을 하던 기관사가 황급히 내려와 선로를 살폈다. 수기로 기차를 떠나보내던 역무원도 황급히 달려 왔다.

"누가 다친 겁니까? 누가 다쳤어요?"

그들은 차바퀴며 선로의 둘레를 흘끔흘끔 살폈다. 아무런 이상도 발견되지 않았다. 역무원이 아직 그대로 서 있는 인솔 교사에게 물었다.

"왜 학생들이 비명을 지른 겁니까?"

"비명을 지른 게 아니라 학생들이 울음을 터뜨린 거지요."

"모든 학생이 일제히 말입니까?"

"그렇소."

기관사와 역무원은 머리를 절레절레 흔들었다.

"역무원 생활이 20여 년 넘지만 이런 일은 처음이요."

"이런 경우를 들어 본 일도 없소."

기관사도 그렇게 말했다. 그런 법석 중에서도 학생들은 여전히 울음을 그치지 않았다. 참으로 인상 깊은 사건이었다.

# 어느 화가의 죽음

선량한 사람은 빨리 죽는다.

그것이 나의 지론이다. 내 주위에서 착하다고 소문난 사람은 그 소문에 정비례해서 단명했다. 그래서 나는 가급적 착하지 않으려고 노력한다. 술을 좋아하는 내게 술을 마시러 가자고 해 놓고 술값을 내지 않는 친구에게 나는 절대로 술을 사지 않는다. 돈이 없다고 딱 잡아 뗀다. 나는 극장 앞에서도 두어 번 발길을 돌린 적이 있다. 극장에 가자고 해놓고 돈을 내지 않고 내 얼굴만 쳐다보는 그런 작자를 위해서 나는 절대로 주머니를 열지 않는다. 그럴 땐 물론 마음이 아프다. 아니 쓰리다. 돈이 없다면 모르되 있으니 내야 할 것이 아닌가? 그러나 오래 살려면 방법이 없다. 악할 수는 없지만 착하고 싶지도 않다. 오래 사는 것이 사람들의 욕망이라면 나도 그런 욕망을 지니고 있기 때문이다.

그런데 죽기를 바래서 기를 쓰고 착하려고 하는 사람이 있다. 최화백이 바로 그렇다. 항상 먼저 술값을 내고 항상 먼저 웃고 항상 먼저 말을 건다. 상대편에게 무언가를 해주고 싶어서 안달이다.

"홍작가, 내가 개인전을 열려고 하는데 말야."

최화백이 그렇게 말하자 나는 바짝 긴장한다. 저 양반이 내게 무엇을 베풀려고 저러는가? 평소 남에게 워낙 베풀기를 좋아하는 분이라 그런 의심을 안 할 수 없다. 그러나 그의 부탁은 엉뚱했다.

"14회째 개인전인데, 200호 이상의 대작들 만이네."

이 분의 그림은 〈바람 부는 날〉 연작이다. 십여 년이 넘도록 고향의 미루나무들이 바람에 쏠리고 있는 모습만을 그린다. 양념처럼 까치 몇 마리, 또는 노랗게 타고 있는 태양 정도가 곁들인다. 나름대로의 특이한 화풍이라고 화단의 평가를 듣고 있다. 좀더 설명을 곁들인다면 불타는 듯한 황토색의 강렬한 색감, 강풍에 쏠리는 미루나무, 둥지를 향해 날아가는 까치 두 마리, 시골길, 교회의 첨탑, 달동네, 무거운 보따리를 머리에 인 시골 여인네와 종종걸음으로 뒤따르는 아이들.

그리하여 시골 출신인 내게는 매우 친숙하고 정겨운 향수를 자아낸다. 유년기적 고향이 떠오르고 원초적 욕망이 샘처럼 고여 있고, 그리고 욕망은 바람이 되어 미루나무를 흔든다. 이런 바람에서 오는 역동감이 원초성, 향토성, 동화성의 미감을 부러 일으킨다.

"이번엔 홍작가가 내 그림의 해설을 맡아 주어야 하겠네."

"소설도 아닌 그림 해설을 제가 어떻게 씁니까?"

"그야. 내 설명을 듣고 쓰면 되지."

그렇게 최화백은 나를 설득하여 부득부득 자신의 화실로 끌고 가서는 그림을 해설하기 시작하는 것이다.

"바람이란 게 그렇네. 국토의 분단과 이념의 갈등에서 오는 아픈 상처(trauma)가 바람이 되는 거지. 미루나무를 뿌리 채 뽑아 버리려는 광폭한 바람. 그것이 불행한 역사의 소용돌이가 아닌가?"

나중에 안 일이지만 최 화백의 부모와 형제들이 모두 남북전쟁과 사상의 갈등에서 오는 피해로 돌아가신 모양이었다. 그래서 최화백은 그 소용돌이에서 벗어나지 못하는 것이다. 그가 상당히 좋은 직장마저 팽개치고 고달픈 화가의 길에 매진하게 된 것도 그런 상처에서 벗어나기 위한 몸부림이었던 것으로 보인다.

"그러나 나는 그런 상처를 마음속의 무덤으로 남겨두지 못하지. 황토색의 강렬한 채색을 통하여 맺힌 매듭을 풀고 응얼진 얼음을 녹이려는 것이야. 그래서 물감으로 황토색 언덕을 쌓고 그것을 칼끝으로 긁어내네. 숨겨진 아픔들을 아름다움으로 변용시키려는 것이지. 세찬 바람에도 불구하고 황토색의 느낌은 어머니의 따뜻함이며 또한 대지의 품이지. 근본적으로 우주에 대한 긍정으로 보면 될 것이야."

그의 감상법을 따라서 그림을 다시 보니, 열려진 공간에 밝은 빛의 더미들을 무진장 발견할 수 있었다. 그 빛더미가 어두웠던 우리의 마음을 밝게 하고 꽁꽁 얼었던 마음을 따뜻하게 녹여주던 것이다.

"나는 그림을 그릴 때 200호의 거대한 화폭에다 내 몸을 던지네. 장갑 낀 손으로 빛의 덩어리를 문질러 대며 바람의 통풍구를 손으로 감촉하지. 그리고 나이프로 스크레취 하면서 바람의 무늬결을 사색하네. 내 자신 바람이 되는 것이지."

최화백은 그렇게 자신의 그림을 자세히 설명했다. 나는 그가 설명해 준 것을 그대로 정리해서 그의 대작전 팜프렛 해설을 완성했던 것이다.

　최화백은 소품 위주의 작품을 만들어 왔기 때문에 그의 대작전은 장안의 화제가 되었다. 그리고 의외로 내 이름으로 발표된 작품해설이 명해설이라고 칭찬을 받았다. 그렇게 개인전이 끝난 며칠 후였다. 최화백이 나의 집으로 직접 찾아왔다.

　"자네가 써 준 작품 해설이 장안의 화제가 되었네. 고마움을 표하지 않을 수 있나. 그래서 내가 제일 마음에 드는 작품 하나를 선물로 가지고 왔지. 다른 사람들이 모두 눈독들인 것이지만 꼭 자네를 주고 싶어서 팔지 않았네. 들고 다니기도 쉽지 않아서 직접 가져 왔지."

　나는 여간 당황하지 않을 수 없었다. 내가 쓴 작품 해설이야 그 자신이 설명해 준대로 옮겨 쓴 것에 지나지 않았다. 나는 고향 선배인 그의 그림을 꼭 한 점 갖고 싶었지만 수 백 만원을 호가하는 그의 그림을 살 능력이 없었다. 그런데 선배가 손수 작품을 들고 왔으니 황송하기조차 했다.

　내가 술 한 잔을 대접하며 작품을 그냥 받기 어렵다고 간곡히 거절하자 최화백이 말했다.

　"이 사람아, 선배가 주는 것이야. 자네 내 그림 좋아하지? 간직할 사람이 간직해야 죽어서도 마음이 놓이는 법이거든. 사실 이 그림은 내가 제일 좋아하는 것일세."

　선배는 그렇게 말하며 강제로 그림을 맡기다시피 했다. 최화백이 떠나는 것을 배웅하며 나는 문득 최화백이 내게 그림 한 점을 선물하기 위해서 고의적으로 내게 작품해설을 부탁한 것을 깨닫게 되었다. 눈물이 핑 돌았다. 그리고 이런 선량한 사람은 오래 살기 어려울 것이라고 생각했다.

그런데 최화백에 대한 나의 그 방정맞은 생각은 한 달을 넘지 않았다. 나는 꼭 한 달 후에 최화백의 부고를 받았다. 그는 간암이었고 이미 몇 달 전부터 사형선고 상태였다고 한다. 최화백은 주위 사람들을 감쪽같이 속이고 평소 그대로 지내왔다. 그리고 내게도 자신의 귀한 작품을 선물하기 위해서 작품해설을 특별히 부탁한 것이다.

나는 눈물을 훔치며 나의 결심을 재확인했다. 나는 절대로 선량해지지 않을 것이라고. 그래서 오래 살 것이라고.

# 은사님의 뒷모습

## 〈1〉

원선생님은 내가 강릉사범학교를 다닐 때 사범병설 중학교에서 국어를 가르치셨음으로 나와는 간접관계의 은사님이시다. 그러나 선생님은 문학을 지도하셨기 때문에 문학도인 나로서는 선생님을 자주 대하는 입장이었고 그래서 늘 도움을 입었다. 그러나 학교를 졸업하고 한동안은 뵐 기회가 없었다. 세월이란 게 워낙 유수 같고 화살 같아서 눈 깜짝 할 사이에 몇 십 년이 지나는 것이다. 문학지에서 선생님의 시를 간간히 보긴 하지만 직접 만나는 기회가 쉽지 않았다.

어느 덧 나도 중학교 교사가 되어 국어를 가르치는 국어 선생이 되어 있었고 그런 어느 날 느닷없이 선생님의 전화를 받게 되었다. "요즈음 어떻게 지내나? 아직 소설을 쓰고 있는가? 습작품은 더러 있고?"

선생님은 성격이 매우 급하신 분이라 이런 여러 가지를 한꺼번에 물으셨다. 나는 우선 선생님이 내게 전화를 걸게 된 배경부터가 궁금했다. 후일에 밝혀진 것이지만 선생님과의 다시 만남은 매우 극적인 면이 있었다.

이종 사촌 누님께 망나니 아들이 있었다. 원래 착실해서 초, 중학생 때까지는 학급에서 일등이고 반장을 도맡아 하던 모범생이었지만 사춘기에 접어들고 고등학교에서 특활반으로 밴드부를 선택하고부터 행동이 전혀 달라졌다. 툭 하면 싸움질이었다. 그렇게 사고를 다반사로 저지르니 학교에서는 퇴학을 맞게 되고, 돈이 좀 있는 터라 누님은 다른 학교로 전학을 시키고 다시 사고를 쳐서 또 퇴학을 당하고, 그렇게 되풀이하는 동안에 아주 먼 시골 고등학교에 겨우 적을 걸치게 되었다.

누님으로서는 외아들이고, 더구나 한 때 착실하던 모범생이었던 것을 생각할 때 여간 안타까운 일이 아니었다. 그래서 여러 사람들에게 줄을 대고 돈을 쓰고 해서 겨우 다시 서울 변두리 고등학교로 전학을 시킬 수 있었던 것이다. 그런데 등교하던 첫날이었다. 규율부 완장을 찬 선배학생이 등교 길의 조카를 불러 세웠다.

"네 복장이 이게 뭐냐? 모자는 왜 쓰지 않고 들고 있냐? 못 보던 놈 같은데 몇 학년 몇 반이냐? 내가 규율부의 왕대감이란 걸 아냐 모르냐?"

그런 걸 참아낼 조카가 아니다. 그래서 주먹질을 시작하고 상대를 반쯤 죽여 놓은 모양이다. 전학해서 등교 첫날 이 모양이었으니 퇴학이 불가피했다. 누님은 교감실에 불려가서 여러 말로 사정했다고 한다. 앞으로 그런 일이 절대로 없도록 하겠다. 전학해서 등교 첫날의 일이니 한 번만 용서해 주세요. 그렇게 여러 말로 사정을 했지만 용서가 되지 않더란 것이다. 그래서 홧김에 저의 동생도 중학교 선생님입니다. 듣자 하니 선생님께서는 예전에 사범학교에 계셨다고 하셨는데 동생도 그곳 출신입니다. 그렇게 말했더니 그 동생 이름이 뭐냐고 묻더라는 것이다. 그래서 내 이름을 댔더니 크게 반색하시고 즉각 내게 전화를 걸더라는 것이다.

아무튼 그것이 인연이 되어 조카는 퇴학을 면하게 되고 나는 선생님을 만나게 된 것이다. 나는 선생님의 권유대로 그동안 습작 중이던 소설 작품 서너 편을 갖다 드렸다. 선생님은 그 작품을 문예지 추천위원인 작가선생을 소개해 주셨고 그것이 인연이 되어 나는 문단에 등단할 수 있었던 것이다.

그 이후로 선생님을 종종 뵙게 되었다. 소식이 뜸하다 싶으면 선생님께서 항상 먼저 전화를 주셨고, 그래서 자주 만나뵙게 되었다. 그 후 선생님의 권유로 나는 대학원을 다니게 되었다. 박사과정을 마치게 되자 선생님은 나의 취직을 위해 적극 주선하셨다. 그 무렵 춘천에 다녀온 일이 새삼 떠오른다.

"나하고 춘천에나 한 번 다녀오세."

선생님은 지나는 말처럼 그렇게 말씀하셨다. 그래서 나는 선생님을 따라 나섰다. 그때는 내가 박사과정을 마친 직후라서 대학에 몸담기 위해서 퍽도 애를 쓰던 시기였다. 선생님은 그런 내 사정을 알고 계셨기 때문에 내게 어떤 도움을 주고 싶으셨던 것이다. 춘천은 강원도의 도청소재지이고 선생님은 강원도에서 오래도록 교편생활을 하신 터이라 그곳에 동료와 친지들이 많았다. 여러 사람들이 선생님을 만나러 나왔다. 선생님은 제자를 소개하고는

"늦깎이로 박사과정을 마쳤으니 이젠 고향에서 키워주어야지요."
하고 부탁을 하는 것이었다. 교수 자리는 물론이지만 강사 자리라도
좋으니 제자가 일할 수 있는 기회를 마련해 달라고 간곡히 당부하는
것이었다.

선생님의 부탁은 매우 절실한 것이어서 상대편에게 부담을 주는
일은 아닌가 하고 걱정이 될 정도였다. 나는 나름대로 직장이 있었기
때문에 가볍게 부탁하는 정도라면 몰라도 굳이 그렇게까지 부탁하지
않아도 될 것으로 여겼지만 선생님의 제자 생각하는 마음은 너무나
컸다. 아마도 선생님은 당신의 일이라면 그런 식으로 부탁하지는 않았
을 것이다.

춘천에서 막차를 타고 상봉동 터미널에 내렸을 때는 열두 시에 가까
웠다. 그러고 보니 술을 마시느라 저녁식사도 변변히 못한 처지였다.

"선생님, 저녁식사 하시고 가시지요."

내가 그렇게 말하자 선생님은 머리를 흔드셨다.

"저녁은 집에 가서 먹지."

"그럼 택시를 타고 가세요."

내가 택시를 잡으려고 하자 다시 손을 흔드셨다.

"이곳에서 과천으로 가는 차가 있더군. 그곳에 가면 안양까지 택시
가 많아."

선생님은 버스 정류장 쪽으로 서둘러 걸으셨다. 이미 예순이 넘은
연세였다. 종일 사람을 만나느라 피로에 지친 모습이 역력했다. 희끗
한 머리칼이 가을 서릿발처럼 안쓰럽게 느껴왔다. 그런데도 제자의

택시값을 아끼시려고 서둘러 걸으시는 그 뒷모습이 너무나 아프게 느껴왔다.

〈2〉

내가 대학에 몸담고부터 선생님을 뵐 기회가 더욱 많아졌다. 주로 문학인들의 모임이다. 선생님은 늘 허허, 웃으시고 늘 넉넉하고 너그러운 마음으로 사신다. 그리고 강원도에 대한 애착이 남다르다. 그래서 선생님을 뵈면 강원도 암하노불岩下老佛의 전형이란 생각을 하게 된다. 큰 바위 아래 참선 중인 늙은 스님의 이미지다. 세상의 온갖 잡사에서 떠나 초연한 자세로 구름처럼 바람처럼 사시는 것이다.

남보다 먼저 웃고, 남보다 먼저 말하고, 남보다 먼저 행하시는 선생님은 남을 즐겁게 하고 싶고 남을 편하게 하고 싶고 남에게 도움이 되고 싶어 하신다. 그렇게 남보다 빨리 잘하려고 하시다 보니 성미가 급하다는 오해를 받기도 하신다. 그런 선생님의 내면엔 바위가 홀로 쌓고 있는 외로움 같은 것이 없을까 하는 생각도 든다.

선생님은 고향인 문막 부근에 제법 큰 야산을 소유하고 계신다. 주변 일대가 골프장이어서 그 땅도 골프장으로 수용될 가능성이 매우 크다고 하신다. 그런 점에서 선생님은 부자라고 할 수 있다. 그런데 정작 그분이 돌아가시게 되어서는 당신의 뼈를 산에 묻지 말고 적당한 곳에 뿌려 달라고 유언하셨다. 유족들이 차마 그럴 수 없어서 납골

전문의 절간에 모시긴 했지만 선생의 뜻은 아니다. 선생님께서는 돌아가신 아버지의 시신을 산에 묻지 못하고 화장한 재를 강에 뿌린 아픔이 있고, 그래서 당신 자신도 그렇게 떠나가시기를 바랐던 것이 아닌가 하는 생각이 든다. 선생님은 어느 잡지의 기고문에서 다음과 같이 말한 바 있다.

"나는 원주에서 나서 철원에서 자라고 강릉에서 뜻을 기렸으니 감자꽃이다. 송강은 강원도의 산하를 두루 섭렵하고 저 관동별곡도 썼지만 나는 빈손일 따름이다만…. 나의 고향은 강원도 도처에 있다. 강원도에는 깊은 추억의 눈물겨운 메시지도 있고 감격스러운 팡세의 파노라마도 있다. 잠시 머물고 잠시 쉬는 곳 어디인들 고향이 아닐까마는 나의 강원도는 분명히 아름답고 영원한 유토피아다."

선생은 강원도의 특정 지역 출신이라기보다 강원도 전체를 당신의 고향으로 여기는 듯하다. 그래서 강원도의 산을 퍽 좋아하셨다. 그분은 서울 근교의 북한산, 도봉산, 관악산, 수락산, 불암산, 수리산, 감악산을 두루 섭렵하셨다. 그리고 여가의 시간이 있을 때는 한라산의 백록담, 지리산의 천왕봉, 소백산의 국망봉, 태백산의 주목군락지, 월출산의 기암절벽도 찾았다. 그러나 정작 좋아하고 즐겨 찾던 곳은 강원도의 산들이다.

그러나 내가 특별히 애착을 느끼는 곳은 춘천의 연엽산, 홍천의 팔봉산, 화천의 무학봉, 명주의 오대산, 삼척의 두타산, 횡성의 태기산, 정선의 가리왕산, 인제의 대암산, 속초의 설악산 같은 강원도의 산들이다. 그리고 영월의 어라연, 동해의 무릉계곡, 고성의 북천 골짜기, 양양의 한계령, 명주의 소금강, 평창의 방아다리, 태백의 용정 같은 강원도의 계곡과 약수터 등이다.

그 밖에도 동해안을 따라 끝없이 펼쳐지는 광활한 바다와 흰 모랫벌, 소나무 방풍림, 포구의 어선들, 그리고 긴 장화로 부둣가에서 질퍽거리는 어부들을 사랑한다. 문막의 섬강은 물론이요 춘천의 소양강, 강릉의 남대천도 사랑한다. 그런 점에서 나는 강원도의 모든 자연에 대해서 특별한 애착을 지닌다고 하겠다.

강원도의 자연에 특별한 애착을 느낀다는 선생님은 자연의 순리와 섭리를 따라 자연처럼 살고자 하신다. 선생님의 좌우명은 상선약수上善若水다. 가장 선한 것을 물에서 배우고자 한다. 남보다 아래에 있고자 하고 순리대로 살고자 하며, 무리한 욕심을 보이지 않으신다. 좀 부족한 것 같고 어리석은 것 같고 좀 무디고 양보하고 그러면서 고여 있지 않기를 바라신다. 나는 선생님의 시집 해설에서 다음과 같이 말한 바가 있다.

시인의 근작시 중에서 '허허'의 표현이 자주 나온다. 그런데 이런 표현은 작품적 분위기를 위해서라거나 운율적 기교로 사용된 것이라기보다는 인생과 우주를 대하는 시인의 기본적 의식 곧 '달관'의 자세

와 무관하지 않다. 이순耳順의 나이에 들어선 시인에게는 세상의 만사
가 자연의 섭리 이상이기 어렵다는 깨달음과 궤적을 같이하는 것으로
보인다.

그런 깨달음 때문에 시인은 남과 시비를 벌이는 일이 없다. 남을
비평한 적도 없다. 나를 낮추고 남을 높인다. 할 수만 있다면 남에게
도움이 되고자 한다. '허허' 한 번 웃고 모든 것을 포용할 줄 아는
시인은 동양적인 달인의 면모를 지닌다. 그래서 그의 주위는 늘 후광
처럼 부드러움이 감돌고 화기로운 서기가 감돈다.

시인은 어려움에 부딪칠 대마다 '허허' 한 번 웃고 매듭을 풀어 버리
고 '허허' 한번 웃고 세속의 욕심들을 떨쳐 버린다. '허허' 한 번 웃는
것으로 만사형통이다. 참으로 위대한 달인이다.


위대한 달인으로서의 선생의 면모는 늘 나의 뇌리에 남아 있다.
선생께서 갑자기 돌아가셔서 잡지사로부터 추모글을 써 달라는 부탁
을 받게 되었다. 아무런 말도 써지지 않았다. 그렇게 고심하던 날의
밤에 선생께서 나타나셔서 추모글을 지도해 주셨다. 돌아가셔서도
스승이셨다. 나는 눈물을 흘리며 그 글을 옮긴다.


선생님, 선생님께서는 우리 곁을 떠나셨습니다.
평생토록 함께 계실 것이라 의심하지 않았지만 홀연히 모든 것들을
떨쳐 버리고 떠나셨습니다.

어찌나 조용히 급히 가셨는지 장례식장에서 머뭇대던 몇 지인들은 장의차마저 놓쳐 버리고 택시를 세내어 벽제화장터로 달려와야 했습니다. 그리하여 조객들이 배고픔을 달래느라 지하실 식당에서 점심을 먹으며 세속사를 담소하는 짧은 시간에 한줌의 재로 돌아가셨습니다.

선생님의 유골은 벽제화장터 옆의 '해인사 미타원' 납골당에 안치되었습니다. 평소 남의 경조사에 빠진 적이 없건만 선생님의 장례식엔 의식도 없고 그저 나그네처럼 지나치는 지인 몇 명뿐이었습니다. 그래도 선생님은 '허허' 웃으시며 '세상이 그런 것을' 하고 지나치실 것입니다.

너무나 예전 모습 선명해서 저는 선생님의 돌아가심을 믿을 수 없습니다. 그래서 선생님의 죽음을 애도하는 한 줄의 글도 쓸 수 없었습니다.

원고의 마감시간에도 글 한 줄 쓰지 못하고

답답한 그대로 잠들었는데

선생님께서 평소의 모습 그대로 나타나셔서

낙서로 얼룩진 찢겨진 연습종이 한 장과 붓 한 자루를 주셨습니다.

그리고 글제를 주시더군요.

'흰 나비의 꿈' 이라고.

저는 낙서가 씌어진 연습종이에다 글제를 쓰기 시작했습니다.

평소에 배우지 못한 붓글씨라 글씨는 멋대로 찌그러지고 거기에 눈물까지 번져서

글씨는 엉망이 되었습니다.

너무 힘들었습니다.

그런 저를 보시고 선생님께서는 평소 그대로 '허허' 웃으셨습니다.

꿈에서까지 당신의 조사弔詞를 지도하시는

선생님, 선생님은 진정한 스승이십니다.

꿈 깨서 생각하니

우리의 삶은 장자가 말한 '나비의 꿈'이고, 죽음 또한 그런 꿈꾸기의 연장이 아니겠느냐고, 함께 살아온 삶만도 대단한 것이 아니겠느냐고, 넉넉하게 웃으시며 깨우쳐 주시는 것이라고 깨달아졌습니다.

찢겨진 연습종이처럼 우리의 삶도 그리 반듯한 것도 아니고, 아무렇게 씌어진 낙서처럼 우리 삶의 내용도 그런 종류가 아니겠느냐고

가르쳐 주시며 '허허' 웃으시는 선생님

그 모습 너무나 선연하여 잠 깨서도 눈물을 멈출 수 없었습니다.

선생님, 선생님은 정녕 우리의 영원한 스승이십니다.

… 추모시, 〈흰 나비의 꿈〉 전문 …

# 발견의 시학

혜산蒼山 박두진 선생은 대학시절 은사님이다.

나는 문학을 공부하기 위해서 대학 국문과에 진학을 했고 마침 청록파의 한 사람인 혜산선생이 그 대학에 계셔서 인연을 맺을 수 있었다. 당시 나는 경제적으로 매우 어려운 처지여서 작은 과외실을 운영하여 학비를 조달했다. 그러다 보니 전공과 관계가 덜하다고 여겨지는 과목은 으레 결강이었다. 그러나 혜산 선생의 과목만은 반드시 수강했다.

혜산 선생은 말솜씨가 좋은 편이 아니었고 그래서 대부분의 학생들은 교실 뒷전에서 꾸벅꾸벅 졸았다. 그러다보니 혜산 선생은 제일 앞자리에 자리 잡고 있는 나만을 바라보며 열심히 강의를 하시기 때문에 나는 졸 수도 없었고 결강할 수도 없었다. 그런 인연으로 나는 매우 열심히 선생의 강의를 들은 셈이다.

혜산 선생이 강의를 끝내고 귀가할 때는 내가 동행하는 일이 많았다. 선생은 오장동 냉면을 좋아하셔서 정릉에서 버스를 타고 오장동까지 가는 일도 자주 있었다. 한 번은 을지로를 지나면서 길거리의 난전에서 표주박 몇 개를 사시는 것이었다. 표주박 모양이 매우 좋아보여서 장식품으로 벽에 걸어 놓을 것인 모양이라고 여겨서 여쭈었더니 그게 아니고 간장을 푸는 그릇으로 아주 적격이라고 하셨다. 그래서 사신다는 것이다. 선생이 매우 생활적이고 자상하시다는 것을 그때 처음 느꼈다.

개교기념 시화전에 작품을 내었더니 시가 괜찮다며 현대문학지에 추천을 받겠느냐고 물으셨다. 당시 선생은 현대문학지 추천위원이셨다. 나는 소설가를 지망하고 있어서 그 제의를 사양했다. 선생은 문학하는 사람은 고집이 필요하다며 나의 사양을 좋게 받아들이시는 것 같았다. 그 때의 시는 죽음에 대해서 다룬 것인데 지금도 기억난다.

밤이면 때때로
문을 두들기는 소리

가슴 언저리에 서성이다가
새벽이면
다시 올 것을 예견하며

투박하게 사라지는
발자국소리

나는 언제나
그를 본다

생명이 싹트는 사랑의 침실이나
신의 복음을 듣는 기도의 시간에도
무표정하게 지켜 서 있는 것을


'거- 누구요'
묻고 싶을 때마다 냉냉하게 스미는 통증
'거- 누구요'
묻고 싶을 때마다 깊은 굴형 그 유현幽玄한 깊이에 눌리는 현기증


호흡의 주변
그 지척咫尺에서
층계를 삐걱이며 다가오는 소리

··· 졸시 〈지척咫尺의 층계〉 전문 ···


시의 내용에 대해서 선생은 당부를 하셨다. 죽음에 대한 시는 죽을
나이가 되어서 써도 늦지 않다고. 그러니 이런 시를 쓰지 말라고 하셨
다. 그 예로 목월선생의 병문안을 갔었는데 보여주는 시가 모두 죽음
에 대해서더라고. 그래서 우려 했는데 얼마 되지 않아서 죽더라고.
한 번은 제자 시인이 시를 써 왔는데 모두 죽음에 대한 것이어서 경고
를 하셨다는 것이다. 이런 세계에 계속 머물면 죽게 된다고. 그런데도
그 세계에서 벗어나지 못하더니 결국 죽더라고. 그런 구체적인 예를
들어가면서 죽음에 대한 시를 쓰지 말라고 조언하셨다. 너무 절실하게

들려서 그 다음 부터는 죽음에 대한 시는 일체 쓰지 않기로 했다. 선생님의 말씀처럼 죽음이란 것은 아무도 살아난 자가 없기 때문에 아무리 숙고해도 그 깊이를 알 수 없는 것이고 그렇기 때문에 죽을 때 되어서 사색해도 늦지 않다고.

　나는 대학을 졸업하던 해에 결혼을 하게 되었는데 혜산 선생께 주례를 부탁하게 되었다. 선생의 자택은 연세대학교의 맞은 편 언덕에 있었다. 고향 선배인 이영섭 시인이 동행해 주었는데 선물로 가져갈 것이 마땅치 않아서 선생의 집으로 오르는 골목 가게에서 배를 한 상자 샀다. 구멍가게엔 상자갑도 없어서 푸대에다 담았는데 무거워서 끙끙대며 겨우 언덕을 올라갔다. 후일 선생은 농담처럼 말씀하시곤 했다. 그 푸대 자루에서 강릉 토박이 냄새가 나더라고.

　혜산 선생은 나의 주례 부탁에 대해서 자네라면 중매를 서 줄 수도 있는 일인데 당연히 서주겠다며 쾌히 허락하셨다. 그런 인연이 있어 설 명절 때면 아이들을 데리고 세배를 다녔다. 어느 해 선생님과 더불어 점심식사를 하던 중에 초등학교 6학년이던 막내 녀석이 불쑥 물었다.

　"할아버지, 시가 뭐예요?"

　매우 갑작스런 질문이어서 선생님께서도 당황한 표정을 지으셨다. 당시 중학교 국어 선생이던 나는 조마조마한 심정으로 선생님의 대답을 기다렸다. 초등학교 6학년생에게 단번에 알아들을 수 있도록 시에 대해서 설명한다는 것이 쉽지 않다는 것을 알기 때문이다. 한참 뜸을 들이신 선생님께서 말씀하셨다.

"시란 발견이란다. 여기 많은 수석들이 있지. 어떤 돌은 산처럼 보이고 어떤 돌은 시냇물처럼 보이고 어떤 돌은 사람처럼 보이지 않니? 이렇게 마음으로 발견한 것들을 글로 적으면 시가 된단다."

나는 선생님의 그 말씀을 지금도 잘 간직하고 있다. 내 막내 녀석은 이미 오래 전에 까마득히 잊었을 것이지만 말이다.

시는 발견이다. 그리고 그 발견이란 깨달음에서 온다. 그런 점에서 시는 깨달음이다. 그런데 여기에 하나 덧붙이고 싶은 것은 그리움의 정서다. 우리가 유년기적 추억을 시에 담는 것은 이미 멀어져 버린 것에 대한 그리움 때문이다. 그런 점에서 시란 발견이요 깨달음이고 동시에 그리움이다. 앞으로 내가 시를 쓰게 된다면 이런 인식의 틀을 염두에 둘 것이다.

그 자리에서였던 것 같다. 환담 중에 내가 불쑥 말했다.

"선생님. 〈수석열전水石列傳〉이 수백 편 넘습니다. 이제 다른 분야로 바꾸시지요. 예를 들면 말입니다. 우리나라의 집단 부락이나 마을, 도시를 제재로 하는 시를 연작 형태로 쓰는 것입니다. 그러면 그 마을의 자라는 아이들이 청록파 시인 박두진 선생께서 우리 마을을 이렇게 노래했다, 하는 식으로 자랑하고 긍지를 지닐 것입니다. 교육적으로도 매우 좋은 일이지요. 인도의 타고르가 한국에 와 보지도 않고 〈조선은 동양의 등불〉이라고 읊어서 두고두고 민족의 자랑이 되고 있는 것과도 같은 것이지요."

농담 반 진담 반으로 한 말이었는데 의외로 혜산 선생께서는 관심을 표하셨다.

"그래 홍군 말대로 한 번 시도해 볼까? '신택리지'란 제목이 어떨까?"

택리지擇里志는 동국여지승람東國與地勝覽과 더불어 우리나라 지리서의 대표적인 책이다. 혜산선생의 호응이 크다 싶어서 한동안 기대했었는데 선생께서는 그 일을 이루지 못하시고 세상을 떠나셨다. 선생의 시의 호흡이나 경향 등으로 보아서 매우 적절한 기회라고 여겼던 것인데 지금도 아쉬움이 크다.

이영섭 시인의 출판기념회 때다. 혜산 선생은 축사를 해 주시기 위해서 참석하셨다. 그런데 앞자리에 마련된 귀빈 자리에 아무도 혜산 선생과 동석하려는 사람이 없었다. 황금찬 선생은 혜산 선생과 거의 동년배여서 동석할 만도 한데 주위에서 그렇게 권해도 황선생은 끝내 사양하셨다. 황선생은 목월 선생의 추천을 받은 터라 혜산 선생을 스승과 같이 여겨서 어려워했던 것이다.

분위기가 그렇게 되자 혜산 선생은 나를 지목해서 옆에 앉으라고 하셨다. 나로서는 혜산 선생이 직접 은사이니 그렇게 어려운 처지가 아니었다. 그래서 나만 선생과 동석하는 모양새가 되고 말았다. 선생께서 나를 생각하시는 정이 매우 깊고 그래서 나도 선생을 쉽게 대하는 편이었다.

한번은 인천의 고등학교에서 서울의 중학교로 근무지를 옮겼는데 술좌석에서 내가 혜산 선생과의 지면을 자랑스럽게 떠벌이게 되었다. 그러자 국어 선생들이 청록파의 한 분인 혜산 선생을 직접 뵙는 영광을 가졌으면 좋겠다는 의사를 말했다. 술김에 아마 내가 오시라면 오실 것이라고 큰 소리를 치고 그 자리에서 전화를 걸었다. 혜산 선생은 자네가 직장을 옮겼다니 한 번 가 봐야지. 첫마디에 응낙하셨다.

다음날 혜산 선생이 내가 근무하는 학교를 방문하셨다. 여름 방학 때로 여겨진다. 국어 선생들이 혜산 선생을 모시고 약수터로 갔다. 혜산 선생은 술을 하지 않으신다. 여름철 대접할 것이라고는 과일밖에 없는데 입이 짧으신 탓인지 복숭아도 반쪽이 전부고 참외도 반쪽이 전부다. 약주를 하셨다면 좋은 술집으로 모실 수 있을 텐데 그렇지 못하니 답답하기 이를 데 없었다. 선생을 접대하기가 너무 어려웠다. 그 후로 한 번도 선생을 초청한 적이 없다.

나는 평소 문학을 하면서 혜산 선생의 꼿꼿한 정신을 늘 귀감하고자 했다. 선생은 문단의 감투에 관심을 가진 적이 없다. 대학에서 신제 박사제도가 새로 생기면서 구제 박사의 마지막 기회에 시인이나 작가에게 박사학위를 취득할 수 있는 기회를 준 적이 있다. 그때 대학에 있던 분들이 대부분 박사학위를 취득했다. 내가 알기에 유명인으로 박사학위를 거절한 인물은 황순원, 서정주, 박두진 선생 정도가 아닌가 한다.

우연한 기회에 선생님과 동행하다가 건강을 위해서 요즈음 어떤 운동을 하시느냐고 여쭈어 본 적이 있다. 물구나무서기를 한다고 하신다. 방에서 근 한 시간 정도 물구나무서기를 하고 있으면 몸이 개운하고 아주 좋다는 것이다. 그리고 그런 운동을 하게 된 배경을 설명하셨다.

유신시절 박정희 대통령 육순을 기해서 생일 축하시를 부탁받았다는 것이다. 그런데 현직 대통령을 경축하는 아첨의 시를 차마 쓸 수가 없더라는 것이다. 그래서 거절하면서 이유를 들었다는 것이다.

"어느 누구든 살아 있는 분을 위한 시는 쓰지 않겠노라고."

그 일로 당시 서슬 푸른 중앙정보부의 추적을 받게 되고 그래서 몇 달간 숨어서 지냈다고 하신다. 남의 집 골방에 숨어 지내노라니 운동할 기회가 없어서 궁여지책으로 생각해 낸 것이 물구나무서기였단다. 권력자에게 다투어 아첨하던 시기에 끝내 자존심을 지킬 수 있었던 혜산 선생님.

선생은 그런 말도 하셨다. 청록파 세 사람이 길을 걸을 때면 조지훈 선생은 하늘만 쳐다보고 목월 선생은 땅을 두리번두리번 살피며 걷고 혜산 선생은 똑 바로 앞만 바라보며 걷는다고. 그렇게 한 눈 팔지 않고 정면으로만 걸어오신 선생님.

혜산 선생 생전의 모습이 지금도 눈앞에 아른거린다.

# 4
유년의 뜰

# 바다의 꿈

## 〈1〉

훈이는 바위에 걸터앉아 출렁이는 파도의 물결을 바라보았습니다. 자꾸만 바닷물 속으로 뛰어들고 싶었습니다. 그러면 모든 게 끝나겠지요. 두 눈을 꼭 감고 뛰어드는 것입니다. 그렇게 하려고 이곳으로 달려 온 것이지요. 그러나 막상 파도의 검은 물결을 보자 두려운 생각이 들기 시작했습니다. 슬프기도 했습니다. 억울하고 분한 생각도 들었습니다.

아빠 엄마는 걸핏하면 훈이만 나무랍니다.

"초등학교 일 학년이나 된 녀석이 걸핏하면 동생을 울리고 그러냐?"

"동생 하나 있는 걸 잘 데리고 놀면 어디가 덧나냐?"

연희가 혓바닥을 쏘옥 내밀며 약을 올리기에 꿀밤 한데 먹인 것을 갖고 아빠도 연희를 편들고 엄마도 연희를 편듭니다. 연희는 겨우 알밤 한대 맞았을 뿐인데도 징징 울면서 고자질을 합니다.

"오빠가 때렸어. 때렸다고요."

엄마가 말했습니다.

"넌 왜 맨날 동생을 괴롭히니?"

아빠도 버럭 소리를 질렀습니다.

"못난 녀석 같으니. 그렇게 동생을 괴롭히려면 차라리 나가 죽어라. 나가 죽어."

훈이는 그깐 일로 나가 죽으라고 하는 아빠의 말이 원망스럽습니다. 연희 편만 드는 엄마도 밉습니다. 그래서 정말 죽어 보이겠다고 결심한 것입니다. 꼭 죽어 보일 것입니다. 그러면 엄마 아빠도 조금은 후회를 하시겠지요.

날씨가 우중충합니다.

그래서 바다에는 사람이 없습니다. 훈이가 서 있는 바위에서 한참 떨어진 곳에 낚시꾼 아저씨가 낚싯대를 드리고 있는 모습이 보일 뿐입니다. 그 아저씨가 때때로 훈이를 흘끔거립니다. 이런 날씨에 꼬마놈이 혼자 나와 있는 게 의심스러운 모양입니다. 그래서 훈이는 얼른 물 속으로 뛰어들 용기를 잃고 있었던 것이지요.

저녁 어스름이 다가오기 시작합니다.

그래서인지 낚시꾼 아저씨도 낚싯대를 챙기기 시작했습니다. 물고기가 별로 입질을 하지 않으니까 날이 어둡기 전에 끝내려는 것이지요. 낚시꾼 아저씨가 떠나고 나면 이 바다에는 훈이 혼자만 남게 되겠지요. 그러면 아무도 훈이가 물 속으로 뛰어드는 것을 말려주지 않을 것입니다. 훈이가 물 속으로 뛰어든 것을 아는 사람도 없겠지요. 아무도 모를 것입니다.

훈이는 슬펐습니다.

자신이 죽어 없어져도 아무도 알지 못한다는 것이 너무나 슬프게 여겨졌습니다.

엄마 아빠는 훈이가 죽은 것도 모르고 어서 집으로 돌아오지 않는다고 욕만 하고 있을 테지요. 나가 죽으라고 한 말 같은 것은 기억도 하지 못할 테지요. 어른들은 그렇게 말을 함부로 하고 금방 잊어버립니다. 하지만 이번에는 기필코 죽어 보일 것입니다. 그리고 함부로 말한 것을 후회하게 할 것입니다.

훈이는 다시 자신이 뛰어내릴 물 속을 들여다보았습니다. 우중충한 하늘 때문인지 물 속도 거무스름합니다. 평소 같으면 바닷속 반석에 붙은 성게며 바닷별 같은 것들을 똑똑히 볼 수 있을 텐 데요. 오늘은 하나도 보이지 않습니다. 시커먼 파도에 휩쓸리는 말치만 눈을 어지럽게 합니다.

훈이가 물 속으로 뛰어들면 저 바닷풀들이 그의 몸을 휘감을 것입니다. 그리고 마침내 그의 몸뚱이를 꽁꽁 묶어두겠지요. 그렇게 되면 아무리 발버둥쳐도 그 말치 더미에서 벗어나지 못할 것입니다. 그러면 마침내 죽게 되겠지요. 숨도 쉬지 못하고 꽁꽁 묶인 시체가 되면 시커먼 물고기들이 떼지어 몰려 올 것입니다. 물고기들이 사람의 시체를 좋아한다는 말을 참 많이 들었거든요. 살점이 뚝뚝 뜯기게 되겠지요. 그래도 아픈 것을 모를까요. 죽은 시체는 살점이 뜯겨도 아픔을 모를까요.

훈이는 눈물이 나왔습니다. 그래도 결심을 바꾸지 않을 것입니다.

훈이는 신발을 바위에 가지런히 벗어 두었습니다. 그래야 나중에라도 훈이가 이곳에서 바닷물 속으로 뛰어들었다는 것을 부모님이 알게 될 것입니다. 그래서 신발을 가지런히 벗어 둔 것입니다. 물 속으로 뛰어들면 모두가 끝장입니다. 아빠는 다시는 훈이를 나가 죽으라고 하지 않아도 됩니다. 엄마도 연희 편만 들지는 못할 것입니다. 연희도 공연히 입술을 쏘옥 내밀며 놀리지는 못하겠지요.

그때였습니다. 훈이가 물속으로 뛰어들려는 물의 표면이 부글부글 끓기 시작했습니다.

훈이는 놀라서 뒷걸음쳤습니다. 부글부글 끓던 물의 표면에서 갑자기 시뻘건 귀신이 불쑥 솟구쳤습니다. 훈이가 물 속으로 뛰어들기를 기다리던 물귀신이 더 이상 참지 못하고 솟구쳐 오른 것입니다. 훈이는 뒤로 서너 걸음 물러섰습니다. 물귀신이 따라 왔습니다. 훈이는 혼비백산해서 뒤로 더 물러서다가 그만 바닷물 속에 풍덩 빠지고 말았습니다. 시뻘건 물귀신이 여러 개의 다리를 한꺼번에 휘둘러서 훈이를 잡으려 들었습니다.

"살려 주세요. 살려 줘요."

훈이는 소리를 질렀습니다. 소리를 지르며 달리기 시작했습니다. 풍덩풍덩 물방울을 튀기며 달아나는 그를 향하여 시뻘건 물귀신이 추격해 옵니다. 시뻘건 다리를 사방으로 내휘두릅니다. 훈이는 숨을 헐떡이며 살려달라고 소리칩니다.

마침 언덕길로 오르려던 낚시꾼이 훈이를 보고 놀라서 물었습니다.

"애야. 무슨 일이냐?"

"물귀신 이예요. 물귀신 요."

"그게 무슨 말이냐?"

"시뻘건 물귀신이 나를 잡아가려고 했어요. 거미같이 생긴 놈인데요. 시뻘건 놈이었어요."

낚시꾼이 머리를 갸우뚱했습니다.

"애야, 거미는 시뻘건 색깔이 아니다. 시커멓다면 몰라도."

"시뻘건 놈이라니까요. 분명히 시뻘겠어요."

낚시꾼은 훈이가 무엇엔가 놀란 모양이라고 생각한 모양입니다.

"그놈을 어디서 봤다는 말이냐?"

"저기라니깐요? 나를 막 따라 왔다니깐요."

낚시꾼이 내키지 않는 표정으로 훈이가 앉았던 바위 쪽으로 몇 걸음 걸어갔습니다. 그러다가 무엇을 본 모양입니다. 낚시꾼은 매우 놀라는 표정이었습니다. 그러더니 갑자기 물 속으로 뛰어들었습니다. 물귀신을 본 모양이지요. 낚시꾼 아저씨는 물귀신을 두 손으로 움키었습니다. 그러나 다음 순간 물귀신이 시뻘건 팔을 휘둘러 낚시꾼 아저씨를 넘어뜨렸습니다. 낚시꾼 아저씨가 물귀신에게 끌려가면서 소리를 질렀습니다.

"애야. 낚싯대 두 대를 모두 갖고 와라."

훈이는 다리가 후들후들 떨렸습니다. 그냥 도망치고 싶었습니다. 그러자 낚시꾼 아저씨가 다시 소리쳤습니다.

"어서 가져오라니깐!"

훈이는 낚시꾼 아저씨가 혼자 싸우다가 물귀신에게 끌려가게 할 수는 없다고 생각했습니다. 그래서 낚싯대 두 개를 모두어 잡고 아저씨에게로 뛰어갔습니다. 낚시꾼 아저씨와 시뻘건 물귀신이 뒤엉켜서 어떻게 아저씨를 도와야 할지 알 수 없었습니다.

"그 낚싯대를 이리 내라."

낚시꾼 아저씨가 소리쳤습니다. 훈이는 낚싯대를 아저씨의 손에 들려주었습니다. 아저씨는 간신히 물귀신의 팔들을 떨쳐내고는 낚싯대 두개를 거꾸로 잡았습니다. 그리고는 부글거리는 물 속으로 낚싯대를 집어넣었습니다.

"굉장한 놈이더라."

아저씨가 말했습니다.

"거미같이 생겼지요? 시뻘겋지요?"

아저씨는 그 말에는 대꾸도 않고 낚싯대를 빙글빙글 돌렸습니다.

"이리 와 보아라. 굉장한 놈이지."

훈이가 아저씨 가까이 다가가서 물 속을 보니 시뻘건 문어 한 마리가 낚싯대에 두루루 말리고 있었습니다. 굉장히 큰놈이었습니다. 아저씨가 낚싯대를 돌릴 때마다 문어는 자신의 몸을 둥글게 감쌌다가 다시 풀어지고 그러다가 다시 둥글게 뭉쳐졌습니다. 문어는 그렇게 공처럼 말리고 있어서 힘을 쓰지 못했습니다. 그러나 워낙 큰놈이어서 낚시꾼 아저씨 혼자의 힘으로는 뭍으로 끌어올릴 수가 없었습니다.

"얘야. 네가 이쪽 끝을 잡고 있어라."

훈이가 낚싯대를 잡자 아저씨는 물 속으로 뛰어 들어서 낚싯대의 다른 쪽 끝을 잡았습니다.

"자. 끌어내자. 영차, 영차."

아저씨가 훈이의 힘을 부추겼습니다.

"와- 굉장하다."

정말 굉장했습니다. 훈이는 그렇게 큰 문어를 전에 결코 본적이 없었습니다.

아저씨는 낚시의 광주리에서 칼을 꺼내 왔습니다. 그리고 문어를 정확하게 반으로 쪼개었습니다.

"이 반은 네 몫이다."

훈이가 머리를 흔들었습니다.

"문어는 아저씨가 잡은 건데요."

"아니다. 찾아낸 사람에게도 한 몫이 차례 가는 법이란다. 그리고 네가 거들지 않았다면 나는 이놈을 잡을 수 없었을 게다."

아저씨는 훈이가 문어를 잘 메고 갈 수 있도록 멜빵을 만들어 주었습니다. 비록 반쪽으로 쪼개었지만 문어는 너무나 큰놈이어서 훈이가 메고 가기에는 너무나 무거웠습니다. 그래서 금방 이마에 땀방울이 맺혔습니다. 그래도 훈이는 신이 났습니다. 그가 왜 바다로 가게 되었던 지는 까마득히 잊고 말았습니다. 훈이는 콧노래를 부르고 있었습니다.

"엄마가 섬 그늘에 굴 따러 가면 아기가 혼자 남아 집을 보다가…."

바다는 훈이의 꿈입니다.

## 〈2〉

태풍이 몰아치면 바다는 무섭습니다. 큰 파도가 산더미처럼 몰려옵니다. 파도가 바위를 때리고 흰 포말로 부서져서 하얗게 흩날립니다. 부서진 파도의 포말들이 모랫벌 가득 밀려옵니다. 바닷가의 집들이 통째로 무너지기도 합니다.

그럴 땐 훈이는 언덕에 올라가서 바다를 바라봅니다. 파도가 모래 구릉을 넘어서 마을을 뒤덮고 그리고 그가 서 있는 언덕까지도 집어삼킬 것 같습니다. 눈에 불을 켜고 이빨을 갈며 몰려오는 파도는 수만 마리 뱀의 무리처럼 무섭습니다. 그래서 무서운 꿈을 꾸기도 합니다. 파도가 지축을 흔드는 소리에 온 몸이 떨립니다. 땅이 부르르 떨리고, 그리고 집도 부르르 떨리고 몸도 부르르 떨립니다. 그런 날 밤의 꿈에는 파도가 언덕을 치달아서 훈이의 몸뚱이를 하얗게 뒤덮습니다.

태풍은 몇 며칠 계속됩니다. 파도가 모래를 파내고 또 쌓고 그렇게 야단법석을 치고 나면 어떤 곳엔 없던 모래더미가 생겨나고 어떤 곳엔 푹 파인 웅덩이가 생깁니다. 태풍이 몰고 오는 파도의 위력은 참으로 대단합니다.

태풍이 지나가고 나면 대부분 바닷마을 사람들은 집을 수리하느라 정신이 없습니다. 파도가 지붕을 날리고 벽을 허물고 웅덩이를 만들거든요. 또 없던 모래더미를 만들어 그 모래를 치우는 데도 몇 며칠 걸립니다. 심할 때는 산에 쌓였던 나무토막들을 모두 휩쓸어서 집담 옆에 산더미처럼 쌓기도 합니다. 쓰레기를 치우는 데도 몇 달이 걸리지요.

바닷마을 사람들이 모두 집을 수리하느라 정신이 없을 때는 훈이는 혼자 심심합니다. 아무도 훈이에게 일을 시키지 않습니다. 일하는 곳에 어릿대면 걸리적거린다고 귀찮아하지요. 그래서 훈이는 외톨이가 됩니다.

외톨이가 된 훈이가 바다로 나갔습니다. 무서운 이빨을 드러내고 으르렁거리던 바다가 잔잔합니다. 언제 그런 적이 있었느냐고 시치미를 뚝 땁니다. 훈이는 작은 병에다 불강아지를 잡습니다. 도시 아이들은 불강아지가 아니고 뻘 강아지라고 합니다. 모래벌에서 사는 강아지란 뜻이지요. 그러나 이곳 아이들은 뻘이란 말이 생소합니다. 그래서 누가 뭐라든 불강아지라고 부릅니다.

불강아지는 파도가 철썩이며 만드는 촉촉한 모래밭에 있습니다. 작은 구멍이 퐁 뚫려 있어서 그곳을 뒤지면 됩니다. 구멍이 무너지지 않도록 밀짚을 구멍에 꽂고 그 주변의 모래를 살금살금 허물어 내립니다. 밀짚의 뿌리가 보이는 곳에 하얀 불강아지가 누워 있지요.

불강아지는 발이 많이 달린 하얗고 깨끗한 놈입니다. 도시 애들은 그걸 하얀 벌레라고 하지만 바퀴벌레 같은 벌레 종류와는 전혀 다릅니다. 그놈들은 손안에 들어오면 공처럼 몸을 웅송그립니다. 그래서 잘 굴러가는 공처럼 보입니다. 유리구슬 같지요. 그러나 그런 곳에 속으면 안 됩니다. 그놈은 제가 자유로운 줄 알면 뭉쳐졌던 몸을 펴며 팔짝 뛰어 달아납니다. 한 번 달아나면 다시 잡을 수 없습니다.

유리병 가득 불강아지를 잡아 모으다 보니 낚시질을 하고 싶어집니다. 도시 사람들은 미끼로 갯지렁이를 쓰지만 이곳 아이들은 불강아지를 사용합니다. 불강아지는 놀래미가 특히 좋아하는 미끼입니다.

훈이는 나무토막이 쌓인 곳에서 긴 막대기 하나를 찾아냅니다. 낚시도 찾아냅니다. 낚시 그물이 파도에 휩쓸려 여기저기 지천으로 흩어져 있어서 낚시 몇 개 찾는 일은 쉽습니다. 명태를 잡는 낚시라 좀 크긴 하지만 상관없습니다. 그물에 엉킨 실을 풀어서 낚시줄을 만듭니다. 그렇게 낚시를 만들면 불강아지를 미끼로 해서 놀래미를 낚습니다. 어쩌다 한 마리 잡으면 되지요.

그날도 그랬습니다. 임시로 대충 만든 낚시를 들고 낚시 할 곳을 찾습니다. 파도가 모래를 밀고 들어와서 전에는 바다이던 곳이 메꾸어져서 섭바위까지 걸어서 갈 수 있습니다. 보통 때는 어림도 없지요. 섭바위는 홍합이 까맣게 달라붙은 서너 개의 바위로 되어 있습니다. 도시 아이들은 그 바위를 홍합바위라고 불러야 한다고 말하지만 여기 아이들은 듣지 않습니다. 그들이 아무리 홍합이라 해도 이곳 아이들은 그들 나름대로 섭조개라 부르거든요. 그러니 섭조개바위를 섭바위라고 부르는 것은 우리 마음이지요.

섭바위가 엉킨 곳의 가운데에 큰 웅덩이가 있습니다. 그 웅덩이에 미역, 다시마, 파래가 많습니다. 웅덩이가 제법 깊어 낚시꾼들이 자리를 차지합니다. 바위틈에는 게들도 많습니다. 거품을 보글보글 뿜어대는 게들이 바위에 오르르 몰려 있다가 사람의 흔적이 얼찐대면 재빨리 구멍속으로 사라집니다.

섭바위는 평소에는 바지를 벗고서야 건너는 곳이지만 오늘은 모래가 잔뜩 쌓여 있어서 신발을 벗지 않고도 다가갈 수 있었습니다. 훈이는 낚시에 불강아지를 매달고 폭 파인 구멍으로 낚시를 드리웠습니다. 그런데 이게 웬 일입니까? 낚시를 넣기 무섭게 막대기에 묵직하게 매달리는 힘이 느껴집니다. 놀라서 잡아챕니다. 그러자 푸드득 하는 물고기의 움직임이 느껴집니다. 힘껏 끌어올립니다. 울긋불긋한 큰 놀래미 한 마리가 달랑 매달려 있습니다.

굉장히 큰놈입니다. 이렇게 큰 놈을 잡아 보기는 처음입니다. 별로 기대를 하지 않았던 터라 훈이는 당황합니다. 당장 이놈을 어떻게 처리할까요. 훈이는 바위에서 좀 떨어진 해변으로 달려가 모래를 파내기 시작했습니다. 그래서 큰 웅덩이를 만들고 파도가 다가 올 때 바닷물을 웅덩이에 담았습니다. 그리고 모래로 둑을 쌓아서 바닷물이 빠져나가지 못하게 했습니다. 그 모래 웅덩이에 놀래미를 놓아주었습니다. 팔뚝만한 놀래미가 훈이를 빤히 쳐다봅니다. 그러다 어쩔 수 없다는 듯이 모래 웅덩이에 갇힌 바닷물을 벌컥벌컥 마십니다. 속이 타는 모양이지요.

훈이는 다시 낚시를 드립니다. 낚시를 드리자마자 다시 막대가 묵직해집니다. 또 한 놈이 매달린 것입니다. 이놈도 굉장히 큽니다. 얼른 잡아다 물웅덩이에 집어넣습니다. 이제 두 마리가 되어서 물고기도 안심이 되는 모양입니다. 서로 주둥이를 마주칩니다. 다시 낚시를 드립니다. 금방 다른 놈이 또 뭅니다. 낚시를 집어넣기 무섭게 금방금방 먹이를 무는 일은 전에는 없던 일입니다.

놀래미란 놈은 의심이 많아서 낚시 미끼를 잡았다 놓았다 하기 때문에 쉽게 잡히지 않습니다. 깊이 물지도 않고 이상하면 금방 놓아 버리는 놈이거든요. 그런데 낚시를 넣자마자 금방금방 다시 무는 것은 그동안 배를 곯았다는 증거입니다. 너무나 굶주려서 미끼를 보자마자 환장을 하는 거지요. 그렇게 생각해보니 이번 태풍은 꽤 여러 날 계속되었습니다. 일주일도 넘었습니다. 그러니 그동안 먹이를 구할 수 없었을 것입니다. 일주일이나 굶고 보면 어쩔 수 없는 일이지요.

훈이는 신바람이 났습니다. 낚시를 드리자 말자 계속 놀래미가 낚시를 무는 것입니다. 한 구멍에서 계속 잡힙니다. 이런 경험은 전에 없던 일입니다. 그렇게 계속 잡아내던 훈이는 문득 이상한 생각이 들었습니다. 처음에 잡힌 물고기가 제일 크고요, 다음엔 조금씩 씨알이 작아지는 것입니다. 제일 큰놈이 제일 먼저 물고 그 다음이 힘이 있는 차례대로 무는 모양입니다. 점점 씨알이 작아지는 모양이 그렇습니다. 힘센 놈이 먹이를 먼저 차지하는 것이거든요. 십여 마리가 넘고 스무 마리가 넘자 이번엔 아주 작은 놈들이 끌려옵니다. 온 가족이 끌려오는 모양이란 생각이 듭니다.

훈이는 모래더미에 만든 물웅덩이를 들여다봅니다. 크고 작은 놀래미들이 스무 마리가 넘습니다. 웅덩이를 많이 넓혀 놓았지만 놀래미들이 제각기 꼬리를 퍼득이니 웅덩이가 가득합니다. 훈이는 물고기들이 서로 입을 맞대고 벙긋거리는 모습을 보면서 이상한 생각이 듭니다. 분명히 이 놀래미들은 한 가족입니다. 아주 대가족인 모양이지요. 처음에 배가 고프니 제일 큰놈이 말했겠지요. 내가 먼저 먹어 보아야겠다. 다칠런 지도 모르니까? 그렇게 할아버지 물고기가 사라지자 할머니 물고기가 말했겠지요. 무슨 일이 생겼는지 내가 알아보아야겠다. 그들이 두런두런 말하는 목소리가 들리는 듯합니다. 아버지는 할아버지를 찾아서 미끼를 물었습니다. 자식들은 아빠, 엄마를 찾아 나섰겠지요.

아무튼 물고기들은 잡혀서라도 서로 만나니 반가운 모양입니다. 서로 주둥이를 맞대기도 하고 꼬리를 서로 부딪치기도 합니다. 온 가족이 모두 잡혔으니 슬프지도 않은 모양입니다. 훈이는 놀래미들이 입을 맞대고 벙글거리는 모습을 오래 들여다보았습니다. 아주 단란한 가족입니다. 모두들 한 구멍 속에서 정답게 살았을 것입니다. 이렇게 잡혀서도 벙글거리는 모습이니까요.

훈이는 오래도록 생각하다가 모래에 물꼬를 만들어서 물고기들이 파도를 따라 모두 흘러갈 수 있게 했습니다. 그리고 막대기에 매달린 빈 낚시를 어깨에 메고 집으로 돌아옵니다. 물고기 가족들을 모두 놓아주어서 기분이 좋습니다. 훈이도 집에 가면 아빠, 엄마, 여동생이 그를 기다릴 테지요. 가족이 있다는 것이 얼마나 좋습니까? 훈이는 집으로 돌아가며 가족이 있어 행복하다는 생각을 합니다.

# 햇살의 기억

훈이는 잠 깨면 늘 혼자입니다. 어른들은 들판으로 일하러 나가시고 형과 누나는 학교에 가고 그렇게 되어 훈이만 남겨져 있습니다. 이미 햇살은 창문 가득 미어져 오고요. 문을 열면 멀리 바다가 보이고 그 앞쪽으로 해안의 솔숲이 보입니다. 그리고 넓은 들판과 논밭들, 과수원과 실개천도 보입니다.

마루로 나가면 들판을 가로지르는 곧은길을 보게 됩니다. 아직 레일이 깔리지 않은 철둑길. 이 길로 언젠가는 기차가 지나 갈 것입니다. 일직선으로 곧게 뻗은 철둑길은 들판을 가로질러 솔숲 너머로 꼬리를 감춥니다.

봄이면 늘 아지랑이가 아른아른 피어올랐지요. 개울과 무논에서 피어오른 것일까요? 아니면 추축한 흙더미에서 피어오른 것일까요? 봄이면 여자애들은 밭둑에서 쑥을 캡니다. 달래도 캐고요 냉이도 캐지요. 냉이는 특히 많습니다. 마당 앞의 화단엔 어머니가 좋아하는 원추리꽃이 있었는데 그것도 나물이 됩니다.

어디선가 붕붕대는 꿀벌들의 소리가 들립니다. 훈이는 꿀벌들의 소리를 따라 뒤란으로 돌아갑니다. 그곳엔 복숭아, 살구꽃이 활짝 피

었습니다. 그 화사한 꽃들 사이로 들락거리며 꿀을 모으는 꿀벌들의
모습이 보입니다. 훈이는 꽃이 좋아 복숭아꽃송이 속으로 얼굴을 들이
밉니다. 향긋한 꽃향기가 머리를 어찔하게 합니다.

진달래꽃이 만개한 한낮에는 동네 아이들을 따라 진달래꽃을 꺾으
러 갑니다. 동산마다 진달래꽃이 지천으로 피었습니다. 진달래꽃은
먹을 수도 있습니다. 허기진 배를 달래려고 열심히 뜯어 먹습니다.
그래도 배는 부르지 않고 입술만 파랗게 물이 듭니다. 그들의 대장격
인 남석이가 갑자기 "문둥이 온다." 소리 치고 달아납니다. 그러면
모두들 정신없이 도망칩니다. 신발짝을 손에 들고 달립니다. 낡고 닳
아서 찢어진 신발짝은 걸핏하면 발에서 빠져나갑니다. 신발짝을 잃고
엉엉 우는 아이도 있습니다.

문둥이는 아이들에게 가장 무서운 존재입니다. 어른들은 아이들이
말을 듣지 않으면 "문둥이 보고 데려 가라고 한다" 라고 협박하지요.
그 시절 문둥이는 참 많았습니다. 남쪽 마을 어귀 솔밭 공동묘지 옆에
는 문둥이 마을이 있었는데요. 문둥이들은 아침저녁으로 깡통을 들고
구걸을 나옵니다. 문둥이는 먼발치에서도 단번에 알 수 있지요. 헌
모자를 뒤집어쓰고 남루한 옷차림에 깡통을 들고 절룸거리는 행색이
특이합니다. 가까이 다가오면 대개 손가락이 떨어져 나간 손은 주먹손
이고요. 얼굴은 얼금뱅이, 귀는 문들어져서 쪽박 귀, 그리고 코는 아예
떨어져 나가서 얼굴 한 복판에 구멍 한 개만 펑 뚫려 있습니다. 남겨
놓은 밥이 없어 그냥 보낼라치면 문둥이는 진물이 흐르는 주먹으로
대문의 문설주에 쓱쓱 피고름을 묻혀 놓지요. 아이들은 여러 명 떼를

지어 흙덩이로 팔매질하며 문둥이 뒤를 쫓습니다. 문둥이들은 슬금슬금 도망을 치지요.

봄이면 그렇게 아지랑이와 진달래꽃과 문둥이 생각을 하면서 보냅니다.

여름이라고 특별히 다른 것은 없습니다. 아이들은 그냥 달리는 게 좋습니다. 어디를 가도 달음박질이지요. 수수깡이나 버려진 대나무를 다리 사이에 끼우고 먼지를 날리며 달립니다. 그러다 키넘게 자란 삼나무밭에 묻히기도 합니다. 삼나무 밭에 들어가면 특이한 향기 때문에 머리가 아찔해 집니다. 수수밭엔 참새들이 다닥다닥 매달려 있고요. 들판엔 목화꽃도 하얗게 핍니다. 개울의 모랫벌에선 감자를 우려냈고요. 그래서 속빈 감자겁질이 둥둥 떠다녔습니다. 감자 우려내는 냄새가 그리 싫지 않았지요.

어른들은 모랫벌에 큰 아궁이를 만들고 삼나무를 삶지요. 삶아진 삼나무의 껍질을 벗기는 것은 여자들의 몫입니다. 여자들은 목화를 삶아서 무명실도 뽑아냅니다. 무명실로 짜진 무명은 양잿물에 삶고 색을 잘 바래기 위해서 모래벌에 널어둡니다. 햇빛에 하얗게 바래지는 무명천이 바람에 펄렁입니다.

여름에는 집집마다 누에를 칩니다. 어른들은 뽕잎을 따서 누에를 먹입니다. 누에가 뽕잎을 갉는 소리가 빗소리처럼 들립니다. 잠을 자고 한 거풀 허물을 벗을 때마다 누에는 무럭무럭 자랍니다. 훈이는 엄마들이 뽕잎을 따는 뽕나무에 올라가 노래를 부릅니다. 뽕나무에 달린 오디는 참 맛있습니다. 까만 열매가 달큼합니다. 누에고치를 삶고 물래로 저으면 명주실이 뽑히고요 잘 익은 번데기가 나옵니다. 삶아진 번데기는 고소합니다.

훈이는 큰 아이들을 따라 소를 끌고 풀을 먹이러 다녔습니다. 냇가 과수원 옆입니다. 큰 아이들은 꼬마들에게 소를 맡기고 저희들은 씨름을 하지요. 그러다 몰래 과수원에 들어가 과일을 훔칩니다. 과수원엔 복숭아, 사과, 배가 있고 양딸기도 있습니다. 과수원지기가 눈에 불을 켜고 살피지만 아이들은 한낮에도, 또는 저녁 으스름에도, 때로는 달밤에도 과수원으로 숨어듭니다. 작은 아이들을 잘 붙여 주지 않지만 어쩌다 데려 가게 되면 도둑질 한다는 의식과 주인에게 들키면 큰일난다는 두려움으로 몸이 떨립니다. 주인에게 들켰을 때 울타리를 빠져나와 어떻게 도망칠 것인가를 생각하면 식은땀이 흐르지요. 과수원 안에는 과수원을 지키는 원두막이 있었고 말처럼 큰 개도 있어서 몰래 도망치기가 쉽지 않지요. 그래도 큰애들이 끼워주면 선택 받은 자랑으로 어깨가 으쓱해집니다.

개울의 빨래터에서는 어머니들이 빨래를 합니다. 빨래터는 다른 곳보다 물이 깊어서 목욕하기 좋지요. 어머니의 눈길이 머무는 곳에서 수영을 합니다. 물속으로 잠수하여 들여다보면 작은 새우들이 많습니다. 간혹 꾹저구나 모래무치도 보이고요. 때로는 은어떼를 만나게 됩니다. 은어는 떼를 지어 몰려오는데 얕은 개울로 올라오는 놈들은 그리 크지 않습니다.  날씨가 몹시 무더워지면 시냇물도 따끈따끈해지는데 연약한 은어가 뜨거운 물에 감각을 잃고 기절해서 떠오릅니다. 그럴 때는 손으로 얼마든지 움켜 낼 수 있지요. 물위에 둥둥 떠오르는 은어들은 정신없이 하류로 떠내려 가다가 바닷가 근처에 이르러 물이 차지면 다시 감각이 살아나서 활발하게 달아납니다.

여름에는 때때로 태풍이 몰아칩니다. 번개가 번쩍이고 천둥이 우르르콰 무섭습니다. 그런 날 밤, 부모님은 이웃 마실가시고 형과 누나들도 없고, 동생들과 집을 보는 경우엔 여간 두렵지 않습니다. 문틈으로 멀리 내려다보이는 솔숲에선 도깨비불이 날아다니지요. 이쪽 나뭇가지에서 저쪽 산등성이로 휙휙 날아다니는 도깨비불을 보고 있노라면 가슴이 콩알만해 집니다. 그런 날은 영락없이 도깨비에게 잡혀가는 꿈을 꾸게 되지요.

가을 놀이의 으뜸은 단연 콩서리입니다. 모래밭에 소를 풀어놓고 놀다가 큰 아이들이 미리 살펴 놓은 콩밭으로 숨어들어서 콩을 무더기로 꺾어옵니다. 그리고 그것을 모래에 파묻고 그 위에다 불을 지핍니다. 감자 철엔 감자서리, 밀 철엔 밀서리, 콩 철엔 콩서리. 늘 배고픈 아이들은 그렇게 서리해 온 알곡으로 배를 채웁니다.

늘 놀기만 하는 것은 아닙니다. 가을에 아이들이 해야 할 가장 중요한 몫은 새 쫓기입니다. 잘 익은 벼에 새들이 날아들기 시작하면 어른들은 병이 납니다. 그래서 새 쫓는 일을 아이들에게 시킵니다. 그때는 학교에서도 농번기 휴가를 주지요. 허수아비를 세우고 설렁줄을 매달고 새를 쫓기 위해서 온갖 방법을 다 동원합니다. 제일 그럴 듯한 것이 파래치기인데요. 파래치기란 새끼줄을 널따랗게 땋아서 그것을 머리 위로 빙빙 돌렸다가 마른 땅에다 땅- 소리가 나게 두들기는 것입니다. 땅- 하는 소리가 제법 크게 들리고 그러면 새들은 놀라서 화들짝 달아납니다. 익숙한 아이들은 그런 것을 잘 하지만 훈이는 별로 익숙하지 못해 새를 향하여 우- 하고 소리를 지르며 달려가는 게 고작입니다.

추수 때는 정말 바쁘지요. 아이들도 돕지 않으면 안 됩니다. 벼를 터는 기계 소리가 와릉와릉 들립니다. 낟알은 기계의 톱니에 깨끗이 털어지지요. 낟알이 사방으로 달아나기 때문에 멍석으로 벽을 만들어야 합니다. 아이들은 볏단을 날라야 하지요. 나중에 보면 온 몸에 벼수염이 박혀서 여간 가렵지 않습니다.

가을이 되면 단풍 든 산이 매우 아름답습니다. 특히 감나무의 감이 빨갛게 익은 모습은 정말 좋지요. 훈이의 이모집은 부자여서 초시마을의 산자락에 수십 그루의 감나무를 갖고 있습니다. 감을 딸 때가 되면 온 식구들이 들놀이 준비를 합니다. 점심도 따로 장만하지요. 그래서 머슴아들이 나무에 올라가 감을 따면 훈이는 그걸 받아서 함지박에 간직합니다. 종일 따면 엄청나게 많습니다. 이모네는 감을 따서 친척들에게 골고루 나누어주고 남은 것은 광의 솔잎 광주리에다 홍시를 앉힙니다. 겨울철 내내 홍시감을 먹을 수 있습니다. 얼려서 얼음이 버적버적한 홍시를 먹을 때의 맛은 매우 특별하지요.

그 시절엔 늘 배가 고팠습니다. 서리가 내리기 직전의 무 밭은 잎이 청청한데요. 무 밭을 지나면서 발길로 큼직한 무의 대궁이를 걷어찹니다. 그러면 무의 윗둥이가 뚝 불어지지요. 푸른빛이 청청한 윗동이라야 달지요. 엄지손가락으로 무 껍질을 돌려 벗긴 다음 이빨로 베물면 달큼한 물이 입안 가득 굅니다. 무를 서리할 때가 되면 이미 겨울의 초입이 됩니다.

영동지방엔 겨울이 되면 눈이 엄청 내립니다. 쌓인 눈이 처마에 까지 이릅니다. 그래서 마을로 이르는 길을 뚫어야 하는데 그게 눈 터널이 되지요. 그런 겨울엔 남자 어른들은 사랑방에서 부들이나 왕 골로 자리를 매고요 엄마들은 삼베실을 꼬아서 길쌈을 하지요. 아이 들은 잘 가는 사랑방에 모입니다. 훈이보다 세 살 위인 남석이라는 아이가 있었어요. 그 집 사랑방에 모이면 구수한 옛날이야기를 들려 주지요. 심청전이며 홍부전, 홍길동 전 같은 이야기도 그 사랑방에서 들었습니다.

겨울 놀이는 단연 눈썰매입니다. 대나무로 스키를 만들어 비탈길에 서 내리달리는 것이지요. 동네 사람들은 길을 미끄럽게 한다고 질색 이지만 아이들은 멈출 수 없습니다. 논에서 썰매를 지치기도 하지요. 썰매는 아이들 스스로 만든 조잡한 것이지만 여간 재미있지 않습니 다. 그런 날은 대체로 깨진 얼음 웅덩이에 빠져서 옷을 버리기 일쑤 입니다.

참새집을 뒤지기도 하고요. 초가집 처마에는 참새가 들락거리는 구멍들이 많아요. 큰 아이들이 작은 아이들을 보조로 사용하지요. 큰 아이들이 후래쉬로 초가집 처마에 있는 참새 구멍을 비치면, 참새란 놈은 구멍 앞에서 눈을 반들대며 후래쉬 불빛을 바라보다가 족대 그물 속으로 포르르 날아듭니다. 그렇게 몇 시간 동안 몇 십 마리의 참새를 잡습니다. 큰 아이들은 심부름한 졸무래기에게 사탕 몇 개 던져주고 참새는 몽땅 가지고 갑니다. 그래서 밥 늦도록 추위에 떨며 심부름을 하지만 정작 참새고기는 구경도 못합니다.

팽이치기도 합니다. 팽이의 뒤에다 색연필로 동그라미를 그려 놓으면 무지개 빛깔이 되지요. 닥나무 껍질로 된 채를 들고 힘껏 내리치면 팽이가 윙윙 우는 소리를 들을 수 있습니다. 구슬치기도 합니다. 유리 알로 된 구슬을 멀리서 맞추어 먹기도 하고 땅에 구멍을 뚫고 그리로 집어넣기도 하지요. 자치기도 합니다. 손바닥 두 뼘 정도의 크기로 나무의 끝을 엇긋게 잘라내고 만든 막대를 메뚜기라고 불렀는데 그것을 높이 튀어 오르게 해서 멀리 쳐내는 것입니다. 제기차기도 하고요. 딱지치기도 하고요 연날리기도 합니다.

소꿉놀이도 했지요. 훈이는 절름발이 순녀를 좋아했습니다. 순녀도 훈이를 좋아했고요. 그래서 엄마 아빠 놀이를 했지요. 순녀는 나무토막을 둘쳐 업고 간난아기라 하고 아기에게 흙으로 된 밥을 먹이고 풀잎으로 된 반찬을 먹입니다. 조개껍질이나 깨어진 사금파리가 밥그릇이 되지요. 지나가는 어른들이 훈이에게 호통을 칩니다. 남자애들이 그런 놀이를 하는 게 아니다. 그래서 훈이는 양지쪽 둔덕에서 어른들 몰래 놀았습니다. 그렇게 소꿉놀이를 하는 동안 훈이는 언제까지나 나이를 먹지 않습니다.

# 아버지의 우차

훈이의 집앞엔 곧게 뻗은 철둑길이 있었습니다. 아직 레일이 깔리지 않은 건데 훈이는 늘 거기서 놀았습니다. 나중에 안 일이지만 이 철둑 길을 만들 때 농삿군이던 훈이의 아버지는 재빨리 우차를 마련했습니다. 그래서 철둑길을 만드는 공사판에 흙을 나르기도 하고 돌을 나르기도 해서 임금을 받았고 그것이 집안을 일으키는데 큰 힘이 되었다고 합니다. 그러니 그 때의 우차는 요즈음의 덤프트럭 쯤 되는 셈이지요.

훈이의 아버지는 힘이 좋으셔서 우차를 끄는 황소를 쉽게 다루었습니다. 고집스런 황소도 아버지가 코뚜레를 잡고 버티면 꼼짝 못했습니다. 황소뿐 아니라 큰 암소도 있었는데요. 한참 때는 머슴이 둘이나 있었지요. 어른 머슴과 아이 머슴인데 특히 어른 머슴은 훈이에게 아주 친절했습니다.

어른 머슴은 훈이에게 팽이도 깎아주고 연도 만들어 주었습니다. 여름철엔 야생 청둥오리를 붙잡아 상자를 짜주고 놀게 했고요. 겨울에는 다람쥐를 붙잡아 주었습니다, 다람쥐가 쳇바퀴를 돌리며 끝없이 달리는 모습을 보며 좋아하던 기억이 납니다. 봄나물 철에는 아버지가 머슴들과 산에 가서 산나물을 산더미처럼 해오지요. 그러면 어머니와 누나들이 그 산나물을 멍석에 말리느라 분주했습니다.

훈이의 집은 새로 지은 까만 함석지붕의 집입니다. 집이 워낙 좋아서 철둑길 토목공사를 책임진 일본인 기술자가 하숙을 했다고 합니다. 새로 난 철둑길은 주문진 읍내 쪽에서 해안을 따라 오다가 훈이네 집에서 삼 마장쯤부터 구부정하게 휘어집니다. 철둑길이 똑 바로 오게 되면 훈이네 집이 반쯤 잘리게 되어서 일본인 기술자가 자신이 하숙한 집이 잘리지 않도록 도면을 조금 고친 것이랍니다. 그런 설계 때문에 해안쪽으로 뻗어야 할 길이 밭들이 많은 들판쪽으로 기울어진 것이지요.

일본인 기술자 덕분에 집이 잘려나가는 것은 면했지만 훈이의 집이 자리 잡은 산의 반이 잘려 나가면서 집 옆은 가파른 비탈이 되었습니다. 그래서 산사태를 방지하기 위해 그 비탈에다 아까시아 나무를 심었지요. 5월이면 아까시아꽃이 만개해서 그 향기가 대단합니다.

훈이의 집은 처음 짓게 될 때 당시 지관에 의해 매우 좋은 명당으로 평가받았다는 것입니다. 그러자 학식 깨나 있는 이웃 노인이 그 터를 탐내서 아버지에게 터를 양도하라고 졸랐답니다. 그러나 그때는 이미 주춧돌이 모두 놓이고 목재도 쌓아 놓은 상태여서 그럴 수가 없었지요. 그러자 그 노인은 아버지께서 술을 좋아하는 약점을 이용해서 술을 잔뜩 마시게 하고 술 취한 상태에서 집의 매매문서에 도장을 찍게 했다는 것입니다. 잠이 깨고 술이 깨니 이런 난감할 일이 없었지요. 주춧돌을 놓고 기둥감이며 대들보를 모두 쌓아 둔 상태인데 집터가 남의 손에 넘어 갔으니까요.

이런 사실을 알게 된 어머니가 온통 야단을 쳤다는 것입니다. 마을 사람들이 몰려오고 친척들이 몰려 와서 이 경우 없는 부당한 일에 대한 항의가 거칠자 이웃 할아버지는 할 수 없이 원래의 집 자리를 양보하고 그 밑의 200여 평을 양도받는 것으로 타협이 되었다는 것입니다. 그래서 4백여 평 되던 집터는 반으로 줄었고요. 훈이네 집은 원래의 위치 그대로 남향인데 바로 아랫집은 서향으로 지었습니다. 그래서 바로 이웃이지만 평생토록 별로 사이가 좋지 못했습니다.

훈이 어머니는 집터 자랑을 했고 그럴 때마다 아버지의 흉을 보았습니다. 아버지는 매우 호인이셨는데, 서너 살 어린 나이 때 할아버지가 돌아가셨다고 합니다. 과부가 된 할머니가 친정엘 갔다가 보쌈 당해서 개가를 했답니다. 아버지는 예닐곱 살 정도까지는 개가한 할머니와 더불어 강릉시 연곡면에서 살았지만 철이 들자 할아버지의 형제들이 있는 양양군 현남면 인구리로 돌아가서 사촌들에게 얹혀살았답니다.

훈이가 태어난 연곡면 영진리는 어머니의 고향입니다. 어머니의 큰댁은 영진뿐 아니라 강릉 일대에서 알아주는 부자였고요. 주로 해운업을 했다고 합니다. 화륜선으로 일본 등지에서 물건을 사다가 이곳에 와서 팔았는데요, 농토도 상당했다고 합니다. 그러나 큰아버지가 첩을 얻고 방탕한 생활을 하게 되자 재산이 눈 녹듯 줄어들고 첩실과의 불화가 이어져서 몰락의 길을 걷게 되었답니다.

어머니의 어머니, 그러니 외할머니는 큰댁에서 분가해 나와서 살았는데 외할아버지가 일찍 돌아가시고 딸만 5명이고 아들이 한 명인 상태에서 혼자서 살림을 감당해야 하는 억척이었다고 합니다. 아버지는 데릴사위가 되어 처가살이를 했는데 셋째 딸이 그중 예뻐서 일찍부터 혼사를 정한 상태였다고 합니다. 외할머니의 입장에서는 제법 많은 농사를 감농할 수 있는 건실한 장정이 필요했을 것입니다.

아버지와 어머니는 교육열의가 매우 높아서 자식의 교육에 끔찍했습니다. 훈이가 학교에 들어가자 형들처럼 앉은뱅이책상을 따로 마련해 주었습니다. 형제들은 밤이면 모두 둥글반에 모여서 공부를 해야 합니다. 남포불을 가운데 걸어 놓고 10시가 넘어서야 파했습니다. 아버지는 자리를 매고 어머니는 길쌈을 합니다. 10시쯤 되면 밤참을 내 오지요. 동치미에 식은 밥을 비벼 먹기도 하고, 때로는 인절미 같은 별식도 나옵니다. 홍시감이나 사과 같은 과일도 나오고요. 그렇게 밤참을 나누어 먹고서야 이부자리를 폅니다.

선생님들의 가정방문이 있게 되면 학년에 관계없이 모두 훈이네 집으로 모입니다. 그런 날의 저녁은 마치 잔치집 같습니다. 어머니는 우럭 찜이며, 대구탕, 전복회 같은 해산물 음식을 만들고요. 키우던 암탉도 잡고요. 그렇게 특별한 음식을 마련해서 선생님들을 대접합니다. 훈이가 6년 동아 계속 반장을 했고, 줄곧 1등을 하게 된 배경에는 이런 집안의 교육열이 밑받침되었으리라 생각됩니다. 학급에서 계속 반장을 맡으니 별명이 반장입니다. 친구들도 훈이를 부를 때는 '반장!' 하고 부릅니다.

훈이의 집은 매우 화목합니다. 그러나 아버지의 술주정이 심한 편입니다. 술 취하신 아버지가 일을 마치고 돌아오실 때는 고래고래 고함을 지릅니다. 고된 농사일이라 일이 끝나면 으레 술이 나오고, 주량이 센 아버지는 늘 만취 상태가 되지요. 그래서 평소 섭섭했던 감정을 술취한 상태에서 풀려다 보니 술주정의 형태로 나타나는 것입니다. 아버지는 언덕을 넘으면서 호통칩니다. 집안의 가장이 돌아오는데 아무도 마중을 나오지 않았다는 것입니다. 그런 고함 소리가 들려오면 가족들은 모두 숨지요. 그리고 훈이만 덩그렇게 방안에 남겨 둡니다. 아버지는 훈이를 매우 귀여워해서 우는 아이를 안고 어르다가 그냥 잠드시지요.

아버지의 한은 평소 어머니를 모시지 못한 것입니다. 훈이에게 할머니 되시는 분인데 어린 큰아들을 두고 개가한 것이 퍽 마음에 걸렸던 모양입니다. 언덕너머 막내 아들네에서 평생을 사셨습니다. 그래서 훈이는 친할머니인 줄을 모르고 늘 작은집 할머니라고 불렀지요. 할머니가 개가하여 낳은 두 번째 아들은 어머니의 사촌과 결혼했습니다. 그래서 훈이는 아버지의 동생을 작은 아버지라고 부르고 작은 어머니는 이모라고 불렀습니다. 세 번째 아들인 막내둥이 작은 아버지는 6·25때 짐꾼으로 붙잡혀 가서 발과 손이 동상에 걸려 손가락이 없는 조막손, 발가락이 없는 조막발이 되었습니다. 그래서 평생 지팡이 생활을 해야 했습니다.

할머니는 아버지의 소망에도 불구하고 큰아들네에서 살기를 거절하시고 셋째인 막내와 사셨습니다. 그러나 막상 돌아가시기 며칠 전에야 큰아들네 집으로 가겠다고 하셔서 훈이의 집에서 운명하셨습니다. 장례식이 떠들썩했습니다. 아버지는 어머니를 새로 찾은 것 같은 모양입니다. 그때의 장례식이 어렴풋 기억납니다. 장례행렬이 마을에서 읍내로 이르는 멀리 까지 이어졌습니다. 상두꾼의 요령소리가 쩡쩡

울렸습니다. 읍내에 이르는 중간쯤 길에 노제를 지내고 마을 사람들은 남고 상두꾼과 상제들은 선산이 있는 현남면 인구리로 나아갔습니다.

훈이는 어려서 장지까지는 가지 못했지만 그때의 대단했던 인파를 잊을 수 없습니다. 집안에 이렇다할 행사가 없던 터여서 마을사람들이 모두 부조에 나선 탓이 아닌가 하는 생각이 듭니다. 할머니의 묘소는 할아버지와는 한참 되는 거리입니다. 할아버지가 너무 일찍 돌아가셨고 더구나 할머니가 개가하셨기 때문에 합장할 운세가 되지 못하다고 해서지요.

할머니의 장례식을 그렇게 떠들썩하게 지내신 아버지이지만 정작 아버지의 죽음은 퍽 쓸쓸했습니다. 자식들의 교육비 지출로 가세가 기울자 아버지는 형이 권하는 대로 강릉시내로 집을 옮기게 되었습니다. 농촌의 땅값이 워낙 없어서 10여 마지기의 논과 몇 뙈기의 밭을 팔았어도 집을 시내로 옮겨 짓는 것만으로 끝이었습니다.

농민이 졸지에 농토를 잃게 되니 아버지는 흥이 나지 않으셨습니다. 집을 시내로 옮긴지 2년째 되는 해였습니다. 초겨울 첫추위가 왔을 땐데 아버지는 집에서 빈둥거리는 것을 참을 수 없어서 지게를 지고 나무를 하러 가셨습니다. 저녁 어두울 때까지 돌아오지 않아서 걱정 중에 누군가 소식을 가져왔습니다. 길거리에 쓰러져 계신다는 것입니다.

형은 군대에 가 있었고 훈이가 달려갔습니다. 우추리 마을 산모롱이에 이르니 거적에 덮인 시체가 있었습니다. 아버지였습니다. 아버지는 나무를 해 오시다가 산모롱이에서 허기를 느끼고 주먹밥을 드셨던 모양입니다. 따뜻한 물 한 모금 없이 언 주먹밥에 급체가 되었던 것이 지요. 나중에 당시 상황을 종합해 본 것입니다. 그렇게 아버지는 갑자기 돌아가셨습니다. 객사라 해서 방안으로 모시지도 못하고 추운 마당에 임시 빈소를 마련했습니다.

갑작스런 죽음이라 장지도 마련하지 못했지요. 그래서 공동묘지에 임시로 모셨다가 선산으로 모시는 문제를 논의했는데, 아버지의 사촌인 오촌 당숙이 선산에 있는 당신의 묘자리를 내놓았습니다. 당숙은 어렸을 때 고아나 다름없는 아버지와 함께 자란 정이 있어서 크게 통곡하셨지요. "이놈이 내 묘자리 빼앗아 갈려고 먼저 죽었구나." 그래서 주위 사람들의 울음을 자아냈습니다.

묘자리는 선산의 할머니 옆에 자리 잡았습니다. 아버지는 일찍 개가한 어머니를 모시지 못해 퍽도 안타까워 하셨는데 죽어서 어머니 곁에 누우신 것입니다. 묘지의 흙을 파헤치니 표면의 마사토 흙과는 전혀 다른 노란 황토흙이 나왔습니다. 지관이 명당자리라고 했습니다. 후손이 잘 될 거라고 덧붙였습니다. 살아서 온갖 고생을 하신 아버지는 죽어서 명당에 자리 잡으셨습니다. 부모에게 받아보지 못한 도움을 자식들에게 베푸실 모양이라고 어머니는 그렇게 말씀하셨습니다.

# 어부의 딸, 영임이 누나

## 〈1〉

겨울바다에 폭풍이 일면 매우 무섭습니다.

그날도 그랬습니다. 산더미 같은 파도가 밀려 왔습니다. 파도는 높은 산봉우리를 이루며 다가와서는 갑자기 무너져 내립니다. 산더미 같은 파도가 흰 물보라를 흩날리며 무너져 내리는 모습은 정말 무섭습니다. 바다가 울부짖으면 갈매기도 놀라서 숨어 버립니다. 파도가 바위를 때리는 소리는 마치 벼락이 떨어지는 것과도 같습니다. 파도가 하얗게 몰려드는 모습을 보고 있노라면 무서운 짐승이 이빨을 드러내고 으르렁대는 것 같습니다.

그렇게 파도가 무섭게 으르렁거리는 바닷가에 어떤 누나가 바닷말을 줍고 있었습니다. 짧은 통치마를 허리까지 끌어올리고 파도가 밀려오면 저만치 도망갔다가 파도가 밀려가면 그만치 뒤쫓아갑니다. 누나의 맨살 종아리에는 짚 검불 같은 바닷말들이 거머리처럼 꺼뭇꺼뭇 매달려 있습니다.

"영임아. 영임아."

초가집 마당에서 한 아낙네가 누나를 향해서 손짓했습니다. 그 누나가 바로 영임인 모양입니다. 영임이 누나는 모랫벌 한쪽에 수북히 주워서 모아둔 바닷말을 손가락질해 보였습니다. 그러자 아낙네가 영임이가 모아둔 해초 쪽으로 다가갑니다.

"제법 많이 주웠구나. 이만하면 저녁 한 끼는 되겠구나."

아낙네는 그렇게 중얼거리며 영임이가 건져 둔 바닷말을 긁어모읍니다. 아마도 영임이 어머니인 모양이라고 준영은 생각했습니다. 영임이 어머니가 부엌 쪽으로 사라지자 바닷가에는 다시 영임이 누나뿐입니다.

준영은 자신도 몰래 영임이 누나 곁으로 다가갔습니다. 호기심 때문이지요. 가까이 다가갈 수록 누나의 하얀 다리가 갈매기의 발목만큼 가냘프게 보입니다. 찬 바닷물에 적셔져서 발목이 발갛게 얼었습니다.

"얘. 얘."

영임이 누나가 준영을 부릅니다.

"그렇게 가까이 오지 마라."

"뭐라고?"

"가까이 오지 말라고."

누나는 커다랗게 소리치지만 파도소리 때문에 무슨 말인지 잘 들리지 않습니다.

"누나. 뭘 줍는 거야?"

준영이 그렇게 묻는 순간 영임이 누나의 하얀 발목을 파도의 흰 거품이 거머잡습니다. 순식간에 파도가 무릎까지 기어오르고 통치마의 한 쪽 자락이 바닷물에 잠깁니다. 파도에 쫓겨 준영에게로 바짝 다가온 누나가 다시 소리칩니다.

"가까이 오지 말라고 했지? 저 파도 보아라."

"누나가 줍는 게 뭐냐니까?"

"뭐 긴? 이건 말치, 이건 보리해둥이, 그리고 이건 진저리….."

　그러는 동안에 파도가 다시 하얗게 밀려옵니다. 파도가 이번엔 훈의 발목도 거머잡습니다. 준영의 하얀 운동화가 바닷물에 흠씬 적셔집니다.

"그것 봐라. 가까이 오지 말라고 했지."

"그런데 그건 왜 줍는 거야?"

영임이는 준영의 물음에 어이가 없다는 듯한 표정입니다.

"왜 줍다니? 먹으려는 거지."

"그냥 먹는 거야?"

영임이는 준영을 한참 바라보았습니다. 핏기가 가신 그녀의 핼쑥한 얼굴에 잔잔한 미소가 떠돕니다.

"이건 말치라는 건데. 이걸 먹어 보겠니?"

준영은 영임이가 건네주는 말치를 받았습니다.

"그 노란 대궁이를 씹어보렴."

누나의 말대로 노란 대궁이를 씹으니 달콤하고 짭조름한 맛이 배어 나옵니다.

"달지?"

준영은 머리를 끄덕입니다.

"그리고 파란 잎도 먹어 보아라. 겉껍질을 벗기고 속살만 씹어보렴."

누나가 시키는 대로 겉껍질을 벗기고 속살을 씹자 새싹같이 부드러운 바닷말의 맛이 헛바닥에 감겨 옵니다.

"다른 것도 이렇게 맛있나?"

"이 보리해둥이는 초장과 버무려서 나물로 해먹고, 이 진저리는 쌀뜨물과 함께 죽에 넣는다. 그냥은 못 먹는다."

누나의 얼굴에 다시 그늘이 지나갑니다.

"그런 걸 넣으면 밥이 더 맛있나?"

"밥이 아니고 죽이다. 맛이야 있던 없던 굶지는 말아야지."

파도가 다시 밀려 왔습니다. 이번 파도는 매우 거칠어서 훈의 바짓가랑이가 사뭇 물에 잠깁니다.

"저런. 옷을 다 버리겠다. 네 집은 어디냐?"

"읍내에 있다. 이모 집에 놀러 왔다."

"저기 선주댁 말이냐?"

누나가 가리키는 산언덕의 큰 개와집이 준영의 이모집입니다. 이모집은 부자여서 이곳 마을의 배들을 모두 갖고 있습니다.

"그런 집은 이런 진저리 죽은 먹지 않을 게다."

누나는 다시 파도를 따라 달리기 시작합니다. 거친 파도가 바다를 뒤집어 놓으며 바위에 붙은 바닷말들의 뿌리를 끊어 놓은 것입니다. 날씨가 춥고 궂어서 해변엔 두 사람뿐입니다. 가난한 누나네는 이렇게 해초들을 주워서 죽이라도 쑤어야 끼니를 때우게 되는 모양입니다. 누나는 파도를 따라 달려가기도 하고 파도에 쫓겨 도망치기도 하면서 파도가 몰고 다니는 해초들을 건져 올립니다.

"내가 좀 도울까?"

준영은 갑자기 가난한 누나를 돕고 싶다는 생각이 들었습니다.

"안돼. 넌 위험해."

누나가 거칠게 준영을 밀었습니다. 그 순간 큰 파도가 밀려와 비척거리는 준영의 발목을 낚아챘습니다. 그가 엉덩방아를 찧는 순간 다른 파도가 다시 훈의 얼굴을 후려쳤습니다. 칵, 숨이 막힙니다.

"얘. 어떻게 된 거니?"

누나가 그를 발견하고 달려 왔습니다. 준영이 비척비척 일어나 몸의 균형을 잡으려는 순간 더 큰 파도가 태산처럼 무너집니다. 그러자 바닷물에 뒤섞여 떠돌던 해초들이 무더기로 달려듭니다. 준영은 눈앞이 캄캄해졌습니다.

"누나. 누나."

준영이 비명을 지르는 순간 다시 한 주먹의 바닷물이 입 속을 메웁니다.

"저런. 저런."

발을 동동 구르며 어쩔 줄 모르던 누나가 갑자기 파도 속으로 달려들었습니다. 그녀의 아랫도리에도 해초들이 무더기로 와서 감깁니다.

"사람 살려요. 사람 살려."

누나가 고함을 지르며 훈의 팔소매를 잡습니다. 그러나 밀려 온 파도에 둘은 함께 나뒹굽니다. 누나의 손에 잡혔던 해초들은 이미 사라지고 없습니다.

"사람 살려요!"

누나는 파도에 뒹굴면서도 연신 고함을 지릅니다. 그러나 그런 고함소리를 들어 줄 사람은 아무도 없습니다. 파도가 높이 이는 황량한 바다에는 그들뿐입니다. 다시 큰 파도에 휩쓸리면서 준영은 잠수하듯 물속으로 빠져들었습니다. 누나의 갈퀴 같은 손이 그의 옷자락을 휘어잡고 있는 것도 알지 못했습니다. 준영은 숨이 콱 막히고 끝내 눈앞이 캄캄해지면서 정신을 잃고 말았습니다.

준영은 희미하게 의식이 돌아오기 시작했습니다.

따뜻한 감촉이 피부에 전해옵니다. 누군가가 준영의 알몸 어깨를 쓸어줍니다. 부드럽고 따뜻한 손길입니다. 어깨를 쓸던 손에 점점 힘이 가해지면서 준영을 더욱 세게 끌어안습니다. 그러자 뭉클한 감촉이 느껴집니다. 벗은 여자의 젖가슴입니다. 준영의 몸이 꿈틀 움직입니다.

"이제 정신이 드니?"

작은 속삭임이 귓속을 파고듭니다. 준영은 저도 몰래 머리를 끄덕입니다.

"하마터면 죽을 뻔했다."

"여기가 어디야?"

준영도 숨죽여 물었습니다.

"우리 집. 이불 속이다."

벗은 살결이 서로 부딪는 감촉이 좀더 또렷이 전해 옵니다.

"엄마는 선주네 집엘 갔을 게다. 네 소식을 전하려고."

누나가 좀더 세게 그를 끌어안습니다. 그러자 이상하게 가슴이 두근거리기 시작했습니다.

"아빠는?"

"아빠는 작년에 돌아 가셨다. 풍랑을 만나서."

그래서 누나네는 가난한 모양입니다. 추운 겨울에도 바닷말을 주워야 하는 모양입니다.

"춥지? 우리 집은 매우 춥다. 불 땔 나무도 없고."

누나는 계속 속삭입니다.

"이불도 이것뿐이다."

누나는 가난한 것이 매우 부끄러운 모양입니다.

"옷도 단벌이다. 그걸 물에 적셔 놓았으니 입을 것도 없다."

누나의 홧홧한 입김이 귓볼에 느껴집니다. 이상하게 몸이 달아오릅니다. 숨이 가빴습니다. 준영이 이불을 들치려니까 누나가 다시 속삭입니다.

"그냥 잠자는 척해라. 엄마가 오시는 모양이다."

바깥에서 서둘러 달려오는 발걸음 소리가 들립니다.

"그래. 우리 준영이 무사하단 말인가?"

이모의 목소리입니다.

"다행히 제 딸년이 그 애를 구했습니다요.

"하느님도 고마우셔라. 그래 준영은 어디에 있나?"

"잠이 들었습지요. 깨울까요?"

"좀더 두게. 크게 놀랐을 것이야. 푹 자게 하는 게 좋을 테지."

"그게 좋겠습지요."

파도가 무너져 내리는 소리가 좀더 뚜렷이 들려 왔습니다.

## 〈2〉

준영은 자주 이모집으로 놀러왔습니다. 그럴 때면 으레 영임이 누나네에 들릅니다. 어머니는 영임이에게 선물하라며 사탕도 사주고 떡도 사줍니다.

"영임이 아니었더면 너는 벌써 물귀신이 되었을 게다."

준영도 그렇게 생각합니다. 영임이 누나가 파도 속으로 달려와 정신을 잃은 그를 구한 것입니다. 영임이 누나는 생명의 은인입니다. 그리고 새로 생긴 누나입니다. 외아들인 준영에게는 더 없이 귀한 선물입니다. 바다가 준 선물이지요.

준영은 영임이 누나가 보고 싶어 자주 이모네를 방문합니다. 그리고 영임이 누나를 찾아갑니다.

"준영이 왔구나"

누나는 퍽도 준영이를 반깁니다. 꼭 끌어 안아줍니다. 파도에 휘말렸을 때 준영은 발가숭이가 되어 누나와 함께 누워 있었습니다. 그때를 생각하면 얼굴이 붉어집니다. 몸이 훈훈히 더워지기도 합니다. 누나의 작은 젖가슴의 감촉도 생생합니다. 누나에게서는 바닷말 냄새가 납니다. 짭조름한 소금기가 느껴집니다.

추운 날에는 함께 이불 속에 누워 있습니다. 누나네는 온돌에 불을 지피지 못해 몹시 춥습니다. 이불을 덮고 있어도 몸이 떨립니다. 춥지? 누나는 그렇게 물으며 준영을 꼭 끌어 안아줍니다. 그러면 누나의 따뜻한 체온이 준영을 덥혀줍니다. 그런 누나가 좋아서 준영은 자주 이모네를 찾습니다.

그러던 어느 날 이모네 집에 도둑이 들었습니다. 복면을 쓴 도둑들입니다. 도둑들은 가족들을 모두 한 방에 감금하고 금고를 뒤졌습니다. 부잣집이지만 집에는 별로 돈이 없었습니다. 도둑들은 매우 화를 내면서 준영을 볼모로 납치했습니다. 그리고 돈을 마련해서 부치라고 했습니다. 그러지 않으면 준영을 죽이겠다고 협박했습니다. 도둑들은 준영이 부자 선주네의 아들이라고 착각했습니다. 나중에 그렇지 않다는 것을 알게 되었지만 소용이 없었습니다.

준영은 눈이 가리워진 채 오래 동안 차를 탔습니다. 트럭입니다. 털렁거리는 차를 타고 몇 날을 달렸습니다. 준영이 눈의 헝겊을 풀었을 때는 어둑한 지하실 방이었습니다. 덩치가 매우 큰 형이 밥그릇을 디밀었습니다.

"너희 집에서 돈을 보내 올 때까지 너는 여기에 있어야 한다."

"여기가 어딘데요?"

"그건 알 필요가 없다. 그동안 우리가 잘 해 줄 거다"

때가 되면 식모 아주머니가 밥그릇을 디밀었습니다. 용변을 보고 싶을 땐 요강에다 보게 했습니다. 그렇게 몇 날이 지났습니다. 처음의 형이 다시 나타났습니다.

"돈을 보내오긴 했지만, 네가 우리 얼굴을 모두 알게 되어 그냥 돌려보낼 수 없다.

"그러면요?"

"멀리 섬으로 보내려고 한다. 그곳에서도 우리 얼굴을 안다고 말하면 그때는 죽여 버린다."

형의 얼굴이 험상궂게 일그러졌습니다.

"벌써 죽이려고 했지만…"

그 형은 무슨 말을 더하려다가 입을 다물고 말았습니다.

"아무튼 내일은 이곳을 떠나게 될 테니 그리 알아라. 앞으로 어디에 있던 우리 얼굴을 안다고 하면 안 된다."

형은 그렇게 몇 번이나 다짐을 했습니다.

다음 날이 되기 전의 저녁이었습니다. 누군가가 살그머니 지하실 방으로 내려오고 있었습니다. 살금살금 발걸음을 죽이고 다가왔습니다. 뜻밖에도 영임이 누나입니다.

"영임이 누나"

준영이 반겨서 소리치자 영임이 얼른 손가락을 입가에 가져갑니다.

"쉿, 조용히."

영임이 누나는 준영에게 다가와 살그머니 손을 잡습니다. 그리고 조용히 이끕니다. 준영은 영임이 누나를 따라 지하실 방을 나왔습니다. 그리고 몰래 대문 밖으로 빠져 나왔습니다. 큰길 바로 옆이어서 자동차 달리는 소리가 굉장합니다.

"여기가 어디야?"

"서울이란다."

영임이 누나가 준영을 꼬옥 끌어안습니다.

"그동안 혼났지?"

"무서웠어."

"그래. 나쁜 놈들이란다. 하지만 죽지 않았으니 다행이다."

누나는 준영을 데리고 버스를 탔습니다. 그리고 사람들이 와글거리는 시장터에서 국밥 한 그릇을 사주었습니다. 그리고 말했습니다.

"우린 도망을 가야 돼. 잡히면 죽게 되니까?"

"그 사람들 누구야?"

"그 중의 하나가 친척 오빠다. 그래서 너희 이모집이 부자란 것을 안다. 감옥살이하던 친구들과 더불어 너희 이모집을 털었지만 현금이 별로 없으니 너를 납치한 것이란다. 너희 집에서 돈을 보내왔지만 자기들 얼굴이 알려질까 보아서 너를 먼 섬으로 보내려고 한다. 그러다 신통치 못하면 죽일 수도 있지. 이미 너를 죽이자는 의논이 있었지만 내가 그 의논을 엿듣고 나를 먼저 죽이라고 발광을 했다. 그래서 죽이는 것만은 않기로 했다. 하지만 믿을 수 없는 놈들이다. 그래서 내가 식모 아주머니 주머니에 든 열쇠를 몰래 훔쳐서 너를 구한 것이다."

영임이 누나는 그렇게 그동안의 일을 들려주고는 앞으로의 일을 말했습니다.

"지금쯤. 그놈들은 영동지방으로 떠나는 버스를 뒤질 게다. 그래서 우리는 반대로 부산지방의 차를 타려고 한다. 중간에 내려서, 안동이나, 제천쯤에 내려서 다시 차를 바꾸어 타자. 삼척까지 가서 너를 강릉

가는 버스로 보내 줄테다."

"누나는?"

"나는 부산이나 대구 같은 곳으로 도망 칠 생각이다. 그놈들은 제일 먼저 우리 집부터 처들어 와서 나를 잡으려고 할 것이다. 그래야 입막음이 될 테니까. 그래서 나는 집으로 갈 수 없다. 너도 집으로 가게 되면 네가 당한 일을 자세히 말하지 마라. 그냥 어떤 놈들에게 잡혀 갔다가 지하실에 감금당했다가 몰래 도망 친 것으로 해라. 그놈들은 감옥살이를 오래 한 놈들이어서 자기들의 정체가 드러나면 너를 죽이려들 것이다. 못할 짓이 없는 놈들이다."

누나는 준영에게 새 옷 한 벌도 사서 입혀 주었습니다.

"내가 돈을 제법 많이 훔쳤다. 그래서 도망쳐도 한동안 먹고 살 수 있다. 그러니 너는 내 걱정 말고 안전하게 집까지 가야 한다."

영임이 누나는 그렇게 준영을 다독거립니다.

준영은 영임이 누나의 도움으로 무사히 집까지 왔습니다. 그리고 누나와 약속한 대로 그동안 있었던 일을 아무에게도 말하지 않았습니다.

마음의 큰 비밀 한 가지가 생긴 것입니다. 그러나 무엇보다도 큰 비밀은 누나를 보고 싶은 마음입니다. 누나만 만날 수 있다면 얼마 전에 겪은 고통보다 더 한 것도 참을 수 있을 것 같습니다.

# 영진리 어촌 마을

영진리 마을은 농촌과 어촌으로 나누어집니다. 농촌은 단조롭고 변화가 없는데 비해서 어촌은 늘 떠들썩합니다. 그래서 아이들은 어촌 마을을 좋아하지요. 농촌의 어른들은 나룻가 아이들과 어울리면 안 된다고 야단을 치지만 아이들은 어른 몰래 어촌마을로 달려갑니다. 농촌이 잔잔한 개울이라면 어촌은 태풍 때의 바다와 같습니다.

영진리의 바닷마을 아이들은 농촌 아이들보다 훨씬 개굿합니다. 그곳엔 포구가 있고 어선들이 고기를 잡아 왔지요. 부둣가로 가면 고기 비릿내와 배의 골타르 냄새가 풍겨 옵니다. 새벽이면 어부들이 긴 장화를 신고 질퍽거리며 골목길을 걷습니다. 배에서 잡아 온 고기를 함지박에 나누어 담은 여인들이 무슨 일 때문인지 큰 소리로 다툽니다. 악을 바락바락 쓰고 온갖 욕지거리를 퍼부으며 서로 머리끄덩이를 잡고 늘어집니다. 너 죽고 나 죽자 합니다.

어둑할 무렵이면 술취한 어부들이 꽥꽥 고함을 지릅니다. 비틀거리다 넘어지기도 합니다. 아무나 붙들고 시비를 벌이지요. 그러다가 동료들끼리 엉겨 붙어서 치고받고 싸웁니다. 코피가 터지고 입술이 찢어지고 몰골이 흉칙합니다. 맞아서 쓰러진 사람은 금방 죽을 것만 같습니다. 그렇게 싸우다가도 새벽이 되면 모두 바다로 나갑니다. 죽은 사람은 하나도 없고요, 다친 사람도 별로 없습니다.

한낮의 어촌마을은 조용합니다. 골목길에 개들만이 어슬렁거립니다. 어부들은 새벽에 바다로 나가고 아니면 저녁에 출어를 하기 위해 낮잠을 잡니다. 그래서 한낮이면 아이들의 천지가 됩니다. 아무도 돌보지 않는 아이들이 제멋대로 돌아다닙니다. 아이들도 어른을 닮아 성질이 사납지요. 걸핏하면 싸움질입니다. 생각해 낼 수 있는 온갖 욕지거리를 퍼붓습니다. 잘못 한 것이 없어도 눈을 부라리고 화를 냅니다. 농촌마을 아이들은 사나운 어촌 아이들을 슬슬 피하게 됩니다. 힘이 세어도 맞붙지 못합니다. 온갖 쌍소리를 당할 재간이 없습니다.

영진리 포구쪽은 길거리 어디서나 고기 내장 썩은 냄새와 아무렇게 싸질러댄 인분 냄새로 코를 싸쥐어야 합니다. 집집마다 변소가 변변치 못했습니다. 농촌사람들은 인분을 귀하게 여깁니다. 퇴비를 만들기 위해서도 인분이 매우 필요합니다. 그러나 어부들에게는 그런 게 필요 없습니다. 그래서 변소가 변변치 못하거나 아예 없는 경우도 많지요. 변소의 똥물 튀는 것이 싫어서 아이들은 길거리 으슥한 곳에 그냥 용변을 봅니다. 어둠이 깃들면 대로변에도 똥입니다. 행인들은 자칫하면 똥을 밟게 되고 그럴 땐 온몸에 소름이 돋습니다. 골목길마다 똥내가 풍깁니다. 아무도 똥을 치는 사람이 없습니다. 그래서 똥파리들이 윙윙거리고요. 어촌마을은 골목길 전부가 똥구덩이가 되지요.

여름에는 주로 오징어가 잡혔고 겨울에는 주로 명태가 잡혔습니다.

오징어가 잡히는 여름이면 온 모랫벌과 둔덕에 오징어가 하얗게 널립니다. 너무 지천으로 잡혀서 더러는 골목길에 버려진 것도 있습니다. 리어카를 끌고 가다 흘러내린 것이지요. 그렇게 흔하다 보니 골목길에 어슬렁거리는 개들도 오징어 한 마리씩은 물고 다닙니다. 그래도 마을 사람들은 개가 물고 있는 오징어를 빼앗지 않습니다.

오징어를 건조하는 일은 어촌 사람만의 일이 아닙니다. 농촌 사람들도 품삯으로 오징어를 말립니다. 모랫벌 가득 널린 오징어의 다리를 뜯어 먹는 일은 참 재미있지요. 그때는 오징어를 무게로 달아 팔지 않고 모양의 크기로 값을 매겼습니다. 우선 오징어가 커 보여야 합니다. 오징어가 커 보이게 하려고 손으로는 귀를 잡고 발로는 오징어 몸뚱이를 잡아 늘립니다. 그러다 힘들면 오징어 다리 하나씩을 떼어 먹지요. 한 마리에서 여러 다리를 떼어 내면 안 되니까 골고루 하나씩 잡아뗍니다. 기왕이면 큰 다리를 떼는 게 좋지요. 그래서 상품으로 건조된 오징어를 보면 긴 다리가 없는 경우가 대부분입니다. 서울 사람들이 오징어 다리가 8개다. 7개다 하는 이유가 오징어 건조 과정에서 그렇게 다리를 떼어 내기 때문이지요.

겨울엔 명태가 많이 잡힙니다. 명태가 많이 잡히는 날은 선주인 훈이의 이모네 마당에는 명태가 산더미처럼 쌓입니다. 마을 아낙네들이 모두 달려와 명태의 배를 따지요. 품삯은 명태의 내장을 가져가는 것으로 대신합니다. 내장 중에 명란만은 제외고요 그 밖의 아가미나 창난 등은 모두 가져갈 수 있습니다. 명란은 선주네가 젓갈로 담그지요. 추운 날 화롯불을 지피고 명란에 소금을 뿌린 다음 구워내면 그

맛은 참으로 좋습니다.

명태의 건조장이 이모네 마당 가득 만들어졌습니다. 이층 삼층으로 만들어집니다. 명태가 마를 때가 되면 훈이는 대꼬챙이로 명태의 눈알을 뽑지요. 오징어처럼 명태도 모양으로 팔리는 것이어서 눈알이 있던 없던 값이 별로 다르지 않습니다. 그래서 명태 눈알을 뽑아도 누가 뭐라고 하지 않습니다. 명태 눈알을 광주리 가득 담습니다. 그렇게 뽑은 눈알은 된장찌개나 국거리의 양념으로 사용합니다. 그러다 보니 도시 아이들은 으레 명태는 눈알이 없는 것으로 착각합니다.

꽁치가 많이 잡힐 때도 있고 고등어가 많이 잡힐 때도 있습니다. 어떨 땐 정어리가 많이 잡혔습니다. 판로도 없는데 너무 많이 잡혀서 정어리를 기름으로 사용하기도 했답니다. 그렇게 잡히는 정어리의 기름을 짜기 위해서 이모네는 모랫벌에 정어리공장을 세웠습니다. 정어리공장에서는 늘 생선 비릿내가 풍겼지요.

후리 그물을 칠 때는 육안으로 고기떼가 몰려오는 것을 확인하고 섭니다. 대체로 멸치떼인 경우가 많았지요. 멸치란 놈은 떼를 지어 다니는데 고래와 같은 큰 고기에 쫓기게 되면 모랫벌 가장자리로 몰려 듭니다. 너무 가장자리로 몰려 온 놈들은 파도에 균형을 잃고 해변에 하얗게 쓸립니다. 그렇게 되면 어촌의 남자고 여자고 모두 광주리 하나씩을 들고 모랫벌에서 팔짝팔짝 뛰고 있는 멸치를 쓸어 담지요. 그렇게 모랫벌을 하얗게 뒤덮던 멸치들이 어느 순간 파도를 타고 모두 달아나면 언제 그런 일이 있었던가 싶게 되기도 합니다.

그렇게 멸치가 몰려 올 때가 되면 후리 그물을 내립니다. 그물막이 정어리 공장 옆에 있었는데 배 두 척이 양쪽으로 그물을 끌고 멀리 나갑니다. 마을 사람들은 모두 몰려 와서 후리그물이 풀리는 것을 구경하지요. 배가 서로 교차하는 지점이 되면 마을 어른의 지시에 따라 장정들이 그물을 잡아 당깁니다. 영차, 영차. 아이들도 아녀자들도 끼어듭니다. 그물이 점점 좁혀지고 마침내 그 끝이 보이기 시작하면 그물 가득 든 멸치떼를 볼 수 있습니다. 쇠그물로 만든 족대를 들고 장정들이 그물 안쪽으로 뛰어듭니다.

그때쯤은 가마솥에 물을 가득 붓고 장작불을 지펴서 물이 펄펄 끓고 있을 때지요. 장정들은 족대에 가득 든 멸치를 끓는 가마솥에 쏟습니다. 멸치는 순식간에 익혀지고 익혀진 것들은 허옇게 배를 들어내고 물 위로 떠오르지요. 그렇게 떠오른 놈들을 따로 거두어서 모랫벌에 펼쳐진 멍석자리에 골고루 펼쳐 널게 됩니다. 그렇게 말라가는 멸치를 조금씩 훔쳐 먹는 재미는 정말 좋습니다.

바다가 늘 풍요로운 것은 아닙니다. 태풍이 자주 불고 그럴 때는 산더미 같은 파도가 몰려옵니다. 어느 겨울이던가. 파도가 하늘로 치솟는데 고기잡이 나간 배들이 미쳐 들어오지 않습니다. 사람들이 부두에 나가서 하늘로 치솟는 파도를 응시하는데요. 그러자 그 높은 파도를 타고 돛배 한 척이 다가옵니다. 부두의 사람들은 바람을 덜타는 어부용 남폿불을 흔들며 소리칩니다. "거 누 배고?" "누 배고?" 그렇게 소리치고 한편으로는 조용히 듣습니다. 저쪽에서도 이쪽의 의도를 알고 남폿불을 흔들며 마주 소리칩니다. 심한 바람과 파도소리 때문에 목소리는 거의 들리지 않지만 그래도 바람결에 얼핏 잡히는 목소리가 있지요. "용겡이 배란다. 용겡이래" 누군가 그렇게 해석합니다. 용겡이가 선장으로 있는 배란 뜻이지요.

배는 파도를 헤치고 포구 안쪽으로 들어옵니다. 바위가 무리를 지어 포구를 형성하고 있기 때문에 그 바위의 통로를 지나면 물살이 잔잔하여 안심할 수 있습니다. 그러나 그 통로엔 거친 파도가 일고 있어서 배가 들어오기에 여간 어렵지 않습니다. 통로의 입구에 거의 도달했던 배가 밀리는 파도를 따라 저만치 멀어지기를 몇 번이나 계속 하다가 드디어 통로를 밀고 들어 올 때 부둣가는 환성으로 뒤덮입니다. 와-살았다. 살았다. 용겡이가 선장으로 있는 배의 선원 가족들이 일제히 울음을 터뜨립니다. 너무나 기뻐서지요. 온 마을 사람들도 기쁨의 환성을 터뜨립니다. 그러나 그 통로를 끝내 통과하지 못하고 물속으로 곤두박질하는 배를 만나게 되면 부둣가는 또다시 통곡 소리로 뒤덮입니다. 온 마을 사람들이 서로 친척으로 얽혀 있어서 십여 명이 넘게 타는 선원들의 죽음은 온 마을 사람들의 슬픔이 됩니다.

그런 태풍이 지나가면 바다는 더 없이 정다운 친구가 됩니다. 아이들은 바닷속으로 잠수하여 조개도 잡고 홍합도 땁니다. 재주 있는 아이들은 작살을 만들어 잠수해서 놀래미나 가재미를 잡지요. 바다 아이들은 대부분 수영을 잘 하고 잠수질도 잘 합니다. 물안경을 쓰고 물속으로 들어가면 조개에 붙어 있는 파래를 발견하게 되고요. 파래가 흔들리는 곳을 손으로 움키면 커다란 조개가 잡힙니다. 어부의 자식들은 조개를 한 개씩 움키는 것으로는 성이 차지 않습니다. 그래서 모래의 구릉을 겨냥하고 쇠그물로 만든 족대로 모래를 긁지요. 그러면 모래는 쇠그물 틈새로 빠져나가고 조개만 오르르 남습니다. 아이들은 물안경을 쓰고 해녀처럼 휘파람을 불며 잠수질하는 것이 너무나 즐겁습니다.

이처럼 아이들에게 즐거운 바다지만 농촌 어른들은 시들하게 여깁니다. 농부들은 어촌 사람들을 상대하지 않으려고 합니다. 농부도 어부와 이웃하고 살지만 생활방법이 전혀 다릅니다. 농부들은 한 여름 더위에 딱 한 번 바다에 갑니다. 농부들은 한여름 더운날 그러니 복날 같은 때에 날을 받아서 온 식구들을 데리고 천렵을 떠납니다. 이웃 마을 사람들과  모두 함께 어울려서지요. 가마솥을 뽑아 지고요. 장작은 물론이고요. 양은 대접이며 사발도 챙기고요. 그렇게 짐봇다리를 이고 지고 바다로 갑니다. 번잡한 곳을 피해서 궁바다 솔숲 부근에 자리를 잡고요. 냇가에서 구해 온 굵은 돌을 고여서 아궁이를 만들고 가마솥을 걸지요.

장정들은 바닷속에 들어가 조개를 발로 움킵니다. 대복이라고 부르는 이 조개는 바다와 개울이 마주 치는 곳에 지천이지요. 그렇게 잡은 조개를 삶아서 양념 국물을 만듭니다. 미리 준비한 국수를 삶기도 하고요. 밀가루를 반죽해서 수제비를 만들기도 합니다. 모두들 배가 터지도록 마음껏 먹습니다. 물론 해수욕도 하지요. 그렇게 온 마을 사람들이 바다에서 하루를 즐깁니다. 이 행사는 농촌 마을의 온 가족이 참여하는 즐거운 행사지만 일년에 딱 한 번으로 그칩니다. 농부들은 바다 옆에 살아도 바다와 더 이상의 인연을 만들지 않습니다.

훈이의 이모집은 부자입니다. 영진리 바다 마을의 배는 모두 이모네 것입니다. 어촌 아낙네들이 늘 쌀을 구걸하러 옵니다. 다음 번 고기가 잡혔을 때 갚기로 하고 한 두 말의 쌀을 빌어 가는 것입니다. 그렇게 자주 꾸어가면 되느냐고 몇 마디 잔소리를 들어야 합니다. 고기가 잡히지 않아서 갚지 못해도 꾸어주지 않는 일은 없습니다. 양식을 구어주지 않으면 어촌 사람들은 다른데 가서 양식을 구할 수 없습니다. 죽으나 사나 선주에게만 매달려야 합니다. 빌어간 쌀에 대해서 이자를 받거나 하지는 않습니다. 고기를 잡았을 때 그 때의 돈으로 환산하여 갚으면 됩니다. 그래서 선주집은 농촌의 지주집과 달리 마을 사람들에게 그리 큰 원성을 사지 않습니다. 어려울 때 도와준 고마운 분으로 생각하는 것이지요.

훈이의 이모네는 당시에 트럭이 있어서 배에서 잡은 어물들을 바로 서울로 실어 날랐습니다. 그리고 서울에선 포목들을 싣고 와서 읍내에 도매로 팔았지요. 교통이 어렵던 시절이라 많은 이익을 남겼을 것입니다. 영진리 해변엔 이모네의 정어리기름 짜는 공장이 따로 있었고요, 강릉엔 자식들이 공부할 수 있도록 집을 따로 마련했습니다. 큰아들 작은 아들은 서울에서 학교를 다녔는데 집은 물론이고 자가용까지 있어서 보통 사람들은 상상도 못할 정도의 부자였지요.

영진리 이모네 집은 일식으로 지었는데 방이 10여개가 넘습니다. 큰이모부는 안채와는 멀리 떨어진 사랑채에서 사무를 보았고요. 그 옆의 마루방엔 바둑판과 바둑돌이 놓여 있었습니다. 그 옆의 다다미방은 매우 넓어서 전쟁 때 군인들이 파티를 열었지요. 춤을 출 수 있을 정도의 홀이었습니다. 뒷방엔 설탕포대가 천정까지 쌓였었지요. 훈이는 동생들과 더불어 몰래 설탕포대에 구멍을 내어서 꺼내 먹곤했습니다. 다다미방엔 마른 오징어가 산더미처럼 쌓였고요 그 옆방엔 무명필이 두루마리로 쌓여 있었지요. 부엌 옆에는 머슴방이 있었고 그 옆에 식모방, 그리고 소의 오양간이 붙어 있었습니다.

고간은 집을 한 바퀴 돌면서 이어졌는데 쌀가마니가 가득 쟁여져 있었지요. 창고는 모두 10여개가 넘었습니다. 과일을 넣어 둔 창고엔 홍시감이 솔잎에 얹혀 있고요. 그물 같은 어구를 넣어두는 창고며, 지하실 모양의 젓갈을 담그는 냉동창고 같은 것도 있었습니다.

이모네 집에서는 허연 쌀밥에, 공기밥으로 마음껏 먹을 수 있었고요. 생선반찬은 지천이고요. 때로는 쇠갈비도 구워서 나누어 주었습니다. 먹는 것에 대해서는  일꾼이나 주인이나 별로 가리지 않았습니다. 큰이모는 팔척장신인데 마음씨가 후덕했습니다. 손과 발이 모두 남자처럼 커서 남자의 신발을 신어야 했지요.

큰이모는 훈이를 특히 귀여워했습니다. 그래서 훈이는 어린 시절 대부분을 이모집에서 지냈습니다. 이종사촌인 둘째 형은 성격이 난폭하고 까다로왔는데 훈이만은 아꿍 아꿍 하며 이뻐했습니다. 지금도 훈이는 아꿍이란 일본이름이 어떤 뜻인지 알지 못하지만 일종의 애칭으로 여기고 있습니다. 큰이모는 생김부터 부자집 마님이어서 구리반지를 끼면 남들이 금반지인 걸로 착각하고 은반지를 끼면 백금으로 착각하더라고 하셨지요. 마음이 후덕하여 부자집 큰마님의 전형이라고들 합니다. 그래서 사람이 모이고 돈이 모인다고요.

그런 이모집의 몰락은 큰이모가 고혈압으로 돌아가시자 시작되었습니다. 특별히 망할 이유도 없는데 서서히 집안이 기울기 시작했습니다. 그러자 그 큰 집을 감당할 수 없어서 이모부는 부둣가의 정어리공장 자리에다 작은 구멍가게를 차리고 아이들의 코묻는 돈으로 살았습니다. 훈이를 귀여워하던 둘째 형은 결혼도 실패하고 빈둥대다가 아버지가 돈을 주지 않는다고 홧김에 농약을 마시고 자살했습니다. 주문진 읍에서 아직 선주노릇을 하는 큰 형은 아예 고향엔 발길도 않았지요.

지금도 영진리에는 그 큰 집이 그대로 있습니다. 서울 학생들이 수련원으로 사용하고 있지요. 하지만 그 집이 이 마을의 소문난 부자 집이었다는 것을 아는 사람은 별로 없습니다. 세월과 더불어 모두 잊혀지기 마련인 모양입니다.

# 한 줄기 햇살

나른한 오후입니다.

햇살의 나른함이 더욱 발길을 굼뜨게 합니다. 책가방이 전에 없이 무겁게 느껴집니다. 준영은 나른한 햇살 때문이라고 생각합니다. 중3이 되면서 할 일이 갑자기 많아집니다. 책가방도 무거워지고요. 나른한 햇살에 준영의 발걸음도 비척비척 흔들립니다. 그렇게 기가 죽어서 걷고 있는데

"까르르 깔깔."

갑자기 한 떼의 웃음소리가 등 뒤에서 들려옵니다. 같은 학교의 여자애들입니다. 준영이 얼핏 돌아보니 십여 명이 넘습니다. 여자애들이 합창을 합니다.

"앞에 가는 남학생. 왼쪽 다리가 길다."

다른 여학생이 그 말을 받습니다.

"아니다. 오른 쪽 다리가 짧다."

다시 까르르 웃음이 쏟아집니다. 여학생들은 곧 두 패로 나뉘어져서 합창하듯 외칩니다. 왼쪽 다리가 길다. 아니다. 오른 쪽 다리가 짧다. 아니다. 길다. 아니다. 짧다. 아니다. 길다. 아니다. 짧다.

준영은 태연하려고 했지만 공연히 다리가 불편해 지기 시작합니다. 왼쪽 다리가 길게 느껴집니다. 아니 오른 쪽 다리가 짧게 느껴집니다. 준영은 저도 몰래 조금씩 절기 시작합니다. 바짝 긴장하여 제대로 걸으려고 노력하면 할수록 다리는 더욱 절룸거립니다. 여학생들의 웃음소리가 다시 까르르 들려옵니다. 웃음소리는 준영의 뒤통수를 향하여 사정없이 퍼부어집니다. 절룸, 절룸, 얼쑤, 절룸, 절룸. 깔깔깔 까르르….

준영이 여학생들의 웃음소리에서 놓여난 것은 남천강 다리를 건너고서였습니다. 남천강을 지나면 시골길로 이어졌기 때문에 집들이 별로 없습니다. 준영이 그제야 한 시름 놓고 뒤를 돌아보니 여학생들은 제각기 흩어지고 그 중의 하나만 뒤를 따르고 있습니다. 단번에 그녀가 연희라는 것을 알아봅니다. 연희는 바로 담을 마주하는 이웃입니다. 그런데도 사정없이 그를 놀린 것입니다. 슬그머니 괘씸한 생각마저 듭니다.

산모롱이를 돌아서자 한적한 공동묘지 길이 나옵니다. 준영은 소나무 그늘에 멈추어 섭니다. 연희가 다가오기를 기다리는 것입니다. 그보다 한 학년 밑이어서 어릴 때는 오빠 오빠하고 따르더니 근래에는 아예 준영의 시선을 피하고 외면하기가 일쑤입니다. 이날도 그렇습니다. 연희는 소나무 그늘에 머물고 있는 준영을 외면한 채 그냥 내쳐 걷습니다. 준영이 말을 건넵니다.

"그렇게 사람을 놀려도 되는 거니?"

"놀리긴 뭘 놀려."

연희가 돌아보지도 않고 쫑알거립니다.

"멀쩡한 사람을 다리병신이라고 놀리지 않았어?"

"다리병신이 아니라면서 절룸거리긴 왜 절룸거려."

"언제 절룸거렸다고 그러는 거야?"

"방금."

준영은 책가방을 팽개치고 연희의 두 팔을 잡습니다.

"너 말 다했어? 내가 절룸발이란 말이야?"

"절룸거리면 절룸발이지 절룸발이가 따로 있나?"

연희가 똑바로 쳐다보는데 준영은 눈이 부십니다. 갑자기 여자의 냄새가 물씬 풍겨 옵니다. 연희가 잡힌 팔을 비틉니다.

"팔 놓아."

"먼저 네 말부터 취소해. 내가 절룸발이라고?"

"절룸거리지 않으면 절룸발이라 할까?"

"취소 못하겠어?"

"못하겠어."

"이게."

준영은 거칠게 그녀를 흔듭니다. 차마 주먹질 할 수는 없습니다.

"취소해."

"못해."

"이게"

다시 흔들어 대는데 연희가 스르르 주저앉습니다. 놀라서 바라보니 얼굴이 창백합니다. 준영은 어찌해야 좋을지 알 수 없습니다. 그런 준영의 귀에 연희의 허약한 목소리가 들려 왔습니다.

"나를 저 나무 그늘에 눕혀 줘."

준영은 그녀를 소나무 그늘에 눕힙니다.

"블라우스의 단추를 따 줘."

준영은 떨면서 블라우스의 단추를 따기 시작합니다. 손이 덜덜 떨려서 단추가 제대로 따지지 않습니다. 연희는 얼마 동안 꼼짝 않고 누워 있습니다. 차츰 호흡이 고르게 돌아오고 얼굴에 화색이 돌기 시작합니다.

"악성 빈혈이래. 의사는 휴양을 하라지만 학교를 쉴 수도 없고."

"학교가 문젠가? 병부터 고쳐야지."

연희의 입가에 쓸쓸한 미소가 떠오릅니다.

"금방 고쳐지는 병도 아니래."

준영도 가슴이 답답합니다. 연희의 악성 빈혈은 집안 내력입니다. 연희의 어머니도 얼굴이 창백합니다. 연희의 언니도 그렇습니다. 얼마 전에 연희의 언니는 도시의 큰 병원으로 갔습니다. 오랫동안 입원해야 할 모양이라는 소문입니다. 연희는 아빠도 없습니다. 오래 전에 돌아 가셨습니다. 그러니 가난한 살림에 딸 두 명 모두 입원시키기는 어려운 일이겠지요.

얼마큼의 시간이 흘렀습니다. 서녘의 산봉우리로 해가 뉘엿뉘엿 기울기 시작합니다. 연희가 몸을 일으켜 달라고 합니다. 준영은 걱정이 됩니다.

"걸을 수 있을까?"

"걸어 보아야지."

그러나 몇 걸음 걷지도 못하고 연희는 다시 제자리에 주저앉습니다.

"좀더 쉬어야 할까 봐."

연희가 힘없이 말합니다.

"해가 지고 있는데?"

그들은 아직 산길로 한참을 걸어야 합니다. 지는 해를 쳐다보다가 준영이 조심스럽게 등을 돌립니다.

"내 등에 업히지 않겠니?"

연희가 미소를 지으며 머리를 끄덕입니다. 준영은 연희를 등에 업었습니다. 두 사람의 책가방을 양쪽 팔에 들었습니다. 연희는 무겁지 않았지만 책가방은 매우 무겁습니다. 산길을 오르는데 연희가 속삭이듯 묻습니다.

"무겁지?"

"괜찮다."

"어릴 때 숨박꼭질 할 때 생각이 난다."

"어떤 생각?"

"짚더미에 함께 숨었다가 그만 잠들었던 생각."

준영은 연희의 말을 듣자 얼굴이 붉어집니다. 몇 년 전 일입니다. 그러니 초등학교 4학년 때던가요. 마을 아이들과 술래잡기 놀이를 하게 되었습니다. 술래에게 잡히지 않으려고 으슥한 짚더미 속으로 들어갔습니다. 그런데 그 짚더미 속에 이미 연희가 숨어 있었습니다. 그래서 두 사람은 꼭 붙어서 깊게 숨었지요.

술래가 그들을 찾아 나섰습니다. 운석이 찾았다. 희명이 찾았다. 술래는 그렇게 하나 둘씩 숨은 아이를 찾아냈습니다. 그런데 준영이와 연희는 어디 있지. 술래는 바로 짚더미까지 다가와서 두리번거립니다. 두 사람은 머리칼이 보일까 더욱 꼭 붙어 있어야 했습니다. 다 찾았는데, 연희와 준영이만 보이지 않는다. 술래가 투덜거립니다. 두 사람은 아예 집으로 도망친 모양이다. 준영이와 연희의 집은 마을에서 조금 떨어진 산모롱이에 있습니다. 두 채가 나란히 붙어 있지요. 그래서 술래가 둘이 함께 달아났다고 의심하는 것입니다. 그렇거나 말거나. 절대로 들키지 않을 것입니다.

두 사람은 술래에게 들킬까 보아 숨소리도 내지 않았습니다. 얼마를 그러고 있었을까요. 두 아이는 그만 그런 모양으로 함께 잠들고 말았습니다. 두 아이를 찾다가 지친 술래가 화가 나서 준영이네 집으로 갔습니다. 연희네 집으로도 갔습니다. 그런데 두 아이는 돌아오지 않았습니다. 걱정이 된 마을 사람들이 횃불을 들고 두 아이를 찾아 나섰습니다. 술래 놀이를 하는 마을 정자나무 근처엔 사람의 그림자도 없습니다.

"어떻게 된 거냐?"

"도둑에게 업혀 갔을까?"

"귀신에게 잡혀 갔을까?"

그렇게 떠들썩한 중에 먼저 잠이 깬 것은 연희였습니다. 연희는 마을 사람들이 떠드는 소리를 듣고 비로소 그들이 처한 딱한 입장을 생각해 냈습니다.

"오빠. 오빠."

연희는 준영을 깨웠습니다. 그리고 속삭였지요. 몰래 달아나자고 요. 그래서 두 아이는 어둠에 몸을 숨기고 집까지 도망을 쳤습니다. 그리고 골방에서 잠들었노라고 거짓말을 해야 했습니다.

"어쩜. 두 사람 다 골방에서 잠들었을까?"

아이들은 그렇게 의심했지만 금방 그런 일들은 모두 잊고 말았습니다. 그러나 준영이와 연희는 그때의 일을 절대로 잊을 수 없었지요.

"개울 건너 과수원 서리 갈 때 업히곤 처음인 것 같다."

연희는 그렇게 말합니다. 그런 일도 있었지요. 연희는 물에 발을 적시는 것을 아주 싫어합니다. 과수원은 개울 건너에 있었기 때문에 매번 준영은 연희를 업어주어야 했습니다. 그때만 해도 연희는 여간 말괄량이가 아닙니다. 먼저 업어 달라고 조르고 업어주지 않으면 며칠이고 삐쳐서 말도 않습니다. 준영은 그래서 연희의 기사입니다. 더구나 집도 울담을 사이하고 붙어 있으니까요. 연희는 그런 초등학교 때를 떠올리고 있는 모양입니다.

연희의 집 대문에 이르러서 준영은 책가방을 건네주며 걱정스럽게 묻습니다.

"부축해 주지 않아도 되겠니?"

연희가 미소를 지으며 머리를 끄덕입니다. 참으로 오랜만에 그들은 새삼 가까워진 기분입니다. 대문을 밀고 들어가려던 연희가 아직도 등 뒤에 서 있는 준영을 돌아보며 묻습니다.

"내가 병원에 입원하게 되면 병문안 와 주겠니?"

준영은 어리둥절해 하면서도 머리를 끄덕입니다. 연희의 얼굴이 환하게 밝아집니다. 외등에 비친 그녀의 환한 얼굴이 참으로 아름답다고 느껴집니다.

다음날 준영은 연희가 병원에 입원했다는 소식을 어머니에게 전해 들었습니다.

"벌써 입원했어야 할 아이인데 차일피일 미루다가 오늘 갑자기 입원했다는구나?"

"병이 심한가요?"

"빈혈이 좀 심하긴 했었던 모양이다. 그런데 지난밤부터 갑자기 심해져서 서둘러 입원시킨 모양이다. 갑자기 어떤 충격을 받았던 건지."

준영은 연희가 병원에 입원하면 병문안 와 줄 것이냐고 묻던 모습이 떠오릅니다. 준영이 머리를 끄덕이자 환히 밝아지던 그 아름다운 표정을 잊을 수 없습니다. 연희는 자신이 입원하게 될 것을 이미 알고 있었던 모양이지요.

그런데 병문안은 어떻게 하는 것일까요? 준영은 지금껏 병문안을 가 본적이 없습니다. 아이들은 그런 일에서 늘 빠졌거든요. 어른들은 과일 바구니를 들고 가기도 하고, 또 꽃다발이나 화분을 들고 가기도 한다는 군요. 그런데 중학생인 준영이로서는 그것도 저것도 쉽지 않습니다. 하지만 분명 병문안 가겠다는 약속을 지키지 않을 수도 없는 일이지요. 밤새워 생각하다가 준영은 우선 살그머니 찾아가서 동태를 보겠다고 생각했습니다. 그렇지만 빈손으로 갈 수는 없어서 꽃집에

가서 하얀 장미 한 송이를 골랐습니다. 옷섶에 숨겨 가면 아무도 모를 테지요.

준영이 잔뜩 긴장된 모습으로 연희가 입원했다는 병실 근처에서 어릿대는데 연희 어머니의 울부짖는 소리가 들려 왔습니다.

"이럴 수가 있습니까? 멀쩡한 아이를 단 하루만에 죽게 하다니요. 수혈을 잘못했다니? 의사가 사람을 죽인 것이 아니고 무엇입니까?"

연희 어머니의 울부짖음입니다.

"수혈에 자신이 없으면 큰 도시의 큰 병원으로 가게 해야지요. 멀쩡한 내 딸 어찌할 것입니까? 살려내란 말입니다. 내 딸 살려내요."

병실안의 사람들이 웅성거리며 더러는 연희 어머니를 말리고 더러는 의사를 야단치며 어수선합니다. 준영은 놀라서 도망치듯 병실에서 물러납니다. 정신없이 걷고 있노라니 뒤에서 까르르 웃음소리가 들려 왔습니다. 여학생들의 웃음소리입니다. 그 중의 걸걸한 목소리가 들립니다.

"어이. 앞에 가는 남학생. 그 장미꽃 누구 줄 건가?"

"여기에 장미꽃 받을 사람 줄줄이 있네."

여학생들이 까르르 웃습니다. 준영은 저도 몰래 돌아섰습니다. 그리고 십여 명 떼를 지어 몰려오는 여학생들에게로 뚜벅뚜벅 걸어갔습니다. 그리고 제일 크고 건장해 보이는 여학생의 가슴을 향하여 장미꽃을 불쑥 내밀었습니다.

"네게 주겠다. 너는 죽지 않을 것이니 말이다."

여학생들이 놀라서 멈추어 섭니다. 얼결에 꽃을 받은 여학생은 꽃을

든 채 어쩔 줄을 모릅니다. 준영은 그런 여학생의 표정에는 아랑곳
않고 뒤로 돌아섭니다. 그리고 남천강의 다리를 향하여 뚜벅뚜벅 걷습
니다. 이제 곧 공동묘지 길이 나오고 소나무 그늘이 나올 것입니다.
그곳에서 연희를 만나게 될 테지요. 한 줄기 햇살처럼 환한 그녀를
말입니다. 준영은 울고 있었습니다.

# 어머니의 초상

어머니는 음식 솜씨가 뛰어났다. 그래서 어디에서나 환영을 받았다. 일찍이 처녀시절 술 담그는 솜씨가 뛰어나서 큰언니가 양조장을 하는데 일조한 이야기는 널리 알려진 이야기다. 나이가 들어서도 집안의 며느리들이 고추장을 담그거나 김치를 담글 때는 순서를 정해서 어머니를 초대했다. 어머니가 맛을 보고 소금을 더 쳐라, 고춧가루를 더 쳐라 지시했다. 어머니가 손만 대도 음식이 특별히 맛있다고 소문날 정도였다.

이웃 친척들이 잔치를 할 때는 증편 같이 특별한 솜씨를 요하는 것은 어머니께 부탁을 했다. 증편은 빵처럼 누룩을 넣어서 제대로 부풀어야 하기 때문에 쉽지 않다. 어머니는 팥이 든 증편을 만들기도 했는데 그럴 때면 빨간 색의 맨드라미나 검은 색의 석이버섯, 그리고 노란 치자꽃물로 색을 넣어서 떡이 꽃처럼 아름다웠다. 음식 하나하나에 온갖 정성을 다 기울였다.

그렇게 음식을 잘 하다 보니 항상 잔칫집에 초대를 받았고 그렇게 가서는 언제나 과방이라고 해서 음식상 차림을 총괄했다. 음식이 어느 정도의 양이고 손님이 어느 정도의 수인지를 계산해서 음식이 남지도 않고 모자라지도 않게 적절히 배분하는 일을 맡는 것이다. 손님을 치르는 일 중에 제일 중요한 것이 음식이고 그러니 어머니의 역할은 매우 중요했다.

학교를 파하고 잔칫집엘 가게 되면 우리 형제는 으레 과방엘 들르게 된다. 어머니가 음식을 총괄하니 자식들에게는 언제나 풍성할 밖에 없다. 어머니 덕택에 잘 얻어먹고 자란 셈이다.

음식만이 아니다. 어머니는 한복 옷도 곱게 지을 줄 알았고 신식 옷도 잘 만들었다. 집에는 일본에서 사들인 재봉틀이 있었는데 어머니는 재봉틀에서 살다시피 했다. 외가가 대농이라 농사일도 잘 하시고 또 큰이모네가 해운업을 하니 생선 다루는 방법도 잘 알았다. 그래서 우리 형제들은 남의 집 음식은 입에 맞지 않았다. 남의 집 고추장에선 메주 냄새가 나고 간장은 지나치게 짜든가 이상한 냄새가 난다고 생각했다.

나는 한 번도 스스로 음식에 간장으로 간을 맞추거나 고춧가루를 뿌리거나 해 본적이 없다. 어머니가 해주는 그대로 너무나 입에 맞았기 때문에 어떤 양념을 스스로 한다는 것은 생각도 못했다. 후일에야 주위 사람들이 스스로의 입에 맞추어 양념을 따로 하는 것을 보고 매우 놀라기도 했다.

이웃 사람들은 큰 일 때마다 어머니를 찾아왔다. 음식을 의논하고 의복을 의논하고 집안일을 의논했다. 그렇게 신망이 커서 어머니는 마을의 애국부인회 회장도 맡았다. 해방직후라고 생각하는데 나는 어머니 덕택에 구호품으로 나온 가죽 구두를 신을 수 있었고 학교에

다닐 때는 란도셀 가방을 메고 다녔다. 남들은 보자기에 책을 둘둘 말아서 어깨에 메고 다녔는데 우리 형제는 도시 아이처럼 지낼 수 있었다. 연필도 돔보 연필이라고 해서 잠자리 그림이 그려진 노란색 연필을 사용했다. 연필심이 진하고 잘 불어지지 않았다. 다른 아이들은 색이 없는 나무연필을 썼는데 잘 부러지고 색도 연해서 연필심에 침을 묻혀 써야 할 정도였다.

어머니의 형제들은 모두 체격이 크고 활달했다. 딸 5형제, 아들 한 명이었다. 그래서 외아들인 외삼촌은 늘 특별대우를 받았다. 이모들은 작은 일에도 서로 모여 다녔는데 의가 좋다고 소문이 났었다. 단풍철엔 오대산의 월정사, 양양의 낙산사 같은 사찰을 함께 다녔다. 연곡엔 이모네가 돈을 내서 지은 송라사가 있었는데 집안에 어려운 일이 있으면 으레 그 절로 가서 치성을 들였다.

5월 단오를 전후해서 바닷가에는 풍어를 비는 마을굿이 열렸는데 그리로도 몰려다녔다. 영진리의 풍어굿은 영진리 부두나 궁바다 솔숲에서 열렸는데 이모네가 선주여서 굿의 모든 절차를 주관했다. 그리고 주문진읍의 소들, 사천면 진리, 강릉의 싸근돌, 안목, 남항진, 강동면의 안인진리, 정동진, 그리고 옥계까지도 함께 다녔던 걸로 기억난다. 마을 굿은 요즈음의 연극제나 영화제와 같이 여겨졌다. 굿당에서 무당이 춤추고 사설을 읊고 하는 굿장면은 아무리 보아도 싫지 않았다. 이모네가 배를 많이 갖고 있는 선주여서 그랬던지 바닷가 어디에도 친척들이 있었고 모두 끔찍이 잘 해 주었다. 이종사촌들이 올망졸망 어머니들을 따라 몰려 다녔는데 모두 한 눈에 우리를 알아보았다.

동굴동굴한 얼굴 모습이 어머니를 그대로 **빼** 닮았다는 것이다.

집안 살림은 어머니가 주관했고 아버지는 어머니 말대로 따랐다. 우리는 7남매인데 아들 3형제 딸 4자매였다. 아버지와 어머니를 닮아서 우리 형제들은 모두 키가 크고 건장했다. 누나 셋 중에서 초등학교를 다닌 것은 셋째 누나만이다. 중학교를 보내주지 않았다고 평생 화를 냈다. 형은 사범학교를 다녔고 내 밑의 여동생은 고등학교를 졸업했다. 나와 막내동생은 대학을 나왔는데 부모의 교육열의 때문이다. 내 위로 형과 누나 한 명이 죽고 내 밑으로 남동생 두 명이 죽었다. 그러니 어머니는 아들 6명 딸 5명을 출산한 셈이다.

가지 많은 나무에 바람 잘 날 없다는 식으로 그렇게 여러 명의 자식들을 키우자니 어머니의 고생이 얼마나 컸을 것인가는 짐작되고도 남는다. 그러나 평소 어머니는 자식들 키우는 것을 보람으로 여겨서 늘 긍정적이고 명랑한 편이었다. 고향에서 살 때는 그런대로 괜찮았는데 시내로 집을 옮기고는 어머니의 고생이 매우 컸다. 아버지까지 돌아가시자 어머니가 혼자서 하숙을 쳐서 자식들 공부 뒷바라지를 해야 했기 때문이다.

어머니는 공부를 잘 하는 나를 늘 자랑스러워했고 그래서 만년엔 내가 어머니를 모시겠다고 늘 말해 왔다. 내가 결혼할 무렵에는 내가 대학을 졸업하고 고등학교 교사로 취직도 했기 때문에 어머니는 나에게 와 계셨고 그래서 평생 잘 모시리라고 마음속으로 다짐하곤 했었다. 그러나 그게 어디 자식 마음대로 되는 일인가?

어머니의 죽음은 정말 뜻밖이었다.

내가 결혼하고 한 달이 채 되지 않아서였다. 서울에서 나와 함께 살기로 하셨던 어머니께서 갑자기 강릉 고향집으로 가시겠다고 하셨다. 고향에는 형님과 누님이 사셨는데 형수님과 누님이 한 달 간격으로 아이를 낳을 예정이어서 그 출산 뒷바라지를 해야 한다는 것이었다. 평소 같으면 자취하는 나를 위해서 서울에 머물 수도 있겠지만 결혼해서 아내까지 있으니 밥 못 먹고 지낼 걱정은 없으리라는 계산이기도 하셨다.

우리는 그때까지도 어머니가 고혈압 환자인 줄을 알지 못했다. 머리가 늘 아프셨고 걸음걸이가 뒤뚱거리는 모습이긴 했지만 연세가 높고 체중이 늘면 모두 그렇게 되는 것으로 막연히 느끼고 있었던 것이다. 그러니 한 번도 혈압이란 것을 재어 본 일도 없었다. 우황청심환이 몸에 좋다고 말씀하시길래 그게 특별한 영약이라도 되는 것으로 여겨서 두 알 사 드린 것밖에 어머니를 위해서 해드린 일은 아무 것도 없었다.

어머니는 그렇게 고향 강릉집으로 내려가셨다. 형수는 딸을 낳았고 한 달 간격으로 누님은 아들을 낳았다. 혈압이 높으신 어머니로서는 여간 힘든 일이 아니었을 것이다. 그날도 그랬다. 어머니는 형님의 둘째인 손녀딸을 등에 업고 누님의 출산뒷바라지를 위해서 집을 나섰다. 날씨는 추웠고 손녀는 무거웠다. 대문을 여시던 어머니께서 갑자기 비명과 더불어 그 자리에 쓰러지셨다. 퍽이나 많은 피를 쏟으셨다고 한다. 향년 63세였다.

퇴근하여 집으로 돌아오니 아내가 어머니의 죽음을 알렸다. 나는 놀라서 형님께 전화를 걸었다. 서울에서 멀쩡하시던 어머니께서 그렇게 갑자기 돌아가실 수 있느냐고. 형님은 나의 항의성 비슷한 전화를 받고 퍽도 섭섭하셨다고 한다. 어머니의 죽음으로 아픈 마음의 상처는 형님이 나보다 덜 할 이유가 없었던 것이다.

아무튼 어머니의 죽음은 자식들의 마음에 잘 모시지 못한 죄의식을 느끼게 했다. 나의 결혼만 해도 그랬다. 대학을 졸업하고 직장 생활을 시작한지 얼마 되지 않은 때라 모아 놓은 돈이 없었다. 돈 없이 대사를 치르자니 어머니는 자식 몰래 퍽도 속을 태우셨을 것이다. 형님이나 누님의 입장은 더욱 심했다. 손녀와 외손자의 출산 뒷바라지로 인한 피로의 누적이 어머니의 죽음을 재촉했을 것이기 때문이다.

장례식을 치루고 얼마 되지 않아서 나는 직장을 인천에서 서울의 중학교로 옮겼다. 5월 8일 어버이날 행사가 있었다. 전교생이 모여서 장한 어머니상을 받는 분들을 모셔두고 카네이션을 달아드리고 표창장 전달식도 가졌다. 식의 끝 행사로 '어버이날 노래'가 불리어졌다.

나실제 괴로움 다 잊으시고
기르실 제 밤낮으로 애쓰는 마음

담임반 학생들의 앞에 서 있던 나는 갑자기 북받치는 눈물을 참을 수 없었다. 그래서 학교 건물의 뒤로 달려가서 마음껏 울었다. 눈물이 빗줄기처럼 쏟아져 내렸다. 어버이날 행사가 어떻게 끝났는지 알지 못했다. 지금 글을 쓰고 있는 이 순간에도 갑자기 눈물이 쏟아진다. 어머니께서 돌아가신 지 어언 30여년도 넘지만 어머니에 대한 그리움과 불효한 죄스러움은 조금도 잊혀지지 않는다.

　나는 남자란 쉽게 눈물을 흘려서는 안 된다는 교훈을 늘 들어왔다. 그래서 어머니가 돌아가실 때까진 거의 울어 본 기억이 없다. 그런데 어머니가 돌아가신 다음부터는 걸핏하면 눈물이 쏟아졌다. 어머니 비슷한 할머니가 뒤뚱거리며 걷는 모습을 보아도 왈칵 눈물이 쏟아졌다. 동료들이 어머니 생일이라고 초대를 하면 그 초대장만 보고도 울음이 나왔다. 특히 내 아이들을 기를 때는 더욱 자주 울었다. 맏아들은 체중이 매우 많이 나갔다. 한참을 안고 있으면 팔이 뻐근했다. 내 어머니도 나를 기르실 때 이처럼 팔이 뻐근하셨겠지. 내 어릴 적 별명이 '곰'이었으니까 내 맏아들처럼 제법 체중이 나갔으리라…. 나는 아내가 눈치 채지 못하게 으슥한 골방으로 들어가서 혼자 울었다. 나는 내게 눈물이 그렇게 많은 줄을 전엔 결코 알지 못했다.

　내가 그동안 울지 않았던 것은 어머니가 있어서였다는 것을 어머니가 돌아가신 다음에야 겨우 깨달았다. 어머니가 없는 세상은 눈물의 바다다. 어머니의 따스한 사랑이 우리의 눈물을 녹여주었다. 어머니의 크신 은혜가 우리로 하여금 세상의 슬픔을 잊게 했다. 하늘보다 크시고 바다보다 넓으신 어머니의 은혜란 말이 결코 과장된 말만이 아니다.

　지금 내 나이도 어느덧 어머니께서 돌아가시던 그 나이보다 많다. 그래도 나는 어머니의 영원한 어린아이다. 어머니가 지켜주시지 않아서 외롭고 불안하다. 어머니의 미소를 보고 싶고 어머니의 음성을 듣고 싶다. 어머니의 산소는 현남면 인구리의 선산에 있다. 아버지의 묘소와 쌍분으로 모셔져 있다. 나는 죽어서도 어머니의 옆에 묻히고 싶다. 그리하여 영원한 어머니의 어린 아들로 남고 싶다. 나는 저승에 새로운 세계가 반드시 있기를 바란다. 그래야 어머니를 만날 수 있을 것이라는 내 마지막 기대가 헛되지 않을 것이기 때문이다.

# 마스콧과 신데렐라

초등학교에 처음 입학하였을 때, 낯선 것에 대한 두려움과 새로운 것에 대한 기대감 같은 것들이 나를 퍽 들뜨게 했다. 형이 사용하던 가죽 가방을 메고 필통 소리를 딸랑거리며 학교 길을 달려갔다. 나와 늘 동행하던 친구는 바로 아랫집에 살던 김인제라는 아이였는데 그는 키가 매우 작았다. 그래서 나는 늘 그의 보호자 노릇을 했다.

1학년에 입학해서 내가 처음 당한 곤욕스러웠던 일은 담임선생님이 출석을 부를 때 내 이름을 '홍성엄'하고 틀리게 부르는 일이었다. 나는 대답하지 않았다. 선생님께서 무서운 얼굴로 호통쳤다.

"너는 왜 대답하지 않느냐?"

"제 이름은 홍성암입니다."

선생님은 출석부의 글씨를 다시 한 번 확인하시고는

"이건 '엄'자지 '암'자가 아니다."

하시는 것이었다.

집에 와서 부모님께 말씀드리니 부모님께서 펄쩍 뛰셨다.

"그건 분명 암巖자다. 선생님께 '돌뻥이 암입니다'라고 말씀 드려라"

하시는 것이었다. 돌뻥이란 이곳 사투리로 바위란 뜻이다.

내가 선생님께 '돌뻥이 암자'라고 말씀 드렸지만 선생님은 여전히 '엄'이라고 불렀다. 그리고 내가 대답하지 않으면 출석부에 결석이라고 표시했다. 그렇게 뻗대기를 열흘이나 넘게 되어서야 그 선생님은 내 이름을 제대로 불러 주셨다. 돌이켜 생각하면 한자의 암巖과 엄嚴의 착오에서 생긴 일 같다.

그런 감정의 앙금 때문이었던지 선생님께서 '가갸거겨'를 가르쳐 주시는데 복모음인 '갸, 겨'와 같은 발음과 '긔, 뇌'와 같은 발음이 어딘가 맞지 않았다. 그래서 선생님의 발음이 잘못 되었다고 따지게 되었다. 선생님은 매우 화를 내셨다. 그러나 나는 끝내 내가 옳다고 주장했다.

나는 초등학교 들어가기 2년 전에 손위 누나에게서 가갸거겨의 한글 자모를 모두 깨쳤다. 나보다 1년 위인 외사촌 누나를 가르치기 위해서 나를 끼워 준 셈인데 내가 훨씬 더 이해가 빨랐던 것이다. 그러다 보니 학교에 들어가기 전에 2년이나 한글 자모를 배우게 되어서 막상 1학년이 되었을 때는 한글 발음의 이치를 어느 정도 꿰뚫고 있었다. 그래서 자신 있게 담임선생과 논쟁할 수 있었던 것이다. 어느 쪽이 맞았는지 지금에 이르러 가릴 길이 없지만 겨우 1학년인 주제에 내가 너무 당돌하지 않았었나 하는 생각을 하게 된다. 지금 생각하면 꽤나 고집이 세었던 모양이다.

2학년이 되자 상냥한 여선생께서 담임을 하시게 되었다. 홍익자 선생님이시다. 알고 보니 내 세째 누님의 친구였다. 그래서 일학년 때와 같은 어려움은 겪지 않게 되었다. 홍선생께서는 특히 강철수를 예뻐하셨다. 강철수는 키가 작고 동글동글하게 생긴 아이인데 `방아타령'이란 노래를 잘 불렀다.

　"방아방아 물방아야. 콩콩 찧는 물방아야"

　철수가 그렇게 노래 부르면 모두 좋아라고 박수를 쳤다. 그는 우리 반의 마스콧이었다. 선생님은 늘 그를 안고 다니다 싶이 했다. 그렇게 귀염받던 철수였는데 훗날 그 철수를 만나게 되어 2학년 때의 얘기를 했더니 정작 본인은 조금도 기억하지 못하고 있었다. 선생님의 크신 사랑이 어떻게 잊혀지고 있는가를 실감할 수 있었는데 우리 모두가 그런 크신 은혜들을 잊고 사는 것은 아닌가를 반성하게 될 때가 많다.

　3학년 때 6·25 전쟁이 터졌다.'김일성 장군'이란 노래도 배웠는데 나는 누님들이 몰래 숨어서 부르는 것을 엿듣고 배워서는 '김일 똥장군'이라고 고쳐 부르다가 부모님께 혼이 난적이 있다. 그때는 학교를 쉬는 때가 많았다. 그래서 친구들을 따라서 엿장수를 하기도 했다. 책상 서랍을 빼다가 끈으로 멜빵을 하고 목에 걸고는 지나가는 사람들에게 엿을 사라고 했다.

　우리 집 앞에 연곡천이 흐른다. 거기서 엿을 팔고 있는데 손님이 하나 지나가면 친구들이 다투어 달려가서 서로 자기 엿을 사라고 조르는 것이다. 그런데 한 번은 뜻밖에도 교장선생님과 조우하게 되었다. 우리가 당황해서 꾸벅꾸벅 절을 했더니 교장선생님은 우리들의 머리를 쓰다듬어 주시고는 여러 친구들의 것을 골고루 몇 가락씩 팔아주셨다. 퍽도 부끄러워했던 기억이 난다.

　4학년 때였다. 우리를 가르쳐 주시던 선생님께서 다른 학교로 전근

가셨다. 그리고 얼마 후 우리를 잊지 못하신다는 편지와 더불어 책한 권을 선물로 보내 오셨다. '프랑다스의 개'였다. 선생님이 보내오신 것이어서 대표가 나가서 그 책을 읽었는데 나는 그때 그렇게 슬픈 이야기가 있는 것을 처음 알았다. 나는 지금도 그 책이 이 세상에서 가장 훌륭한 소설이라는 생각을 지니고 있다.

그때 6학년이던 사촌형이 6학년 중에서 글을 제일 잘 읽는 친구를 데리고 왔다. '내 동생이 글을 아주 잘 읽으니 시합을 해 보라'는 것이었다. 그 형은 동생을 자랑하고 싶어서 그런 제안을 하게 된 것이었다. 그래서 책 한 권을 선정해서 서로 읽게 되었는데 나는 그야 말로 숨도 쉬지 않고 그냥 내리 읽었다. 숨 한 번에 한 페이지의 글을 다 읽어 버리니 그 6학년 형은 그만 두 손 들고 말았다. 사촌형은 지금도 그때의 일을 말하며 웃는다.

5학년이 되자 임덕명 선생님이 담임이 되셨다. 선생님은 매우 엄격하셨고 또 열성이 많으셨다. 우리는 이때부터 중학교 진학을 걱정해야 했고 그래서 매우 열심히 공부를 하게 되었다. 이때 중학교 진학시험의 관리를 국가에서 맡았던 것으로 기억된다. 한 번은 선생님께서 6학년을 거치지 말고 바로 중학교 진학 시험을 쳐보는 것이 어떤가라고 물으셨다. 선생님 회의에서 그렇게 권장하기로 결정이 되었다고 하셨다.

이 문제로 집안 회의가 열렸다. 갑론을박 끝에 6학년을 정상적으로 다니는 게 좋겠다는 결론이 났다. 그래서 상급학교로의 월반이 이루지지 못했다. 나는 지금도 집안 어른들의 생각이 옳았다고 확신하고 있다. 아마도 월반이 이루어졌다면 나는 많은 동기들을 잃었을 것이다. 진급이 한 해 빠르냐 늦느냐는 것은 그리 중요한 문제가 아니다. 그러나 6년을 함께 다닌 친구들과 동기동창 관계를 잃게 된다는 것은 너무나 큰 손실이 아닐 수 없기 때문이다.

임덕명 선생은 5학년에 이어서 6학년도 담임을 맡으셨다. 우리는 평생 처음으로 공부다운 공부를 하기 시작했다. 학교에서 밤 10시가 넘도록 공부했다. 공부가 끝나면 선생님과 더불어 멀리 있는 학생들을 바래주어야 했다. 그렇게 모두 바래주고 집으로 오면 12시가 넘었다. 그러면 다시 내일 감당해야 할 숙제를 해야 했다.

그때는 학교별로 성적 경쟁을 조장하기 위한 국가고시가 있었다. 선생님은 강원도에서 개인별 최우수 학생이 우리 반에서 나와야 한다는 생각에서 상위권의 몇 학생들을 선발하여 특별 과외를 실시했다. 우리는 선생님의 자택에 불려 가서 밤늦게까지 합숙하며 공부했다. 선생님의 자택은 영진 바닷가에 바짝 붙어 있었다. 잠을 자려고 자리에 누우면 파도가 밀려 와서 온통 땅을 뒤흔들었다. 금방이라도 파도에 휩쓸려 갈 것만 같았.

6학년 때 전학 온 여학생이 있었다. 박희준이란 여학생인데 얼굴 용모도 예뻤지만 그가 쓰는 서울말의 독특한 악센트와 어감은 우리를 완전히 매혹했다. 그녀가 지명을 받고 일어나서 책을 읽을 때면 모두 황홀경에 빠지는 것이다. 아는 것도 많았다. 그래서 남학생들은 이런 저런 구실로 그녀를 시달렸다. 나도 그녀를 `여선생님'이라고 놀렸다가 담임선생께 된통 맞았다. 담임선생은 왜 그런 말을 했느냐고 다그

쳤는데 나는 고집불통으로 대답을 않았던 것이다. 맞다맞다 못해서 그녀가 공부를 잘해서 그렇게 별명을 붙였다고 대답했더니 그런 정도를 갖고 왜 대답을 않았느냐며 또 때렸다. 두 볼이 퉁퉁 붓도록 맞았는데 평생 그렇게 맞아 본 기억은 두 번 다시없다.

그렇게 맞은 인연 때문인지 그 후 늘 그녀의 행적이 궁금했다. 대학엘 진학했다는 말을 듣기도 했고 수녀가 되어 외국에 갔다느니 하는 풍문도 들었다. 외국에서 나와서 결혼을 했다는 소문도 들렸다. 최근에 이르러서야 서울 동기 모임에 그녀가 나타났다. 정말 꿈같은 일이었다. 그녀로하여 이런저런 과거담이 회고되었는데 친구들의 말을 듣고 보니 그녀로 하여 담임에게 맞은 남학생은 나만이 아니었다. 참으로 많았다. 아마도 강철수가 저학년 때 우리들의 마스콧이었다면 박희준은 고학년 때 우리들의 신데렐라였다.

졸업식 날이었다. 졸업식이 끝나고 바로 그 자리에서 사은회가 열렸다. 떡과 음식이 차려지고 남자들은 몰래 술도 마셨다. 영진 1리의 친구로는 김인제, 전영섭, 김영일과 내가 어울렸는데 술에 취한 영일이 자꾸만 이귀자의 집으로 가자고 했다. 만나고 싶다고 했다.

이귀자는 우리 마을 네 집중에서 제일 밑의 집에 살고 있었다. 얼굴도 동글동글하여 귀엽고 공부도 잘해서 여러 번 여자 반장을 지냈다. 무엇 보다 마음씨가 고와서 주위에서 칭찬의 대상이 되었다.

영일이가 술에 취해서 자꾸만 가자고 하니까 우리도 좋다고 말하고 따라 갔다. 만나서 어쩌겠다는 것도 없이 무조건 갔던 것이다. 그렇게 귀자의 집 앞에 이르렀는데 영일이가 워낙 취해서 갑자기 꽉꽉 토하기 시작했다. 그러더니 네 활개를 펴고 대자로 널브러지는 것이었다. 우리는 귀자를 만나기는커녕 영일을 둘쳐 업고 그의 집까지 날라주는 일이 어찌나 어려웠던지 지금 생각해도 악몽 같기만 하다.

지금 이귀자는 홍익자 선생님의 올캐가 되어 있다. 이 글을 읽으면 크게 웃을 것이다. 그러나 이 글을 읽고 함께 웃어 주어야 할 김인제는 이미 오래 전에 탄광에서 사고로 죽고 전영섭은 몇 년 전에 간암으로 세상을 떠났다. 그리고 김영일이 또한 행방이 묘연하니 살아 있는 나 자신 어찌 외로움이 없으랴. 글을 쓰면서 저절로 눈시울이 붉어진다.

나는 연곡 초등학교를 졸업한 누구에게도 나와 비슷한 추억들을 갖고 있음을 알고 있다. 그것이 강렬한 것이든 사소한 것이든 그 모두가 우리에게 너무나 소중한 것임을 느낀다. 그 동안 나이가 들면서 또는 상급학교로 진학하여 여러 가지 사건들을 겪었지만 그런 것들은 세월과 더불어 서서히 잊혀져 버리고 오직 초등학교 시절의 추억만이 내 기억에서 샛별처럼 반짝이고 있다. 이 때의 추억들이야말로 가장 순수하고 아름다운 것들이기 때문일 것이다.

나는 옛 친구들과 만나게 되면 내가 겪은 비슷한 자신들의 이야기를 들려 달라고 조를 것이다. 그리고 이런 이야기들을 오래도록 되풀이 주고받으며 여생을 살아갈 것이다. (연곡 초등학교 60년사)

작가의 전기적, 체험적 소설

# 다리가 없는 통닭

초판1쇄 인쇄 · 2008년 2월 12일
초판1쇄 발행 · 2008년 2월 19일

지은이 · 홍성암

발행한곳 · 제이앤씨
전자우편 · jncbook@hanmail.net
홈페이지 · www.jncbook.co.kr
대표전화 · 02) 992-3253
팩시밀리 · 02) 991-1285

주소 · 서울 도봉구 창동 624-1 현대홈시티 102-1206
등록 · 제7-220호

ISBN · 978-89-5668-571-7   03710

정가 14,000원